赵剑英　主编
Zhao Jianying Editor

中国社会科学院创新工程学术出版资助项目

Religious Beliefs in China

中国人的宗教信仰

卓新平　著
By Zhuo Xinping

图书在版编目（CIP）数据

中国人的宗教信仰／卓新平著．—北京：中国社会科学出版社，2015.5
(2018.3 重印)
（理解中国丛书）
ISBN 978－7－5161－6120－3

Ⅰ.①中…　Ⅱ.①卓…　Ⅲ.①宗教信仰—研究—中国　Ⅳ.①B928.2

中国版本图书馆 CIP 数据核字(2015)第 091242 号

出 版 人　赵剑英
责任编辑　王　茵
特约编辑　孙　萍
责任校对　朱妍洁
责任印制　王　超

出　　版　中国社会科学出版社
社　　址　北京鼓楼西大街甲 158 号
邮　　编　100720
网　　址　http://www.csspw.cn
发 行 部　010－84083685
门 市 部　010－84029450
经　　销　新华书店及其他书店

印刷装订　北京君升印刷有限公司
版　　次　2015 年 5 月第 1 版
印　　次　2018 年 3 月第 3 次印刷

开　　本　710×1000　1/16
印　　张　18.5
插　　页　2
字　　数　256 千字
定　　价　50.00 元

《理解中国》丛书编委会

出版前言

自鸦片战争之始的近代中国，遭受落后挨打欺凌的命运使大多数中国人形成了这样一种文化心理：技不如人，制度不如人，文化不如人，改变“西强我弱”和重振中华雄风需要从文化批判和文化革新开始。于是，中国人“睁眼看世界”，学习日本、学习欧美以至学习苏俄。我们一直处于迫切改变落后挨打、积贫积弱，急于赶超这些西方列强的紧张与焦虑之中。可以说，在一百多年来强国梦、复兴梦的追寻中，我们注重的是了解他人、学习他人，而很少甚至没有去让人家了解自身，理解自身。这种情形事实上到了 1978 年中国改革开放后的现代化历史进程中亦无明显变化。20 世纪 80、90 年代大量西方著作的译介就是很好的例证。这就是近代以来中国人对“中国与世界”关系的认识历史。

但与此并行的一面，就是近代以来中国人在强国梦、中华复兴梦的追求中，通过“物质（技术）批判”“制度批判”“文化批判”一直苦苦寻求着挽救亡国灭种、实现富国强民之“道”，这个“道”当然首先是一种思想，是旗帜，是灵魂。关键是什么样的思想、什么样的旗帜、什么样的灵魂可以救国、富国、强国。一百多年来，中国人民在屈辱、失败、焦虑中不断探索、反复尝试，历经“中学为体，西学为用”、君主立宪实践的失败，西方资本主义政治道路的破产，“文化大革命”的严重错误以及20世纪90年代初世界社会主义的重大挫折，终于走出了中国革命胜利、民族独立解放之路，特别是将科学社会主义理论逻辑与中国社会发展历史逻辑结合在一起，走出了一条中国社会主义现代化之路——中国特色社会主义道路。经过最近三十多年的改革开放，我国社会主义市场经济快速发展，经济、政治、文化和社会建设取得伟大成就，综合国力、文化软实力和国际影响力大幅提升，中国特色社会主义取得了巨大成功，虽然还不完善，但可以说其体制制度基本成型。百年追梦的中国，正以更加坚定的道路自信、理论自信和制度自信的姿态，崛起于世界民族之林。

与此同时，我们应当看到，长期以来形成的认知、学习西方的文化心理习惯使我们在中国已然崛起、成为当今世界大国的现实状况下，还很少积极主动向世界各国人民展示自己——“历史的中国”和“当今现实的中国”。而西方人士和民族也深受中西文化交往中“西强中弱”的习惯性历史模式的影响，很少具备关于中国历史与当今发展的一般性认识，更谈不上对中国发展道路的了解，以及“中国理论”“中国制度”对于中国的科学性、有效性及其对于人类文明的独特价值与贡献这样深层次问题的认知与理解。“自我认识展示”的缺位，也就使一些别有用心的不同政见人士抛出的“中国崩溃论”“中国威胁论”“中国国家资本主义”等甚嚣尘上。

可以说，在“摸着石头过河”的发展过程中，我们把更多的精力花在学习西方和认识世界上，并习惯用西方的经验和话语认识自己，而忽略了“自我认知”和“让别人认识自己”。我们以更加宽容、友好的心态融入世界时，自己却没有被客观真实地理解。因此，将中国特色社会主义的成功之“道”总结出来，讲好中国故事，讲述中国经验，用好国际表达，告诉世界一个真实的中国，让世界民众认识到，西方现代化模式并非人类历史进化的终点，中国特色社会主义亦是人类思想的宝贵财富，无疑是有正义感和责任心的学术文化研究者的一个十分重要的担当。

为此，中国社会科学出版社组织一流专家学者编撰了《理解中国》丛书。这套丛书既有对中国道路、中国理论和中国制度总的梳理和介绍，又有从政治制度、人权、法治，经济体制、财经、金融，社会治理、社会保障、人口政策，价值观、宗教信仰、民族政策，农村问题、城镇化、工业化、生态建设，以及古代文明、哲学、文学、艺术等方面对当今中国发展和中国历史文化的客观描述与阐释，使中国具象呈现。

期待这套丛书的出版，不仅可以使国内读者更加正确地理解一百多年中国现代化的发展历程，更加理性地看待当前面临的难题，增强全面深化改革的紧迫性和民族自信，凝聚改革发展的共识与力量，也可以增进国外读者对中国的了解与理解，为中国发展营造更好的国际环境。

赵剑英

2014 年 1 月 9 日

目　录

引　言

中国人有着悠久的宗教历史、丰富的信仰生活，以及多彩的宗教文化传承。宗教是中国社会结构的重要组成部分之一，也是中国传统文化的核心内容，这种传统延续至今，上下五千年一脉相承，而在当代又有新的发展及呈现，给人以鲜活之感。中国人的宗教信仰与中国人的文化精神、民族气质有着丰富而复杂的交织，在论及中华民族的性格、特色时，不能忽略其宗教蕴含。可以说，中国人的宗教历史是中国文化非常典型的“厚德载物”“海纳百川”的历史，是中国文化源远流长、博大精深的鲜明体现和见证。这一历史见证了中国文化向世界文明的开放，展示了中国信仰精神对世界的影响和感染。因此，我们应以一种文化哲学的意蕴及文化历史的视域来体悟和诠释中国人的信仰及宗教理解，探究宗教的社会、政治、文化及精神意义，追溯中国人宗教信仰的历史发展和范式转变，分析中国本土宗教的特色和世界宗教在华本土化的历程，描述多种宗教在中国社会及中国人的精神生活中的多元共存、多元通和，展示中国宗教文化的绚丽多姿、异彩纷呈，反映当代中国社会的宗教真实存在，并进而说明中国宗教的现实社会文化作用。

中国人的信仰精神和宗教情怀，在中华文化史上留下了深深的印痕，有着历久弥新的回响。中国亦称“神州”或“神州大地”，这种表述与“华夏”“中土”“中国”并存。在中国修史之巨著《史记》中就有了“神州”之称及其解释，如《史记·孟子荀卿列传》记载说“中国名曰赤县神州”。而各种历史典籍对“神州”也有着宗教信仰意义上的解释，如《古今通论》说，“昆仑东南方五千里谓之神州，州中有和羹乡方三千里，五岳之域，帝王之宅，圣人所生也”；《混元圣纪》指出，“昔在神州，以神仙之道教化天下，上自三皇，次及五帝，修之皆得神仙”；由此遂有“神州”与“神仙”之关联，“神州”可被理解为“神仙”居住之地。此外，《太清金液神丹经》也有着“但古圣人以中国神州，以九州岛配八卦，上当辰极，下正地心，故九州岛在此耳”等记载。在一定意义上，“神州大地”表达了中华文化传承及其信仰意义，尤其是有着将中华民族及其文化始祖神圣化、神明化的意蕴。在这种理解中，中土即神州，而黄帝位居中央，则为中央天神。在中国古代的“五帝”传说系统里，黄帝属土，以土德王，相传黄帝统领的土地就称为神州，而南方赤帝统辖的土地则称为赤县，赤县和神州合称“赤县神州”，后因黄帝的地位更为凸显而又习称“神州赤县”。这里，民族神、祖先神崇拜的文化蕴含乃不言而喻。

中国古代充满了自然宗教和神话传说，为我们提供了丰富的多神教崇拜背景。随着“天”之概念的神圣化，中国宗教也孕育出了一神教和相应的抽象及绝对神论。但由于中国宗教信仰的绝对之维较为模糊，故而多被视为突出人文、强调社会、注重此岸的宗教信仰类型。当形成儒、佛、道三教鼎立的局面后，除了儒教多被宠信或独尊之外，并没有出现“一教独大”的发展态势，而其三教合一则被传为历史佳话。中国社会欢迎外来宗教的输入，先后接受了佛教、基督教（包括天主教、东正教）、伊斯兰教、犹太教、琐罗亚斯德教（祆教，或称拜火教）、摩尼教、巴哈伊教等的传入，甚至还留有印度教的模糊行踪。可以说，中国宗教信仰积极参与了世界宗教信仰的发展，有着其独特贡献。回顾历史，我们可以看到丰富的中国宗教信仰内容，甚至今天全中国仍有上亿人信仰各种不同的宗教，这些都是中华“神州”的生动写照。因此，我们应看到中华文明对宗教这一人类精神文化的重要参与，并珍视中华民族自己的这段心路历程。根据丰富的史实和大量的发现，我们必须正视中国宗教信仰的客观存在，对这一历史做出客观、公正的评价。中国的宗教信仰是中国民众安身立命的一种通常方式，是中国人生动、鲜活的精神生活的正常反映，也是我们中国社会文化的一份宝贵遗产。宗教在政治、经济、文化中的复杂卷入，是其社会存在使然，故而有着历史的必然。我们对之必须冷静分析、正确对待，切不可脱离现实和历史来信口评说、任意评价。

对于中国宗教信仰的认知，应该与我们的文化自知相关联，接上中华文明大地的地气。我们回顾中国宗教信仰的历程，亦是对中华民族的自我反思和精神评估，由此摸清中国信仰现象的基本情况，体悟其精神底蕴。从对整个人类文化历史和精神生活的存在来看，我们应该有对宗教的正面评价。尤其是正面肯定中国的宗教信仰，对于我们增强中国文化自信也非常重要。洞观中西哲学智慧的贺麟曾说：“宗教有精诚信仰、坚贞不二的精神；宗教有博爱慈悲、服务人类的精神；宗教有襟怀广大、超脱尘世的精神。”① 我们要增加社会发展的正能量，就应该正视、发掘宗教的正面精神和积极的社会功能，从而可以有效地对当今中国社会的宗教加以积极引导，使之为中国社会的现代发展、参与世界现代文明的构建做出其应有的贡献。特别是在构建当今中国和谐社会中，理应也必须有宗教的参与、有信仰的力量。为此，我们有必要认真梳理信仰对于中国人的意义，真正弄清宗教在中国社会的作用以及对中国文化的影响。

---

① 贺麟：《文化与人生》，商务印书馆 1999 年版，第 8 页。

第一章

中国人的信仰理解

一　信仰的意义

信仰是人类精神文化的重要现象，是“人们把握世界的方式”之一，反映出人类在认识和实践上的一种超前性、前瞻性、想象性和猜测性，表现了一种超越自然、超越自我、超越社会的精神诉求。信仰虽然在其表述中包含着未知、模糊和神秘等因素，却是人类生存及发展中所需要的重要精神动力。信仰现象在人类各族普遍存在，在中华民族中也不例外，可以说，中国文化中有着明显的信仰文化之展示，我们不能忽略中国人的信仰需求问题。

在中国文化氛围中，中国人的信仰理解涉及人际和言述两个层面。在人际方面，中国人的信仰问题是一种关系理解，这种关系基于人而得以扩展。所谓人际不只是个人关系、集体关系即社会关系，而且还必然关联到人与自然的关系，以及人在思索中所考虑的人与超然的关系。中国人在这种“究天人之际”的信仰追求中由此会展开关于“人道”与“天道”、“人文”与“天文”、“人学”与“天学”的关系联想。而对这种超自然之天的审视则会与“神明”问题联系起来。因此，人的信仰学说势必会包括“天学”“神学”。在言述方面，中国人在信仰理解上则会涉及“道”与“言”的关系问题。“道可道，非常道”，用人类语言来言述本来不可畅言之宇宙奥秘，故而既需推理、判断、演绎这种“脑之逻辑”，也离不开想象、臆测、梦幻这种“心之逻辑”。所谓“圣言”的倾听者正是在其“不可道”中获得了理解的空间。所以，信仰的语言是象征性的、创意性的、诗化性的，在此可以体悟到形象、意象、抽象等思维模式的总汇，而其语言也由原本的言述扩展为讴歌和舞蹈，形成各种肢体、行动的语言。为此，有些宗教思想家宣称宗教信仰的语言即祈祷、礼赞和仪式。这亦突破了狭义的“言述”之限。

就信仰本身的意义而言，“信”乃表达了人的心向往之，为一种精神追求，其信应有其所信之目标、所求之对象，这种信仰客体与信仰者主体有机相连。而“仰”则由敬而生，产生对其信者的行为实践；这种仰视、仰慕与信仰者所产生的神圣感、神秘感相对应。不过，人们所信仰的对象并不一定就是彼岸的、来世的，其图景是开放的、包容的，可以有着多层面的理解。信仰作为“未然”之观，对其“应然”会有多种想象和解读。有着这类信仰想象，说明其人群充满活力、生命旺盛。我们对信仰的力量切不可小觑、低估。

中国人的信仰是中国人的精神支柱，是中华民族安身立命、开拓前进的基本动力。当然，由于不同的社会境遇和人生经历，信仰也不可能是单一的，我们在现实中会发现多重信仰的共在。为此，信仰理解和信仰包容就显得特别重要。中国人有着丰富多彩的信仰生活，在其多层面信仰的共构中，至少其中仍然非常活跃的政治信仰、文化信仰、民族信仰和宗教信仰值得我们高度重视。

二　政治信仰

政治信仰产生于人类社团的社会政治活动之中，是对其政治目的的坚信及对其政治原则的信守。中国传统中的政治信仰集中体现在“精忠报国”的政治理念上，由此形成了中国人的使命、责任、义务，并随时准备为之付出“舍身成仁”的代价。这是中国政治传统中舍“小我”、为“大我”的奉献，体现为中国人的集体意识、团队精神。这种政治信仰与中国传统的“家”“国”观念密切关联，源自儒家传统“克己复礼”的政治哲学和“忠贞孝悌”的道德哲学原则，由此形成在家孝顺父母、为国忠于君王的“绝对命令”，并成为维系中华社会秩序的政治信仰。

中国传统的政治信仰大致包括三个层面：一为“中国”观和“天下”（世界）观，旨在崇奉一种社会“大同”的信念；二为社会秩序观，为力挽“礼崩乐坏”的颓局而要“克己复礼”，旨在恢复礼仪之邦的“仁政”；三为“修、齐、治、平”的责任观，以知识分子为主体的“士”则是这一责任及使命的主要担待者，旨在“替天行道”、达天下太平。

“中国”与“天下”观念是发展变化的，这反映出古代中国人对其国家与世界的自我认识之扩展。《孟子·滕文公章句上》记载，“当尧之时，天下犹未平，洪水横流，泛滥于天下……兽蹄鸟迹之道，交于中国，尧独忧之，举舜而敷治焉”。此处“中国”乃指尧舜居住之地，而“天下”则为今日“中国”之意。由此，“中国”具有中土、中间、中央的寓意，因而亦作“京城”“国都”之称。《诗经·大雅·民劳》之“惠此中国，以绥四方”，《论衡·刺孟》之“我欲中国而授孟子室，养弟子以万钟”等皆“京师”“京城”之意。由于古代华夏族的核心地位，其所居中原地区及在此建立的政权亦有“中国”之称。如《战国策·秦策三》载，“今韩、魏，中国之处，而天下之枢也”。《史记·孝武本纪》称“天下名山八，而三在蛮夷，五在中国”。与“中国”的表达相对应，“天下”“四海”则有现代意义上的“中国”蕴含，因为当时的世界观很难超出这一视域之外。前面所论及的“天下”和《尚书·大禹谟》中“皇天眷命，奄有四海，为天下君”所言之“天下”及“四海”，才是远古真正的“中国观”。故此方有《论语·

颜渊》“四海之内，皆兄弟也”，以及《史记·高祖本纪》“且夫天子以天下为家，非壮丽无以重威”之言。中国古代的政治信仰提倡一种“天下为公”的理念，视此为“大道”通行的标准。在此的“家”“国”观念亦极为鲜明，“家”为“小我”之“私”，而“国”乃“大我”之“公”，形成中国自古至今一脉相承的强烈且独特的“集体”意识。这里，只有“天下为公”才可实现社会“大同”，这种向往、追求“大同”的政治信仰也是要超越现实状况的努力，其政治理想的实现乃朝向未来，尽管人类在此可能会以“怀旧”的方式来表达，如相信远古社会曾有一个“路不拾遗、夜不闭户”的“黄金时代”，而现在却已失去，故而应努力将之恢复等，其实质却仍然为一种“未来”观。未来理想社会是对于现今社会而言，在一定程度上表达了某种对现实的不满、失望和否定。不过，中国政治理念也是中庸、温和、不走极端的，因此并不会放弃对其现实处境的改进与提高。如作为“大同”思想之源的《礼记·礼运》如此对比说：“今大道既隐，天下为家，各亲其亲，各子其子，货力为己，大人世及以为礼，城郭沟池以为固，礼义以为纪，以正君臣，以笃父子，以睦兄弟，以和夫妇，以设制度，以立田里，以贤勇知，以功为己，故谋用是作，而兵由此起，禹汤文武成王周公，由此其选也，此六君子者，未有不谨于礼者也，以著其义，以考其信，著有过，刑仁讲让，示民有常，如有不由此者，在执者去，众以为殃，是谓小康。”“小康”基于“家”，而“大同”则为“公”，乃“天下”境界。“大道之行也，天下为公，选贤与能，讲信修睦，故人不独亲其亲，不独子其子，使老有所终，壮有所用，幼有所长，矜寡孤独废疾者皆有所养，男有分，女有归。货恶其弃于地也，不必藏于己；力恶其不出于身也，不必为己，是故谋闭而不兴，盗窃乱贼而不作，故外户而不闭，是谓大同。”这种“大同”社会的政治信仰对中国历代统治者和知识精英都深有影响，尤其在近现代中国变革时期屡被人提及，如康有为的《大同书》、孙中山的“天下为公”思想等，都是这种探究的明证。当形成以汉文化为主、涵括各少数民族文化的华夏文化之后，古代中国的概念就扩大为现代意义上的中国，而天下则有了世界之蕴含。

中国古代王权政治主张一种“礼”“乐”文化，强调在“溥天之下，莫非王土，率土之滨，莫非王臣”的中国要维系一种“君为臣纲，夫为妻纲，父为子纲”的社会等级秩序。这种观念是中国社会“忠”“孝”思想的根基，“孝”为中国社会家庭关系之纲，故此而有今天中国的“孝文化”传统；“忠”则是中国社会政治关系之纲，由此而有中国“忠君”“报国”的政治文化传统。其中“孝道”乃“尽忠”的逻辑前提和认知基础，只有在家打好尽孝的基础，才会自觉实现对“国家”“君王”的“忠诚”，两者所持守的基本原则即乃“诚信”原则。中国古代“家”与“国”的观念有着密切联系，因此才会“国家”合称。对于个人而言，“家”乃其“小家”，“国”则为其“大家”，所以形成了舍“小家”为“大家”的社会秩序，从“保家卫国”可以到“舍家为国”，国家利益高于一切；当“忠”“孝”不能两全时，也理应舍“孝”守“忠”。不过，封建君王也容易以“国”为“家”，在“朕即国家”的观念中或是以爱护家庭那样来“治”国，但多为“据国为家”那样腐化“败”国；而当对“国”的忠诚转为对君王个人的忠心之后，这种“忠”也可能会异化为“愚忠”。一旦社会出现这种“礼崩乐坏”，国家就会陷入动乱之中，政权亦有可能发生更迭。在这种社会秩序的维系中，大致有“礼”“仁”两维，其中“礼”乃客观性的，针对社会，即人们必须遵循的社会规范，所以要用“法”来保障；而“仁”则是主观性的，针对个人，基于人的教育训练和道德修养。基于中国社会高于个人、集体重于私己的原则，“仁爱”“仁政”必须为社会秩序之“礼”服务，所以才有“克己复礼为仁”之说。这也成为中国人政治信仰的重要原则，并使中国人具有超强的自我克制能力。

中国社会对政治忠诚的呼召铸就了以“士”为称谓的中国知识分子群体及其人格特性。这种“士”乃以“天下”为己任，将坚持真理视为“替天行道”，并会有投“明君”、弃“昏君”的政治选择，以及“士为知己者死”的气魄。“士”的使命感和责任感使之具有一种“国家兴亡，匹夫有责”的积极有为的社会参与姿态，将“为天地立心，为生民立命，为往圣继绝学，为万世开太平”作为其政治信仰和抱负。在“士”的践行中会充满政治热情和激情，甚至可以忍辱负重、舍弃一切，如孔子为“礼崩乐坏”而奔走呼号，不怕落得“丧家犬”的下场；屈原因国家破灭而投江殉国，因此浩气永存。“士”的社会努力乃循序而为，注意其阶段性和逐渐发展、提升，即有着“格物、致知、诚意、正心、修身、齐家、治国、平天下”的先后秩序和循序渐进的步骤，亦有着“先天下之忧而忧，后天下之乐而乐”的境界。不过，在错综复杂的中国政治氛围中，“士”在政治上做“忠良”时亦形成了其“中庸”、淡定的气质，强调“淡泊以明志，宁静以致远”，“不以物喜，不以己悲”，“穷则独善其身，达则兼善天下”的冷静，有着“水穷云起”的自我解脱，恰如孟子所言，只有“存其心，养其性”，才能“事天也”。以这种“事天”、达天下太平为政治追求，“士”对自身故有严格要求，不仅有着政治上的“克己复礼”，而且也在生活上追求“洁身自好”，注重修行养性。在中国社会“庸人、士、君子、贤、圣”五等中，“士”有一种适中的定位，避免“庸人”之堕，守其“君子”之位，力争“圣贤”之境。因此，在中国政治信仰传统中，读懂其知识分子至关重要。

三 文化信仰

中国历史上的文化信仰与政治信仰相关联，但相对淡化其“王权”或“君王”之信而转为对整个中国文化道统的崇敬、信仰。这种对传统中华文化的“温情”和“敬意”旨在守住中国文化的“根”和“魂”，以其执着持守中华民族一代代要“把根留住”的诺言，不能让中国文化之灵“魂飞魄散”，而要让中国精神不断发扬光大。

中国人对自己文化的博大精深、源远流长深有体会，亦充满感情。上下五千年的中国文化是世界上古老文化中唯一没有中断而流传至今的文化体系，虽历经磨难却不断更新，并以其“海纳百川”的胸襟来博采众长、充实自我，从而形成了其综合性、包容性和多元共构的文化体系。中国文化古老却又不断焕发出其青春的色彩，是中华民族的精神支柱和安身立命之处。因此，对中国文化的敬仰和信守，就成为中华民族的文化信仰。

中国的文化理解基于古代中国人对天、地、人及其关联的观察和阐述，据传早在“三皇”时代就有了天皇燧人氏对天的观测、地皇氏对地的开垦，以及人皇伏羲氏“以人事纪”而开始了对人自身的研究。《周易·系辞传》曾论及人文始祖伏羲“仰则观象于天，俯则观法于地”，达其天、地、人之合，故此“以通神明之德，以类万物之情”。根据这种综合性亦可说整体性观察，遂有了中国古代对“文化”的最早理解和说明，即如《周易·贲卦》所言：“《彖》曰：‘观乎天文，以察时变；观乎人文，以化成天下。’”对于人的成熟而言，必须“以文化之”。基于这种渊源，“文化”原为对中国“文治”“教化”的界说，其中包含有“文教”“文德”等丰富内容。“文明”的含义也是由“文德”“文采”而扩展为“经纬天地曰文，照临四方曰明”之意。《周易·大有》《彖》曰：“其德刚健而文明，应乎天而时行，是以元亨。”中国古代文化基于其礼乐法度、文治教化，从而形成“文化内辑，武功外悠”的对比和互补，如《后汉书·荀悦传》所言，“审好恶以正其俗，宣文教以章其化”，以及南齐王融在《曲水诗序》所论，“设神理以景俗，敷文化以柔远”。中国在文化意义上作为历史悠久的礼仪之邦突出文教和文德的意义，在其社会影响中非常强调其文化的感染。甚至在中国对外交往中，这种“文德”的作用也非常重要，《论语·季氏》对之有如下之说：“故远人不服，则修文德以来之。”这种“文治”和“文德”已成为中国人的文化信守。

与中国文化哲学的“中庸之道”相吻合，中国的文化理念乃是突出“多元通和”“和合共生”的精神，即以一种“海纳百川，有容乃大”的气魄来不断吸纳、融合“他者”，不断更新、升华自我。因此，中国的文化信仰是追求一种开放包容、宽容中和、和睦共在、和谐共存、和平共处的“和合文化”，由这种“多源性的综合、多样性的交渗”而形成“文化中国”的“文化共同体”，凝聚起全球华人的“中国梦”“华夏情”。这种“和好”之姿也使其能够以一种亲和的态度来与世界其他文化对话，争取更多的互渗和共融。

基于这种作为世界“底线”伦理的“中庸之道”，中国文化被人们认为是一种保持“中庸平和”、主张“德性伦理”的文化。这种文化在历史上融贯着儒家思想精神，“使中华民族获得和承续着一种清醒冷静而又温情脉脉的中庸心理：不狂暴，不玄想，贵领悟，轻逻辑，重经验，好历史，以服务于现实生活，反对冒险”[①]。显然，中国文化精神带有农耕文化的特点，散发出一种“黄土”的气息。从自我反思来观，这种文化传统稳健有余、开拓不够。但中国社会超稳态的发展，其受惠于这种文化传统则是不言而喻的。

在分析中国“德性伦理”的文化元素时，张岱年曾专门论述了如下十大德性：“仁爱孝悌、谦和好礼、诚信知报、精忠报国、克己奉公、修己慎独、见利思义、勤俭廉正、笃实宽厚、勇毅力行。”[②] 中国文化注重实践，与社会关怀贴得很近，比较讲究人伦、公德和社会规范，这在中国传统中曾成为约束人们言论行为的“潜规则”，维系着社会的稳态发展。无论这种德性文化所保持的优长，还是其存有的短板，都被多数中国人所承袭和信奉，并积淀为中国人的文化性格。中国人因此而以这种独特的“‘遵道厚

---

① 李泽厚：《中国古代思想史论》，人民出版社 1986 年版，第 306 页。

② 张岱年：《中国文化概论》，北京师范大学出版社 1994 年版，第 231—265 页。

德、义利兼顾、乐群和贵、和而不同、勤俭自强、诚信敬业、经世致用、天下为公’的精神在世界民族之林中独树一帜，成为千百年来中华民族共有的精神家园和文化根基”[①]。在当代社会发展中，中国人在面对世界文明冲突的现状和文化发展的多元时，其积极应对的举措之一，就是重新强调要持有中国人自己的文化自觉、文化自信和文化自强。

四　民族信仰

中国人以“民族的团结，国家的统一”作为其最基本的民族信仰，将之视为中华民族生存和发展之魂，迄今仍为中国的立国立民之本。中文“民族”一词源自南朝宋齐时期道士顾欢的《夷夏论》：“今诸华士女，民族弗革，而露首偏踞，滥用夷礼”，其基本意蕴是指族别之分；中国古代有“类聚百族，群分万形”之说，比较典型的如称“东夷”“南蛮”“西戎”“北狄”和“中原华夏”为“五方之民”，作为具有方位、地域性的民族理解。中华民族对其民族“大一统”的信仰形成于“书同文、车同轨”的秦朝统一中国之后，从此，“大一统”的多民族共聚已被作为中国政治必须持守的底线。结合中国政治及文化信仰，“统”“和”“中”已成为中华民族的信仰原则。如果这种“大一统”的信仰出现动摇，中华民族的根基就会受到影响，而民族分裂则会把中国推向“最危险的时候”。其实，中国现代的民族意识正是在面对西方列强的入侵时而被唤醒并得以加强的。中国几千年来形成的“自觉的民族实体”在“鸦片战争”时受到了最强烈的挑战，而中国的战败和国土的丢失亦使中华民族的民族意识更加清醒，民族团结也得到了前所未有的强调，“中华民族”此时成为最强大的民族信仰表述。

① 欧阳康主编：《民族精神——精神家园的内核》，黑龙江教育出版社 2010 年版，第 300 页。

当然，中华民族在历史上本来就是依靠多民族汇聚而成，是中国经过长期多元通和的历程而达“一统”的结果。其中的主体民族“汉族”实质上就是多族共聚共融之族，故而有着丰富的地域文化及语言内容，以“一族”而体现出多种古代民族文化的存在。“汉族（把汉朝核心地的人们称为‘汉人’，这是周边少数民族叫出来的）实际上是中原诸族统一体的后裔。历史上，有众多的少数民族从东北、西北进入中原地区并建立了政权，后来又因融入汉族而消失于史乘之中。少数民族与汉族之间既有刀光剑影、桴鼓相攻的一面，也有经济文化交流、互通婚娶，最后融合为一体的一面。可以说，研究历史上中原地区的民族精神融合与交流，是了解中国历史上民族精神融合与交流的一个窗口。”[①] 这种“大一统”使中国获得可持续发展，中华民族也体现出其强盛和韧劲。所以，“大一统”精神乃是中国存在的奥秘，铸就为我们重要的民族信仰。

中华民族信仰的形成经历了复杂的历史演变过程，其一统观念也有着相应的表现形式或象征符号。这在远古兴起的祖先崇拜和反映其民族特征的图腾象征中可见端倪。中华民族多以“炎黄子孙”来表达自我，这种统一祖先的民族信仰其实有其开放性和扩展性，“炎黄”亦由专指演化为喻指。如大家都熟悉的远古关于炎黄大战蚩尤的传说，既揭示了古代民族的分殊，又反映出其汇聚的曲折经历。本来蚩尤之后应与炎黄子孙有别，但随着中华民族对其渊源共生的强调和海纳百川的包容，各族终于从“五湖四海”走到了一起，共聚为一个大族。同样，“龙的传人”作为中华民族对其远古图腾之追忆也充满聚合寓意。“龙”是一种高度抽象、综合汇总的动物形象，其象征本不具真实存在，但在其蕴含中却汇聚了古代各族动物图腾形象，共构为大家都能接受的共有图腾，并代代传承下来。所以，“龙”就特别表达了共聚而成的汉民族的心理特点和文化积淀。从“龙的传人”

① 赵杰：《多流一原的地理承载了中华民族精神》，《中国民族报》2011 年 7 月 29 日第 5 版。

到“炎黄子孙”，和谐共融的中华先民有了其“大民族”的信仰，不再有“内中国，外夷狄”之别。而且古代各族本有的血缘、语言、习俗、宗教等都在被吸纳的同时亦得以改造和重铸，在统一的中华民族意识中经历洗礼、体验扬弃，从而有了旧中有新、今亦存古的独特文化印痕。这种多民族共聚而形成的中华“大家庭”，以其特有的和谐而使家国关联、密不可分，并且生成小家服从大家、卫国方能保家的信仰概念和民族意识。这种中华民族独有的“家庭”“家乡”观念及眷念“故乡”“故土”的情结，并不因华人漂洋过海而流散，而是带到了异国他乡，保存了这种对故土的眷念，对其民族共有家园的向心、向往；因持“中国心”，方有“中国梦”。这种“乡情”和“思乡曲”正是中华民族信仰的小夜曲，缠绵而感人。

正如中国文化信仰所表达的，中华民族信仰传统的主体主要是一种内涵式、内蕴式、自强式、自我完善式的精神文化体系。中华民族历史上虽有“游牧”远征的辉煌，却为过眼烟云；虽曾“西洋”扬威，终乃昙花一现。其相对封闭的地理格局以“万里长城”而得到经典表达，国土虽大，却仍要以“城”来封！这种民族信仰显然重内陆而轻海洋，尊防守而鄙扩张。中华民族所信守的是“天行健，君子以自强不息；地势坤，君子以厚德载物”，这种信念铸就了中华民族古代的辉煌，但也使之在今日无法回避大海的呼唤、境外的挑战。

五　宗教信仰

从中国文化信仰和民族信仰的传统中，已经可以观察到中国古代宗教信仰的存在。中华民族精神的最初表达，实质上就是一种宗教信仰方式的表达。这种表达可以追溯到中国的上古神话，以及有关华夏先祖的传说。从这些感人的神话中，我们可以体悟到中华文化源头的一些基本思索和问题意识，在其优美的故事中提炼出其问天、问地、问人的哲思及想象；同理，这些遥远的传说也让我们依稀可辨中华民族的形成之途，找出华夏先民史实的蛛丝马迹。中华古代的宗教神话以其“思古幽情”而折射出中国精神最初所表现的“朦胧之美”。远古神话反映了原始氏族对自然的认识和适应，并从这种自然认识中产生出关于超然的意识，由此开始从神话走向宗教、把体认转为信仰，因为“任何神话都是用想象和借助想象以征服自然力、支配自然力，把自然力加以形象化”①，这实际上就意味着先人在从原初朴素的自然意识向复杂的抽象灵性观念转型。

由于这些远古神话和自然信仰，中国古代实际上是一个“多宗教”的时代。这种宗教认识和灵性思想普遍存在，它作为古人的精神现象而为其宗教信仰的产生创造了条件。对于古代民众而言，其宗教思想乃“弥散性”的；“宗教思想，不必定有任何组织、任何制度，在原始人类以至于现代文明人中，日常生活所表现出来的崇拜与神秘思想，都是属于它的范围之内”②；但对其氏族来说，其宗教信仰则是“集体性”的，其图腾崇拜即一种“集体意识”的折射表达。由“弥散性”的自发宗教或自然宗教过渡到由政权管理的官方宗教或国家宗教，其关键性标志就是古代帝王颛顼所发动的“绝地天通”宗教改革。颛顼属于中国古代“五帝”时代，传说为黄帝之孙。在颛顼之前，中国先民的宗教乃是“民神杂糅、民神同位”的混乱之状，民众的信仰呈神我一体、天地不分的态势，到处乃“家为巫史”、人神混杂，没有规矩、没有章法。为此，颛顼将宗教权力集中在自己身上，由其来规范宗教信仰活动，“依鬼神以制义”“洁诚以祭祀”，从此实现了国家政权对宗教祭祀活动的掌控和管理。后来随着儒家的崛起形成儒教，在董仲舒时期获得国家宗教的地位，并因佛教的传入和道教的形成而完成了儒、佛、道三教并立的格局，辅以各种本土或外来的民间宗教信仰，构筑

---

① 《马克思恩格斯文集》第 8 卷，人民出版社 2009 年版，第 35 页。

② 王治心：《中国宗教思想史大纲》，上海三联书店 1988 年版，第 1 页。

为中国古代宗教信仰的万花筒。因此，不能否认中国历史上存在着丰富的宗教信仰资源，中国的宗教史也是中华文化历史的重要构成和中国信仰精神的基本体现。

中国宗教信仰的开放性和包容性，使中外宗教通过丝绸之路而得到频繁的交流，其互渗和融贯也是中国宗教信仰的一大传统。例如，境外传入的宗教包括佛教、印度教、基督教、伊斯兰教、琐罗亚斯德教（袄教，俗称拜火教）、摩尼教、犹太教、巴哈伊教等，构成绚丽多彩的中国宗教信仰图景。这种宗教信仰传统从古到今没有中断，而是处于漫长的演化、嬗变、充实、完善的进程之中，成为中国人精神生活中的宝贵遗产和丰富财产。所以说，在中国人的信仰理解中，不可缺少其宗教信仰这个重要的一环。

第 二 章

中国人的宗教理解

◇ 一 宗教的意义

中国古代最初虽无“宗教”二字的并用，“宗”和“教”二字各自所具有的宗教含义却可从古代典籍中追溯出来。其中“宗”字早就具有宗教之制度性、结构性、场地性意义，其含义包括“祖庙”：《尚书·大禹谟》载“受命于神宗”，《传》则解释为“神宗，文祖之宗庙”；“祖先”：《左传·成公三年》曰“若不获命，而使嗣宗职”，其《注》释为“嗣其祖宗之位职”；“宗族”：《尚书·五子之歌》载“荒坠厥绪，覆宗绝祀”，《疏》曰“太康荒废，坠失其业，覆灭宗族，断绝祭祀”；“归向”：《尚书·禹贡》称“江汉朝宗于海”；“朝见”：《周礼·春官·大宗伯》解释说“春见曰朝，夏见曰宗”；“尊崇”：《尚书·洛诰》载“惇宗将礼，称秩元祀”，《诗经·大雅·云汉》曰“上下奠瘗，靡神不宗”；“本源”：《庄子·知北游》曰“直且为人，将反于宗”；“主旨”：《国语·晋语四》曰“礼宾矜穷，礼之宗也”；“派别”：唐许浑《丁卯集》下《冬日开元寺赠元孚上人二十韵》诗云“一钵事南宗，僧仪称病容”。凡此种种，表达了关涉宗教组织形式、活动场所、社会结构、礼仪制度、历史传承等意思。早在虞舜时期，按《尚书·尧典》“禋于六宗”的记载，就已经有宗教崇拜祭祀活动，所谓“六宗”即“天宗三——日月星”“地宗三——河海岱”。《说文》对

“宗”字的解释是：“宗，尊祖庙也。从宀从示。”其中“宀”具有建筑、屋宇、场所之意，而“示”则从“二”从“川”，“二”为“上”字，有“上天”“在上”之意；“川”指“三垂”，为“日月星三光”；此即《说文》所解释的，“示，天垂象见吉凶所以示人也。从二。三垂，日月星也。观乎天文以察时变示神事也”。

而“教”字按其传承则与学说、思想、理论、义理相关，有着“上施下效”、从学入道之意。其中“宗教”之“教”与“教化”之“教”在此本无本质区别或绝对界限。“教”的原初之义包括：“政教”“教化”，如《尚书·舜典》所言，“故作司徒，敬敷五教”，《礼记·经解》称“入其国，其教可知也”；“教育”“训诲”，《孟子·滕文公上》认为，“饱食暖衣，逸居而无教，则近于禽兽”，《荀子·大略》记载有“《诗》曰：‘饮之食之，教之诲之’”；“传授”“说教”，《左传·襄公三十一年》文中主张“教其不知，而恤其不足”；“指使”“命令”，如《左传·襄公二十六年》所说，“通吴于晋，教吴叛楚”，《唐诗纪事》十五金昌绪《春怨》则有“打起黄莺儿，莫教枝上啼”之说；“学说”“理论”，梁简文帝《征君何先生墓志》载有“聚徒教习，学侣成群”之论，而《方广大庄严经》十一《转法轮品》一也有“随应演说法，教化诸群生”等说法。其实“教”在中国远古时代早就被用来表示人们“对神道的信仰”，在《周易·观》中有“观天之神道，而四时不忒。圣人以神道设教，而天下服矣”之句；儒家经典《中庸》中也曾指出：“天命之谓性，率性之谓道，修道之谓教”；而《礼记·祭义》则说得更为清楚明确：“合鬼与神，教之至也。”“教”字的宗教蕴含始于殷商时期，曾指宗教“术士”，至春秋年代则有了“教士”之意，后演化为“教化”“教师”“教育”等表达，故此蔡元培在其《佛教护国论》中把“教”与“国”相关联，认为“国者，积人而成者也。教者，所以明人与人相接之道者也。国无教，则人近禽兽而国亡，是故教者无不以护国为宗旨也。我国之教，始于契，及孔子而始有教士”。

在中国，“宗教”二字合用最早始于佛教术语。梁朝袁昂（459—540年）在《答释法云书难范缜神灭论》中已经提到“仰寻圣典，既显言不无，但应宗教，归依其有”，而隋朝释法经在《上文帝书进呈众经目录》中论及其修撰众经目的时也有着“毗赞正经，发明宗教，光辉前绪，开进后学”之强调。后来《景德传灯录》十三《圭峰宗密禅师答史山人十问》之九也有了“（佛）灭度后，委付迦叶，展转相承一人者，此亦盖论当代为宗教主，如土无二王，非得度者唯尔数也”等表述；而《续传灯录》七《黄龙慧南禅师》一文中也有“老宿号神立者，察公倦行役，谓曰：‘吾位山久，无补宗教，敢以院事累君’”之句。从此，佛教以佛所说为“教”，佛的弟子所说为“宗”，“宗”为“教”的分派，二者合称为“宗教”。本来，“宗教”是指佛教中的“教理”，后来才被用来泛指一切“对神道的信仰”；于是，“宗教”这一中文术语就有了“人生宗旨、社会教化”之义，有了宗教信仰之义。

“宗教”之中文表述与西文 religion 之蕴含的连接，则是 19 世纪下半叶的发展，反映出中西文化的深层次交流。“宗教”与 religion 的对应，有“假道日本而入中国”的解说。自 1868 年以来，日本明治政府公文将西文 religion 译为中文“宗教”，随之在其通商航海条约、介绍西方的著作中频频出现，如郫田枢文夫所著《西洋闻见录》等。最早影响中国人用“宗教”来对应 religion 的，则是黄遵宪及其所著《日本国志》。此书 1887 年完稿，1895 年出版，此书论及“华夏”“泰西”时谈到了“各国人情、风俗、宗教、政治之不同”[①]，并在多处表述了“宗教”这一术语。不过，当时中国学术界并没有完全接受黄遵宪的“宗教”之译，也有不少人反对用“宗教”来汉译 religion。有人甚至宁愿用“尔厘利景”之汉语音译来对应 religion，而 1893 年参加芝加哥万国宗教大会的唯一中国代表彭光誉则在其《说教》

① 陈铮编：《黄遵宪卷》，中国人民大学出版社 2014 年版，第 334 页。

中将“尔厘利景”译为“巫”，将当时的基督宗教传教士、神父、主教译为“祝”，认为 religion“于华文当称为谶纬之学”。此后亦有学者主张用“道”来汉译 religion，但时过境迁，现在中国已经通用“宗教”来表达 religion 之意。

中国宗教有着自我一统的传承，外来宗教在华“中国化”的进程中亦受到这种中国文化“整合”“一统”的影响。从历史传统来看，中国宗教信仰的人文性、此岸性、功效性很强，因此其与社会有更多的关联，对政治也有更多的依附。历史上中国宗教的发展有着二元分殊的现象，政治性、学理性的宗教发展多走“上层路线”而好似与草根性、民俗性的“下层”“底层”宗教发展分道扬镳，因而给人以同一信仰却差别很大的印象。另外，中国宗教“结社”的情况也很复杂，很难简单用“建构性”和“弥散性”这两种模式来说清。有的宗教社团意识非常明确，其社会组织严密而健全；但有的宗教发展则如行云流水，从无定型。在涉及中国传统宗教性质时，故而有“民间宗教”与“民间信仰”之区分。但有些宗教虽然没有严格的教团组织，却以社会底层的基本社区构建作为其依附及表现。这样，中国宗教信仰的发展与中国社会发展建设、中华文化的弘扬传播联系密切，不能将之分割。中国宗教信仰历经各种艰难险阻而延续至今天，在今天中国当代多元文化的共聚中，宗教亦表现出其顽强的存在。因此，对中国宗教信仰的承认、包容和宽容，是今后中国社会继续健康发展所不可缺少的。以中国人宗教信仰的历史为鉴，可以洞若观火，启迪未来。

二　宗教精神追求

宗教是人的精神追求之表现，反映出人在神圣与世俗之间的徘徊，在永恒与现实之间的纠结，在超然与自然之间的徜徉。中国人的宗教亦是对

“神圣化”的生活之向往和追求，相信“举头三尺有神明”的神律，希望通过宗教修行而达到自我心灵的“净化”与纯洁。

中国佛教认为“信者，令心澄净”，宗教精神可以使人“自净其意”“深正符顺，心净为性”，以这种境界方能“诸恶莫作，众善奉行”。佛教的“心性本净”主张人心的纯化，实现人性的返璞归真，从而直达“佛性”。以“佛性”作为对“人性”的超越，佛教表达了其追求抽象本体的精神。基于其“佛性论”的理解，佛教倡导一种对尘世的“跳出”和超越，即看破红尘俗界、悟透大千世界，强调“目前森罗万象”“同是一真法界”。

作为中国传统宗教典范的道教亦主张“天道自然”“道法自然”的淳朴和纯洁，而这种淳朴的真正实现则要求人们“见素抱朴，少私寡欲”，由此方可乐天知命，达到“天地与我并生，而万物与我为一”的“与道同一”之境。道教以一种淡泊、宁静的心境而让人体会其一直在寻思、追求的那种“摄万物”“通千古”之“道”。在道教的理解中，“道”是超然本体，同样也是人所向往、追求的境界。从其本原、超越意义上，“道者，虚无之系，造化之根，神明之本，天地之元”①。而人在“观天之道，执天之行”时则需遵循“立人之道”。人生的追求就在于信守“天道”及“人道”，但这并非强势而为，变成人生的负担。就道教的领悟而论，“澹然无极而众美从之。此天地之道，圣人之德也”②。人若如此，则“安之若命，德之至也”③。这种清静无为也是宗教精神立于自我、超越自我的真实写照。

儒家通常被视为对“人文精神”的推崇，所重视的是“人学”，立足于体现“天地之德”“天地之心”的“人本”，但其“敬天”之举却使之由持守家、国之“仁”的儒家而转为表达出超越追求的“儒教”。自然之天地境界并不需要敬畏，对之本可保持缄默“不语”。然而，儒教不仅有相应的敬

---

① （唐）吴筠：《玄纲论》。

② 《庄子·刻意》。

③ 《庄子·人间世》。

拜，而且还进而探究“天道本体”，有着“推明天地万物之原”的精神追求，由此而展示出中国古代文化中儒、佛、道作为“三教”的共在。所以，按照任继愈之论，“儒教虽然缺少一般宗教的外在特征，却具有一切宗教的本质属性”①。儒教从“道之大原出于天”的本体论悟道，推至其现实人生安身立命中的“以道教民”“以道德民”，从而也使其宗教精神得以凸显。在儒教传统中，“天”具有至高无上的独特地位，此后其作为中国封建皇权的“国教”，形成了只有作为“天子”的皇帝才有资格“祭天”的特权，而其麾下的臣民“祭天”则是一种僭越，但地位较低的形形色色的“祭天神”活动在中国社会非常普遍。

在中国宗教传统中，不少宗教都有其功利性的敬神祈福，故而会让人感到那种对有形神明、各种偶像顶礼膜拜之乌烟瘴气的不快。但这并不是中国宗教的全部，而仅是其形而下的局部，并且是其需要不断改进、革新的重点。真正体现中国宗教真精神的，则是在对这种神圣追求上人之精神境界通过“德化”“圣化”而达到的“神化”，实现的“升华”。对此，过去人们关注得并不很够，甚至多有忽略。而这种中国宗教的本真则正是需要我们去发掘、弘扬的。我们应该在今天的现实生活及宗教实践中止住那种功利性的隳沉，而让一种崇高的精神境界得以高扬。

三　宗教社会存在

宗教与中国社会有着密切的关联，中国的“宗族”“宗法”也都离不开宗教。但是宗教与中国社会的关系与其他国家或民族又明显不同，其依附于皇权、服务于政治、紧嵌于社会的存在，使其“宗教性”并不十分明显，

① 任继愈：《论儒教的形成》，《中国社会科学》1980年第1期。

遂导致中国古代社会“无宗教”的猜测，或对中国宗教有着颇为另类的解读。宗教在中国社会是否为一种“常态”的存在、中国是否真乃典型的“世俗国家”，这种认知混乱使人们迄今对中国社会的性质、中国宗教的定位仍众说纷纭、莫衷一是。

应该说，中国宗教在中国社会是一种“常态”的存在。但与其他国度不同的是，中国宗教是在“王道政治”下的常态存在，中国政治结构及作为其政治主宰的君王会对宗教施加巨大影响，甚至左右着相关宗教的社会命运。从中国漫长的历史发展来看，中国社会并非一个“世俗国家”的存在，但其压倒一切的政治权威及其对宗教的干涉，使中国宗教不再具有至高的威权，而是因其君王对宗教的领导、掌控，使中国社会呈现为与众不同的政教合一、政教一体。由现实政治的权威来“替天行道”“替神代言”，“天子”在这种政教结构中成为绝对的“天之骄子”，人们相信“天帝会像父爱子一样保护天子，天子又是人间与天帝联络的合法代表，只有天子才能郊祀祭天”①。

随着“绝地天通”的改革，中国宗教的权威性归政治所有，君王以郊祭、庙祭和封禅大典来主持祭天活动，体现为最高等级的宗教祭祀活动。这种宗教组织及其活动的“皇权”化，使中国宗教自身很难展示其权威性，故而也没有任何真正具有普遍权威的宗教，儒教作为“国教”是依附于中国政治的皇权之下，孔子的形象被神圣化是汉武帝“罢黜百家，独尊儒术”政策的产物，如此才有儒家变形为儒教之始。董仲舒创立儒教之后，孔子虽被尊为教主，获得“天纵之圣”“天之木铎”“万世师表”“大成至圣先师”等尊号，却仍是“圣人”而并非“神明”，加之历史上儒教基本上被政治掌控和利用，故而其“宗教性”有模糊之处，被不少人打上了问号。

针对中国古代这一主体宗教的含混性质，及其与中国古代宗法社会的

---

① 朱天顺：《中国古代宗教初探》，上海人民出版社1982年版，第264页。

复杂关联，亦有人宁愿称其为“宗法性传统宗教”而不是儒教。中国社会政治性的卷入和依附，致使其命运与相关政治体制的生死存亡绑在了一起，此即儒教作为官方“国教”形态随辛亥革命推翻封建王朝而寿终正寝。不过，中国古代宗教在其社会不是只有这种官方形态，而是在官方、民间的齐头并进。甚至有人认为中国社会真正的儒教并不是这种官方国教意义上的儒教，而是“礼失求诸野”的民间发展及其非官方的民间形态，从而与中国社会贴得更紧。实际上，民间社会的中国宗教一直就很活跃，在颛顼“绝地天通”的改革及民间收权之后，“民神杂糅”“家为巫史”的状况并没有根本改观，相反却有民教泛滥、淫祠不绝的发展。中国宗教的万花筒景观使之在社会上很难有一个“官方”或“民间”的准确定位，即使儒教也是亦官亦民的多元呈现。自中国古代宗教一以贯之的“敬天法祖”传统，也是沿着中国社会官方、民间这两条相距甚远的历史之线得以延续。虽然这两极都强调对“敬天法祖”的持守，但在宗教意义上给人的印象却似乎官方以皇权为代表更重视敬天，民间则以宗族、家族为代表更注意祭祖。

这种主体宗教在中国社会敬天、法祖既相关联又有区别的特点，恰好被牟钟鉴在其对“宗法性传统宗教”的解释中加以描述：此即“指从夏商周三代开始，后来不断得到强化的以天神崇拜和祖先崇拜为核心而建立起来的传统宗教，它有着一般宗教的基本属性，即宗教的观念、感情及祭祀活动，唯独没有单立的教团，而以宗法等级组织兼任种种宗教职能。皇室的代表天子主祭天神，宗族和家族祭祖由族长、家长主祭。敬天法祖、慎终追远是观念和感情上的基本要求。这种宗教与封建宗法等级制度及思想体系紧密结合在一起，又直接为巩固宗法制度服务”①。这种“从未间断地一直延续到清末”的中国主体宗教，或名为“儒教”，或定性为“宗法性传统宗教”，它实质上乃中国传统社会中宗教发展所呈现出的主脉或主流，而

① 牟钟鉴：《中国宗教与文化》，巴蜀书社1989年版，“前言”第6—7页。

且在牟钟鉴看来则正是“一个为社会上下接受并绵延数千年而不绝的正统宗教”。

其实，不仅儒教或“宗法性传统宗教”具有这种官方、民间共有的特点，佛、道的官方与民间性并存也是中国传统社会中的典型现象。当然，佛、道发展的民间性表现得更为突出一些，从而也跟普通百姓的生活更为贴近。这两种宗教在底层社会既有奇特的合作，也会彼此竞争或排斥，由此体现宗教在中国社会中的鲜活存在，中国自古也并非一个“世俗社会”，而乃充满宗教元素及气氛。

此外，在中外文化交流的背景下，中国社会所包容、吸纳的宗教还远远不止儒、佛、道三教，更涵括从境外传入的各种宗教，因而中国社会的宗教存在丰富且多彩，既体现出本土传统，又展示了异国风情。由古至今，中国宗教的社会存在乃不争的事实，这是我们体认中国社会、弄清其本质属性所不能忽略的。

四　宗教与民族传统

宗教与中国各民族的发展紧密交织，并已成为中华民族传统的重要组成部分。中国是一个多民族国家，在 13 亿人口的中华民族之中以汉族为主要民族，其人口约有 12 亿之多。在今天，我国共有 55 个少数民族，其人口总数仍有 1 亿多人，但其分布面积极为广阔。目前民族自治地方占全国陆地国土面积的 64%，西部和边疆绝大多数地区都是少数民族聚居区；全国陆地边界线长约 2.2 万公里，其中 1.9 万公里在民族地区；55 个少数民族中，有 44 个民族实行了民族区域自治，共建有 5 个自治区、30 个自治州、120 个自治县（旗），实行民族区域自治的少数民族人口占全国少数民族总人口的 71%。此外，有 30 多个是跨境而居的民族，其国际关联复杂、国际影响巨大，其宗教信仰亦各有特色。

根据2010年全国第六次人口普查，在中国各少数民族中，人口超过百万的少数民族已经达到18个，而人口不足1万的少数民族则仍有6个。从其人口数量及其主要地域分布情况来看，壮族约1692万人，主要分布在广西壮族自治区、云南省、广东省和贵州省；回族约1058万人，主要分布在宁夏回族自治区、甘肃省、河南省、新疆维吾尔自治区、青海省、云南省、河北省、山东省、安徽省、辽宁省、北京市、黑龙江省、天津市、吉林省和陕西省；满族约1038万人，主要分布在辽宁省、吉林省、黑龙江省、河北省、北京市和内蒙古自治区；维吾尔族约1006万人，主要分布在新疆维吾尔自治区，少量在湖南省；苗族约942万人，主要分布在贵州省、云南省、湖南省、广西壮族自治区、四川省、广东省和湖北省；彝族约871万人，主要分布在四川省、云南省、贵州省和广西壮族自治区；土家族约835万人，主要分布在湖南省、湖北省、贵州省、四川省和重庆市；藏族约628万人，主要分布在西藏自治区、四川省、青海省、甘肃省和云南省；蒙古族约598万人，主要分布在内蒙古自治区、辽宁省、新疆维吾尔自治区、吉林省、黑龙江省、青海省、河北省、河南省、甘肃省和云南省；侗族约288万人，主要分布在贵州省、湖南省和广西壮族自治区；布依族约287万人，主要分布在贵州省；瑶族约279万人，主要分布在广西壮族自治区、湖南省、云南省、广东省、贵州省和四川省；白族约193万人，主要分布在云南省和贵州省；朝鲜族约183万人，主要分布在吉林省、黑龙江省和辽宁省；哈尼族约166万人，主要分布在云南省；黎族约146万人，主要分布在海南省；哈萨克族约146万人，主要分布在新疆维吾尔自治区和甘肃省；傣族约126万人，主要分布在云南省；畲族约70万人，主要分布在福建省、浙江省、江西省、广东省和安徽省；傈僳族约70万人，主要分布在云南省和四川省；东乡族约62万人，主要分布在甘肃省和新疆维吾尔自治区；仡佬族约55万人，主要分布在贵州省、广西壮族自治区和云南省；拉祜族约48万人，主要分布在云南省；佤族约 42 万人，主要分布在云南省；水族约 41 万人，主要分布在贵州省和广西壮族自治区；纳西族约 32 万人，主要分布在云南省和四川省；羌族约 30 万人，主要分布在四川省；土族约 28 万人，主要分布在青海省和甘肃省；仫佬族约 21 万人，主要分布在广西壮族自治区；锡伯族约 19 万人，主要分布在新疆维吾尔自治区、辽宁省和吉林省；柯尔克孜族约 18 万人，主要分布在新疆维吾尔自治区和黑龙江省；景颇族约 14 万人，主要分布在云南省；达斡尔族约 13 万人，主要分布在内蒙古自治区、黑龙江省和新疆维吾尔自治区；撒拉族约 13 万人，主要分布在青海省和甘肃省；布朗族约 11 万人，主要分布在云南省；毛南族约 10 万人，主要分布在广西壮族自治区；塔吉克族约 5 万人，主要分布在新疆维吾尔自治区；普米族约 4 万人，主要分布在云南省；阿昌族约 3. 9 万人，主要分布在云南省；怒族约 3. 7 万人，主要分布在云南省；鄂温克族约 3 万人，主要分布在内蒙古自治区和黑龙江省；京族约 2. 8 万人，主要分布在广西壮族自治区；基诺族约 2. 3 万人，主要分布在云南省；德昂族约 2 万人，主要分布在云南省；保安族约 2 万人，主要分布在甘肃省；俄罗斯族约 1. 5 万人，主要分布在新疆维吾尔自治区；裕固族约 1. 4 万人，主要分布在甘肃省；乌孜别克族约 1 万人，主要分布在新疆维吾尔自治区；门巴族约 1 万人，主要分布在西藏自治区；鄂伦春族约 0. 86 万人，主要分布在内蒙古自治区和黑龙江省；独龙族约 0. 69 万人，主要分布在云南省；赫哲族约 0. 5 万人，主要分布在黑龙江省；高山族约 0. 4 万人，主要分布在台湾省和福建省；珞巴族约 0. 36 万人，主要分布在西藏自治区；塔塔尔族约 0. 35 万人，主要分布在新疆维吾尔自治区。

在中国，儒教或宗法性传统宗教的历史最为悠久，与中华民族尤其是汉族的发展有着不解之缘。自汉武帝采纳董仲舒的建议确定独尊儒术、罢黜百家，先秦之“孔儒”遂上升为儒教，成为中华民族的官方宗教。儒教从西汉到 1911 年辛亥革命推翻清朝，以这种官方的宗教形式延续了两千多年，对中华民族特别是汉族有着深远的影响，铸就了其民族特质。甚至在辛亥革命之后，儒教仍以孔教的形式或民间信仰的方式在中国社会基层及知识分子中得以恢复并顽强地生存下来。在中国社会的宗族体制中，在中国知识分子的气质精神中，我们仍然可以觉察到其明显的儒家成分，感受到儒教的信仰精神。

在55个少数民族中，约30个少数民族保持有其民族的原生型宗教（原始宗教）传统。其在中国东北部和西部所保留的主要有古代原始宗教晚期形式的萨满教传统，如在东北的赫哲族、鄂伦春族、鄂温克族、达斡尔族等民族的宗教信仰传统中仍清晰可见。在中部和西南部则主要是自然崇拜如动物崇拜、植物崇拜、天体崇拜，以及祖先崇拜和图腾崇拜形式，如纳西族、基诺族、佤族、苗族、瑶族、侗族、仫佬族、珞巴族、门巴族等的信仰传统；此外，藏族、门巴族等民族的传统信仰苯波教也属于这一类型的宗教。

佛教自公元前2年传入中国，在华已经有了两千多年的历史，佛教在华形成北传佛教、南传佛教和藏传佛教等，其中北传以大乘为主的佛教宗派主要被汉族、白族、彝族、纳西族、拉祜族所接受，在壮族、仫佬族等部分民众中也得以流传；南传上座部佛教宗派主要被傣族、德昂族、阿昌族、布朗族和拉祜族所信奉；藏传佛教宗派则主要在藏族、蒙古族、土族、裕固族和珞巴族民众中所流传。

道教为中国本土宗教，源自老庄思想精神，其作为宗教形态的存在稍晚于佛教的传入，迄今亦有近两千年的历史，其信仰群体以汉族为主，但在一些少数民族如瑶族、土家族、布依族、仫佬族、毛南族中也普遍存在。此外，壮族、侗族、苗族、京族、彝族、黎族、纳西族和羌族的部分群众也信奉道教。

基督教自唐朝开始传入中国，此后基督教三大教派天主教、东正教、新教等相继传入，在汉族和部分少数民族中有着广泛的传播，如在朝鲜族、俄罗斯族、羌族、彝族、白族、哈尼族、景颇族、傈僳族、独龙族、拉祜族、佤族、怒族、苗族和高山族中就普遍存在，苗族等少数民族甚至已经把基督教的一些信仰元素融入其民族文化传统之中。

伊斯兰教也在唐朝时传入中国，在其1300多年的在华历史中经历了复杂的发展变迁，现在已经成为回族、维吾尔族、哈萨克族、塔塔尔族、塔吉克族、柯尔克孜族、乌孜别克族、东乡族、撒拉族、保安族这十个少数民族民众主要信奉的宗教。

由此可见，宗教与中国民族传统密不可分，血肉相连。在这些民族地区，宗教与其民族传统交织在一起，甚至已经成为其民族文化的重要或主要构成。“长期以来，各种宗教的传统习惯已渗透到人们日常生活之中，传统的宗教礼仪相继延续，已在教徒中形成了一种传统习惯势力。尤其是少数民族教徒集居的地区，甚至把宗教生活和民族生活结合在一起形成了民族习惯，宗教的传统节日不断激发教徒们的宗教感情，宗教家庭中的孩子，从小受到宗教礼仪的熏陶，培育起浓厚的宗教感情，形成不易消除的宗教心理。”① 这种宗教与民族传统的交织使宗教在其民族的生存及发展中起着重要作用，并使相关民族在其价值观念、伦理道德、文化民俗、生活习惯、审美维度上都有了一些宗教元素和信仰意境，因而也使我们在与这些民族交往中必须关注、了解和尊重其宗教信仰。

五　宗教与政治关系

中国宗教自古以来就与政治有着密切关系，而且这种政教关系并不同于西方传统所理解的政教关系，以西方政治文化所界说的“政教合一”“政

① 蒋文宣：《社会主义社会中宗教存在的根源和条件》，《世界宗教研究》1985年第3期。

教合作”“政教协约”“政教协调”“政教分离”“政教隔离”“政教并立”“政教对立”等模式都不能清楚解释中国古今政教关系。就其理念、传统及实践而言，中国古今一以贯之的政教关系乃是“政主教从”的主从关系，尽管有着所谓“政教合一”或“国教”之表述，却不可能根本改变中国社会政治中“以政为主”“以政统教”“以教辅政”“以教依政”的“教服于政”之关系。

中国古代形成的皇权政治以及后来达成的中华民族“大一统”格局，使政治权力及其权威具有神圣性，皇者“君权神授”，皇帝自称“天子”，故而认为其政治职能就是“奉天承运”，乃有“替天行道”“为神代权”的神圣意义。故此，中国社会从来就不允许有两种权力或权威并立，宗教更不能凌驾于皇权政治之上，政治主宰始终掌握着主动权，根本不存在所谓僭越宗教的问题。所以，中国历史上并不存在政教并立的关系，宗教也很难构成对政治及政权的真正对立。在古代“政教合一”的“国教”传统中，不是宗教领袖主宰了政治威权，而恰恰相反是世俗君王主宰着宗教的命运，政治在此“统合”了宗教。

佛教从印度传入中国的初期，一些佛教僧侣秉承印度佛教“沙门”之革新思想，主张坚持“佛法”的最高地位而不向中国世俗王权屈服，故有“沙门不敬王者”之说，试图以其僧侣之身份而“出家入法，不向国王礼拜”。这种态度曾使佛教发展处于艰难岁月，不被王权所承认，不为社会所接纳，徘徊、反复了数百年却进展不大、收获甚微。于此，佛教的“中国化”乃是从其政治态度的变革而开始的。公元4世纪的僧人道安意识到当时中国佛教发展的窘境，故而一改以往傲视王权的出世态度，让其同仁看到“不依国主，则法事难立”这一严酷现实，让佛教界转为“沙门崇敬王者”的入世、变俗方向，由此找准了中国政教关系的真正本质而进入了顺利“弘法”的发展。在基督教、伊斯兰教传入中华之后，同样的问题也曾发生。这些外来宗教在历史上多少对中国政治都有所妥协，也一直在中国政权的掌握之下。当然，有着强大西方政治背景的基督教传教士对之颇为纠结，其对待中国政治的反反复复、犹豫不决、左右摇摆，使基督教在华“中国化”的问题迄今仍没有得到根本解决，因而基督教在华命运也不如佛教那样顺畅、明快。

与之相对应，中国政治自古以来就形成了一套管理或制约宗教的政治制度及行政体系。例如，汉武帝独尊儒术政策的确立，是儒教得以形成的根本条件，而自此中国社会以儒教为代表的“神权政治”或“国教统治”实质上也仍然是“王权政治”和“君王统治”。儒教传统的“祭天”大典只能由皇帝来主持，对于皇权则不能有任何僭越。所以说，中国的“宗教”颇有政治蕴含，所谓“神道设教”是与政治上的“社会教化”密切关联、相辅相成的，故此宗教之“教”与教化之“教”并非本质相悖，而是有着内在的呼应及补充。

尽管中国皇帝个人会有对某种宗教的喜好或偏爱，但对宗教的信奉并不影响其对宗教的治理和约束。例如，公元6世纪时梁武帝因崇佛信佛而曾“三度舍身”，甚至有“四次舍身”之说，使朝廷不得不以巨资将之赎回，但他在管束佛教僧尼上却毫不留情，非常严格。佛教中的一些素食斋戒要求及规则，就是出自梁武帝之手。13世纪的元世祖忽必烈亦曾包容当时传入的基督教、伊斯兰教、犹太教和佛教，但其旨归乃让这些宗教都为其统治服务。18世纪的清朝统治者在敕封活佛的同时突出其王权册封的权威性，并形成了确认活佛转世灵童之“金瓶掣签”的定制。康熙皇帝一开始对颇有好感，对之彬彬有礼且大加赞赏，但一旦卷入“中国礼仪之争”则毫不犹豫地果断禁教。可见，在中国政教关系历史上，政治往往比宗教远为强势，宗教相对处于较弱地位乃是一个不争的事实。

在加强政治对宗教的有效管理上，中国历代皇权还设立了专门处理或治理宗教的相关机构。古代中国政权就在相关部门设立了掌管宗教事务的职能。唐朝的“蕃坊”具有管理穆斯林的功效，而其“蕃长”则必须由政府批准和任命；唐朝时针对佛教还规定了僧道度牒及僧道户籍制度。宋朝政权设有管理穆斯林的“蕃长司”，形成了由官府决定寺院住持产生或召请并要申请立案的定制。元朝的宗教管理得以扩大及细化，设有秩从一品的“宣政院”专管佛教、秩从二品的“集贤院”专管道教，并有“崇福司”专管基督教、“回回哈的司”专管伊斯兰教等。明朝以“礼部”来掌管僧道，以“四夷馆”来负责边疆民族宗教事务及相关翻译事宜，以“鸿胪寺”主管宗教礼仪祭奠等活动，还有“兵部”“卫所”等专门关注边疆民族宗教事态发展的机构。清朝设立涵括民族、宗教等事务的“理藩院”。而民国时期也有负责民族宗教事务的“蒙藏委员会”。正是这种政教关系的延续以及中国政府对宗教事务的管理和处理，才使当代中国政府机构中“宗教事务局”或“民族宗教委员会”的设立有着坚实的历史基础和社会现实的需要。我们只有从中国文化传统及其社会结构入手，才能真正弄清并理解中国宗教与政治的关系。

第 三 章

中国人本土传统的宗教

◇◇ 一　中国宗教传承

中国的宗教传承可以追溯到远古的自然崇拜和鬼魂崇拜，由此发展出思考生命之源的生殖崇拜和感悟社会共存的图腾崇拜，随之在民族意识的意义上出现了祖先崇拜，在文化萌芽的趋向上构建出原始神话，并形成其观念与实践的有机结合。此即中国人本土传统宗教的起源及特点。

（一）自然崇拜[①]

人对世界的观察及理解大致经历了客体阶段、主体阶段和整体阶段。在客体阶段，人尚不具自我主体意识，缺乏将人自身独立出来加以观察、分析的能力，此时人与自然万物同为自然客体，但人会以人与万物同类同性的方式来推想自然、解释自然，形成物活论及万物有灵论的观念。而一旦人因其在大自然面前的软弱、无助而产生对自然万物及其作用的恐惧感、敬畏感、依赖感和神秘感时，最初的宗教现象即自然崇拜就会产生，此即

① 本节内容基于对拙著《宗教与文化》相关部分的修订、补充，特此说明，参见该书第115—140页，人民出版社1988年版。

宗教史研究所指的原生性宗教之诞生。在远古中国先民的宗教发展史上，这种自然崇拜曾是十分普遍的现象，自然世界即是一个由各种神灵所充满的世界。

在远古中国人的眼中，这些自然神明包括多种天体及多样天气，大地山川及生养于其中的植物和动物。其中天体崇拜主要为日月星辰崇拜，如前所论，中国的“宗”字本身就蕴含着崇拜在“天上”的“日月星三光”之原义。在中国古代文献中，已经有了“天之三辰，民所瞻仰也”（《国语·鲁语上》），“以实柴祀日月星辰”（《周礼·春官大宗伯》）等记载。

中国远古日神崇拜的踪迹可见于大汶口文化莒县陵阳河出土陶尊上的日月山形状符号、内蒙古阴山岩画中的拜日图，以及仰韶文化晚期河南郑州大何村遗址出土的绘有日月星辰和太阳纹图案的彩陶片。《山海经》等文献中则有“羲和生十日”“羿射九日”“夸父追日”等神话传说，充满想象和浪漫。据《山海经》所言，“东南海之外，甘水之间，有羲和之国，有女子名曰羲和，方日浴于甘渊。羲和者，帝俊之妻，生十日”（《大荒南经》）。“下有汤谷，汤谷上有扶桑，十日所浴。在黑齿北，居水中，有大木，九日居下枝，一日居上枝。”（《海外东经》）“汤谷中有扶木，一日方至，一日方出，皆载于乌。”（《大荒东经》）日神崇拜后被纳入中国古代的祭天之礼，有着“祭日于坛”的规定，而“天”也因日而为“阳”的重要标志。中国古代统治者曾以日神的后裔来自居，夏商帝王由此而以“天干”来命名。远古日神崇拜在中国文化中留下了深深的印痕，在现代社会“万物生长靠太阳”“东方红、太阳升”的歌谣中，我们仍可听见其远古的回声。

月神崇拜同样充满神秘和神奇意义。《山海经》记载有“帝俊妻常羲，生月十有二”（《大荒西经》）之说，这种羲和生十日及常羲生十二月的神话，与古代殷人用十干计旬和用十二个月计年的方法相吻合，其神秘关联使人猜测中国古代已经有了宗教与科学之复杂关系的朦胧印象。此外，《淮南子·精神训》谓“日中有踆乌，而月中有蟾蜍”。而“嫦娥奔月”“白兔捣药”“吴刚伐桂”等关于月亮的神话传说在中国民间更是脍炙人口。“月”因其皎洁、清冷而成为“阴”的重要标志。此后，日月崇拜与天地崇拜相结合，形成阴阳观念：日、天为阳，月、地为阴。“《礼记·郊特牲》说：‘郊之祭也，迎长日之至也，大报天而主日也，兆于南郊，就阳位也’，《祭义》说：‘郊之祭大报天而主日，配以月’，‘祭日于坛，祭月于坎，以别幽明’，‘日出于东，月生于西，阴阳长短终始相巡’。从此天地日月之祭互相配合，成为中国的正宗信仰。”①

星辰崇拜在中国古代因以观察星象来推测人事吉凶而曾形成星相学和占星术，具有明显的人格特色。星星在中国古代信仰中成为人的灵魂及生命的象征，“天上一颗星，地上一个丁”，有人出生则有新星闪现，有人死亡则有星辰陨落，如《三国演义》在描述诸葛亮临终前之状时就用了“将星欲坠，阳寿将终”之说。此外，这些星神在中国古代宗教及民间信仰传统中还有着非常形象化的写照，如对二十八星宿的详尽勾勒，而魁星、寿星、文曲星、玄武、斗姆等也被刻画出非常生动的形象。

天气之神与复杂的气象有关，由此形成中国古代对风雨、云雾和雷电的崇拜及敬畏。风神形象多以鸟类来展示，较为典型的如“凤鸟”“风鸟”之论。古代文献记载有风神的众多名称，如殷契有东南西北四风之分，《山海经》称风神为“俊”“䴏”等。楚人称风神为“飞廉”，王逸注《楚辞》说：“飞廉风伯也。……风伯神名也。”《风俗通义》称风神为“箕星”，李善注引说：“风师者，箕星也；主簸物，能致风气也。”孔颖达在《尚书·洪范》疏中亦有“箕星好风”之论。北方最为流行的风神名则为“风伯”（一称“箕伯”“风师”等）。张衡《思玄赋》称：“属箕伯以函风兮，澂澒涊而为清。”

雨神形象则多与“龙神”有关联，如《山海经·大荒东经》中以“应

① 牟钟鉴、张践：《中国宗教通史》上，社会科学文献出版社2000年版，第7页。

龙”为雨神，“旱而为应龙之状，乃得大雨”。中国古代神话通常把司雨之神称为“雨师”，《韩非子·十过》论及“昔者黄帝合鬼神于西泰山之上……风伯进扫，雨师洒道”。《风俗通·祀典》以玄冥为雨师；《周礼·春官上》郑玄注，以毕宿为雨师；孔颖达的《尚书·洪范》疏也称“毕星好雨”。此外，还有把雨师称为屏翳的，如《楚辞·天问》有“蓱号起雨，何以兴之”的说法，而王逸注说“蓱即蓱翳，雨师名，亦称屏翳”；《山海经·海外东经》郭璞注，也以屏翳为雨师。中国古代神话的雨神形象既有女神，也有男神，丰富多样。随着中国农耕文化的发展，人们祈求风调雨顺，对风神、雨神的崇拜遂延续下来。

云雾的有无及变化与天象联系紧密，人们从云之状态来预测人生，看出其祸福征兆，寻找避免灾难之法。为此，古人根据云的形状和颜色，对云状做出宗教意义上的区分，如分出“阵云”“杼云”“柚云”“杓云”“卿云”等，以判断其是否为祥云，并制定出相应的占候吉凶的办法，中国古代神话中的云神形象通常为女神，如段墟书契中的“面母”和《楚辞·九歌》中的“云中君”等。

司雷之神为雷神，亦称“雷公”“雷师”。《云仙杂记·天鼓》说：“雷曰天鼓，雷神曰雷公。”在此打雷与打鼓得以比较，乃是其信仰的后期发展。屈原《离骚》也提到雷师之名：“鸾皇为余前戒兮，雷师告余以未具。”《山海经·海内东经》认为雷神具有动物形象：“雷泽中有雷神，龙身而人头，鼓其腹，在吴西。”《淮南子·地形训》也说：“雷泽有神，龙身人首，鼓其腹而熙。”由此，道教根据轩辕黄帝为龙身之说而把他敬为雷神，称之为“九天应元雷声普化天尊”。道教还认为雷霆可以为天“代言”，其《无上九霄玉清大梵紫微玄都雷霆玉经》说，雷神“主天之灾福，持物之权衡，掌物掌人，司生司杀”。雷电崇拜通常会相互结合、彼此呼应，体现古人对电闪雷鸣之观察。但由于雷神一般为男神，所以又有与雷公相配的电母，即所谓“闪电娘娘”，专司闪电。明都印《三余赘笔》谓：“俗呼雷电为雷公电母，然亦有所本。《易》曰，‘震为雷，离为电’。震，长男，阳也；而雷出天之阳气，故俗云雷公。离，为中女，阴也；而电出地之阴气，故俗云电母。”雷公电母均为龙形，因为古代人会根据雷电的形声而与龙联系起来，认为雷鸣乃龙鼓其腹而发其声，闪电在空中伸屈闪现则是龙在动态中现其形。

大地山川崇拜在中国的历史亦非常久远，在《礼记·祭法》中有如此表达：“山林川谷丘陵，能出云，为风雨，见怪物，皆曰神。”大地与天体形成对应，乃天、地、人之中的重要一维，人即立于天、地之间而存在。《周易》在对比天地人时曾指出：“天行健，君子以自强不息；地势坤，君子以厚德载物。”天乾喻阳，给人以“天父”之想；地坤乃阴，习惯上有“地母”之称。中国神话传说中与黄帝并列的“后土”即为女神，称“高母神”。但中国古代也多称土地神为男神，故而对人乃有着君子应“厚德载物”之期望。中国古人多称土地神为“社神”（亦称“社主”），据《礼记·郊特牲》所载：“社，所以神地之道也。地载万物，天垂象，取财于地，取法于天，是以尊天而亲地也。故教民美报焉。”此外，社神的人格化形象有作为共工之子的“后土”，如《礼记·祭法》说，“共工氏之霸九州也，其子曰后土，能平九州，故祀以为社”；有治水成功的“大禹”，如《淮南子·氾论训》谓“禹劳天下而死为社”；有实施“绝地天通”的颛顼之子“犁”，如《礼记·月令》注“后土亦颛顼之子，曰犁，兼为土官”。通常社神与稷神（谷神，即农神）会相提并论，二者在中国古代农业社会中有着非常重要的地位。为此，古代中国社会已习惯将国家比作“社稷”，其崇拜与祖先崇拜处于平等地位，恰如《礼记·祭义》所载：“建国之神位，右社稷而左宗庙。”随着“国家”政体的出现及古代宗教与这种政治的关联，其崇拜祭祀亦分出相应的等级，如《礼记·王制》所载：“天子祭天地，诸侯祭社稷，大夫祭五祀。”

神山崇拜早在虞舜时就有“望于山川，遍于群神”的记载。中国古代所封神山颇多，其中较为著名的是古代帝王祭祀常去的“五岳”（亦称“五嶽”），即东岳泰山、南岳衡山、西岳华山、北岳恒山、中岳嵩山。《道藏辑要·岳渎名山记》给五岳神名化，称东岳泰山“岳神天齐王”、南岳衡山“岳神司天王”、西岳华山“岳神金天王”、北岳恒山“岳神安天王”、中岳嵩山“岳神中天王”。东岳泰山（“岱山”“岱宗”）为五岳之首，故泰山神为五岳神之尊，被道教奉为“东岳天齐仁圣大帝”，简称“东岳大帝”，有“群山之祖，五岳之宗，天地之神，神灵之府”（《续道藏·搜神记》）之尊。中国古代帝王多以祭泰山为重要祀典，有约四千年封禅泰山的历史。因泰山神为男神，故宋真宗时在泰山又封有“天仙玉女碧霞元君”一女神，俗称“泰山奶奶”。古人相信人死后灵魂会脱离肉体而飞回泰山，归泰山神管辖，如《后汉书·乌桓传》记载：“乌桓人死，则神灵归于赤山，中国人死，则魂归于岱山。”南岳衡山位于湖南，据传黄帝南巡到南岳时因不辨方向而让“祝融辨乎南方”（《管子·五行篇》）；虞舜南巡至此曾感叹“南岳之秀”；大禹治水曾在南岳山顶杀白马以祭天地，遂得黄帝藏于南岳的金简玉书助其治水成功，衡山故被封为神山。西岳华山（又称“太华”）位于陕西，是最早被封为神山的两岳（东岳、西岳）之一，《华阴县志》称其“山之顶乃天真降临之地，神仙聚会之乡”。据《史记·封禅书》记载，黄帝、虞舜都巡游过华山。山下西岳庙则为古代帝王封禅拜神之处。北岳恒山（又名“常山”，别名“大茂山”）位于河北与山西接壤处，《水经注》称其为玄岳，又称镇岳。据传舜、禹曾在此巡狩，后土亦来此梳妆。中岳嵩山（亦名“嵩高”“黄室”“太室山”“外方山”）位于河南，也经常受到历代帝王的祭祀，在五岳之中，仅次于泰山。《史记·封禅书》说：“昔三代之君，皆在河洛之间，故嵩高为中岳，而四岳各如其方。”大禹治水以嵩山为背景，传说大禹开凿了嵩山轩辕关，嵩山还有禹妻涂山氏女化成的“启母石”。汉武帝曾登顶嵩山建万岁宫亭；唐武则天立嵩山为“神岳”，封其神为天中王，后有“神岳天中黄帝”之称，所配天灵妃亦称“天中黄后”；宋太祖赵匡胤为中岳之神制作衣冠剑履之规得以沿袭；宋太宗赵炅时中岳之神被封为“中天崇圣帝”。

有神山之名的还包括昆仑，《山海经》称其为“帝之下都”（《西山经》），宣称“昆仑之虚，方八百里，高万仞，有九井，以玉为槛，有兽守护，乃百神所在”（《海内西经》）。《淮南子·地形训》说：“昆仑之丘，或上倍之，是谓凉风之山，登之而不死。或上倍之，是谓悬圃，登之乃灵，能使风雨。或上倍之，乃维上天，登之乃神，是谓太帝之居。”后来道教把昆仑视为西海仙山，说“昆仑在西海戌地，北海之亥地。地方一万里，去岸十三万里，又有弱水周回绕匝”（《云笈七签》卷二十六），称其为西王母居处。

古代神山还有蓬莱、方丈、瀛洲，据《史记·秦始皇本纪》记载：“齐人徐市等上书，言海中有三神山，名曰蓬莱、方丈、瀛洲，仙人居之”，秦始皇信此而派徐福（即徐市）带童男童女数千人乘楼船入海，却一去不返。这种神山崇拜后来发展为佛教名山和道教洞天福地之风，形成“天下名山僧占多”的宗教景观，如属于佛教四大名山的山西五台山（文殊菩萨的道场）、浙江普陀山（观音菩萨的道场）、四川峨眉山（普贤菩萨的道场）、安徽九华山（地藏菩萨的道场）等，以及属于道教的十大洞天、三十六小洞天、七十二福地等。与神山崇拜相联系的还有灵石崇拜，与这种山石崇拜关联最为典型的发展演变就是“泰山石敢当”崇拜等。

“名山”崇拜与“大川”崇拜相呼应，形成中国古代对江河之神的祭拜。《吕氏春秋·仲冬纪》曾概括当时“祈祀四海大川名原渊泽井泉”之状，《史记·封禅书》亦引述说：“天子祭天下名山大川，五岳视三公，四渎视诸侯，诸侯祭其疆内名山大川。四渎者，江、河、淮、济也。”著名的江河之神有河伯与洛神、湘君与湘夫人等。河伯称“冯夷”，是黄河水神，以白龙之形游于水上，被后羿射瞎左眼，即《楚辞·天问》所言：“帝降夷羿，革孽夏民，胡射夫河伯，而妻彼雒嫔。”纬书《尚书中侯》载：“伯禹曰：臣观河伯，面长，人首鱼身，出曰：吾河精也。”洛神即洛水女神洛嫔，有曹植《洛神赋》等描述；一称洛神为宓（伏）羲之女，即宓妃，因水淹而死成为水神。湘君与湘夫人则指舜帝和舜二妃，是湖南湘沅二江、洞庭湖流传的水神，《九歌·湘夫人》称“帝子降兮北渚”，认为其有“令沅湘兮无波”，“使江水兮安流”的神能。中国古代水神崇拜亦多敬女神，体现其阴柔之境。

中国远古植物崇拜与农神崇拜联系密切，体现当时农耕文化的相关特色。《山海经》中描述了许多树木花草的神性：“有草焉，其状如韭而青华，其名曰祝余，食之不饥。有木焉，其状如谷而黑理，其华四照，其名曰迷谷，佩之不迷。”（《南山经》）“有草焉，名曰薰草，麻叶而方茎，赤华而黑实，臭如蘼芜，佩之可以已疠。”（《西山经》）“有木焉，员叶而白柎，赤华而理黑，其实如枳，食之宜子孙。”（《西次三经》）此外，《礼记·月令》曾记载，孟春之月，禁止砍伐一切树木；季春之月，毋伐桑柘；孟夏之月，毋伐大树等。这种植物崇拜及其禁忌在一定程度上揭示了古代中国人对生态平衡、生态保护之神圣意义的朦胧认识，因而是宗教生态学研究颇值发掘的资源。

中国古代农神主要有后稷和神农，其反映的是从自然植物到人工耕种的发展，故为古代农业的神化。后稷与“稷”有关，“稷”为五谷之首，被尊为谷神，《风俗通义·祀典》谓：“稷者，五谷之长，五谷众多，不可遍祭，故立稷而祭之。”古代“社”“稷”合祭，表达出土地与庄稼的内在关系，是古代农业社会的重要宗教祭典。农耕文化推动了古人社会观的发展，如古代周族曾敬后稷为始祖，暗示农业对家族、村社等人类群体共聚形成的意义，即反映出史前已经形成的农耕聚落社会现象。传说后稷是有邰氏之女姜嫄踏巨人脚迹怀孕而生，因一度被弃，故名“弃”；周族把后稷敬为开创种植稷和麦的人，认为他还善于种植其他粮食作物。据说后稷在尧舜时被命为农官，负责农业发展，教民耕种庄稼。《尚书·舜典》记载：“帝曰，弃，黎民阻饥，汝后稷，播时百谷。”《淮南子·人间训》亦说：“田野不修，民食不足，后稷乃教之辟地垦草，粪土种谷，令百姓家给人足。”《孟子·滕文公上》也指出：“后稷教民稼穑，树艺五谷，五谷熟而民人育。”敬神农为农神则主要是因为他发明了耕种方法，教人种植庄稼。《帝王世纪》记载：“炎帝神农氏，姜姓也，人身牛首，长于姜水，有圣德，都陈，作五弦之琴，始教天下种谷，故号神农氏。”《周易·系辞传》说他“斫木为耜，揉木为耒，耒耨之利以教天下”。此外，神农还与中国的祖先神崇拜密切有关，意味着史前农耕聚落之发展及其最高酋长之出现。

这种植物崇拜还包括流行民间的桃木驱邪、桃符祈福禳灾、仙桃延寿之说，佛教传统相信的莲花“纯洁”之神圣意义，以及民间各种“牡丹仙子”“松柏延年”的神话传说。

动物崇拜在中国远古社会非常普遍，而且当人们把这种对动物的敬畏与对其部族祖先崇拜相结合时还产生了相应的图腾崇拜。这种动物崇拜在《山海经》中有很多描述。此外，古人把动物与星座相关联，给二十八星宿的每个星座也都配上一种动物，认为其具有神性。这种构设发展到道教遂有其东方青龙、南方朱雀（朱鸟）、西方白虎、北方玄武（龟蛇合体之物）这四方四神之动物形象。《西游记》所描述的孙悟空（人猴结合）、猪八戒（人猪结合）等神怪形象亦留下了古代动物崇拜的痕迹。在中国古代庙观、皇宫等建筑、绘画和雕塑中，其描绘的龙、凤、麒麟、仙鹤、狮、天马、海马、狻猊、狎鱼、獬豸、斗牛、行什（猴）、龟等动物形象均为神兽，反映出远古动物崇拜的延续及演变。这些动物崇拜有的是来自真实动物，有的则为想象的动物即多种动物形象之集合共构，其中多与古代的氏族图腾崇拜相关。在中国文化传统中影响较大、流传较广的主要为龙、凤、麟、龟四灵。关于四灵，《礼记·礼运》解释说：“何谓四灵？麟、凤、龟、龙，谓之四灵。故龙以为畜，故鱼鲔不淰；凤以为畜，故鸟不獝；麟以为畜，故兽不狘；龟以为畜，故人情不失。”方氏悫对之解释说：“麟体信厚，凤知治乱，龟兆吉凶，龙能变化，故谓之四灵。”此外，有瑞兽之称的貔貅、獬豸和视为仙鸟之鹤在中国民间信仰中也非常有名。

龙是中华文化传统中具有许多神性、极为神秘的动物神表述。中华民族自称为龙的传人，反映出远古时代华夏民族的图腾崇拜。龙以蛇身为主体，集中了许多动物的美和力，包括兽类的四脚、马的鬃毛、鬣的尾、鹿的角、虎的眼、狮的鼻、牛的耳、鹰的爪、鳄的甲、鱼的鳞和须等。《说文解字》如此解释说：“龙，鳞虫之长，能幽能明，能细能巨，能短能长，春分而登天，秋分而潜渊。”《周易·乾卦》也有“飞龙在天”“或跃在渊”“见龙在田”的描述。人们还把龙分为五种：有鳞的称蛟龙；有翼的称应龙，因“应龙畜水”而为雨神；有角的称虬龙，乃群龙之首；无角的称螭龙；未升天的则为蟠龙。此外，还有夔龙为“雷神”或“音乐之神”的说法，《山海经·大荒东经》谓：“其光如日月，其声如雷，其名曰夔”；以及烛龙为主司昼夜与四季变化之神（一曰烛龙为“极光”）等。据说这种神龙还有九子，即赑屃、螭吻、蒲牢、狴犴、饕餮、霸下（虮蝮）、睚眦、狻猊、椒图。有一种似麟似龙的神兽称为望天吼，其形象多为装饰在华表顶端的神兽，有监督、劝诫帝王的寓意。中国古人认为龙与天帝有密切关系，相信皇帝乃龙的化身，为龙颜，如《史记·天官书》云：“轩辕黄龙体”；因此，中国历代帝王都自称为“真龙天子”，历代王朝也都沿用黄龙为象征，甚至我国历史上的第一面国旗也是“黄龙旗”。

凤凰在中国古代被视为百鸟之王，历来有“百鸟朝凤”之说，为传说中的神鸟，雄的叫“凤”，雌的为“凰”，《尔雅·释鸟》说：“鶠凤其雌皇。”《说文解字》对凤凰的解释是：“凤，神鸟也。天老曰凤之象也，鸿前麐后，蛇颈鱼尾，鹳颡鸳思，龙文虎背，燕颔鸡喙，五色备举。出于东方君子之国，翱翔四海之外，过昆仑，饮砥柱，濯羽弱水，莫（暮）宿风穴，见则天下大安宁。”郭璞《尔雅注疏》卷十《释鸟》把凤凰的形象具体描述为“鸡头，蛇颈，燕颔，龟背，鱼尾，五彩色，高六尺许”。从其历史起源来看，“凤，是新石器时代以来由火、太阳和各种鸟复合为图腾的氏族——部落的徽识。所以古称：‘凤凰，火之精，生丹穴’”[①]。由此而有“火凤凰”“太阳鸟”等相关描述，这类描述尤其当印度佛教传入中国后得以凸显。凤凰是鸟神崇拜的升华，被视为能给人带来吉祥和幸福的善神。《淮南子·览冥训》说：“凤皇之翔，至德也，雷霆不作，风雨不兴，川谷不澹，草木不摇。”《山海经》宣称：“凤鸟……见则天下和。”（《海内经》）凤凰后被中国社会视为女皇或皇后的象征，故有“龙凤”并称之殊荣。

麒麟亦为“瑞兽”，是想象出的一种神兽，为“四灵之首”。《大戴礼记》称：“毛虫三百六十，而麟为之长。”《诗经·麟趾》《公羊传》《尔雅》等古籍都对麒麟有相关记载。一说麒麟是从长颈鹿形象衍化而来，具有鹿或麢（獐）的形状，独角，全身生鳞甲，尾像牛，其雄者为麒，雌者为麟。麒麟形象还有羊头、狗头、马头、虎头和鹿头，以及牛蹄、狼蹄、鹿蹄和圆蹄之分别，而且带有鬃毛、有着狮爪。麒麟被视为“仁兽”在历史上是王政兴旺、吉祥太平的象征，也是圣贤神人的表征，其出现是作为圣王贤君之“嘉瑞”，为社会吉祥之兆。

龟是上述四灵中唯一的真实动物，其长寿被作为神性的标志，故而也会龟鹤同论，如《抱朴子·对俗》所言：“知龟鹤之遐寿，故效其道引以增年。”《史记·龟策列传》指出：“龟甚神灵，降于上天。”神龟通常会被当作神人之间的媒介，人们借此来求知天之道、预测未来。古人常用龟甲来作为占卜吉凶的工具，据《礼记·曲礼上》记载，“龟为卜，策为筮”；而《尚书·大禹谟》也有“鬼神其依，龟筮协从”之说。在古代神话中，龟与龙也有关联，如龙的长子即为龟形。

貔貅（也称“天禄”“辟邪”“百解”）亦为瑞兽，其作为想象出的神兽有着龙头、马身、麟脚，形似狮子，也有虎形、熊形之说，甚至被认为

---

① 王大有：《龙凤文化源流》，北京工艺美术出版社1988年版，第10页。

乃龙之子。徐珂《清稗类钞》说："貔貅，形似虎，或曰似熊，毛色灰白，辽东人谓之白熊。雄者曰貔，雌者曰貅，故，古人多连举之。"貔貅被视为古代曾有的猛兽，据传被用于炎黄之战，《史记·五帝本纪》记载说，"〔轩辕〕教熊罴貔貅貙虎，以与炎帝战于阪泉之野"。此后遂有将貔貅比作军队及勇猛的战士之说，但其形象及传说实际上反映出中国远古时的氏族图腾崇拜现象。

獬豸形象似狮似龙，其本形实际上则为一只角的神羊，《后汉书·舆服志》说："獬豸，神羊，能别曲直。"王充在《论衡·是应篇》中也指出："儒者说云：胜觟（獬豸）者，一角之羊也，性知有罪。皋陶治狱，其罪疑者令羊触之，有罪则触，无罪则不触。"人们认为獬豸全身有毛，双目明亮，善知人性，能辨曲直，会判忠奸，故被敬为公正、无私、勇猛的法兽，因此古代法官会戴獬豸冠，而专司弹劾的御史官员补服上也绣有獬豸，恰如《后汉书·舆服志》所言："法冠，执法者服之……或谓之獬豸冠。"

中国的"鹤仙"神话也属于动物崇拜中的神鸟崇拜。《诗经·鹤鸣》说："鹤鸣于九皋，声闻于天。"鹤作为仙鸟乃来往于天堂人间，西汉帛画中有仙鹤立于人首蛇身女娲旁边的形象。鹤还是长寿的象征，与长寿植物松柏相联而在中国民间有"松鹤延年"之说，"松鹤图"就表现了长寿主题；传说鹤千岁化为苍，又千岁变为黑，遂为"玄鹤"；此外，鹤又为仙人的骐骥，常驮仙"往来紫府"。后来道教传说其始祖老聃（老子）成仙时乃驭鹤而去，道士道袍即称"鹤氅"，其神像旁也多有仙鹤侍立。

中国古代鸟类中被神化的还有鸾、鷟、鸴、鹬等。《山海经·大荒西经》说："有五彩鸟三名：一曰皇鸟，一曰鸾鸟，一曰凤鸟。""鸾凤自歌，凤鸟自舞，爰有百兽，相群是处，是谓沃之野。"《说文解字》说："鸾，亦神鸟之精也。赤色五采，鸡形，鸣中五音，颂声作则至。""鷟，鷟鷟，凤属神鸟也。……春秋国语曰，周之兴也，鷟鷟鸣于岐山。""鸴，翰鸴，山鹊，知来事鸟也。""鹬，知天将雨鸟也。……礼记曰，知天文考，冠鹬。"这些鸟类中有的也与凤凰相关联。

（二）鬼魂崇拜

与物活论、万物有灵论紧密关联的，则是灵魂观及其发展出的鬼魂观和神灵观，这是构成宗教的重要元素，其在中国古代宗教传承中也得到了充分体现。正是从这种神秘的灵魂观出发而由人到物、兼及天地，遂有了灵魂崇拜及其衍生的鬼魂崇拜，波及自然崇拜、祖先崇拜、帝王崇拜、多神崇拜等发展。

原始社会出现的丧葬习俗，表明古人灵魂观的形成，而且对之有了神秘的认识。尤其是伴随死者的随葬装饰品的出现，说明原始人已经开始意识到人的灵魂在其死后会继续存在，故有了考虑其“死后生活”之必要。这在山顶洞人的墓葬中已可以发觉，如死者的随葬物和其身上的赤铁矿粉等，即充满了这种象征意义。此外，在仰韶文化元君庙墓地、齐家文化甘肃永靖大何庄遗址、河南王湾先夏文化墓葬等处发现的人骨涂抹赭石粉末、染成红色等，都是表达生命存在的血色，这种血色之红从人类的原始时代就具有了独特的宗教蕴含。

“灵魂”观念的表达在中国语境中有魂、魄、灵、鬼、帝、神等，均与人相关。《左传·昭公七年》载：“人生始化曰魄，既生魄，阳曰魂。”孔颖达《疏》说：“魂魄神灵之名，本从形气而有；形气既殊，魂魄各异，附形之灵为魄，附气之神为魂也。附形之灵者，谓初生之时，耳目心识手足运动啼呼为声，此则魄之灵也；附气之神者，谓精神性识渐有所知，此则附气之神也。”这种灵魂“附形”还是“附气”之别，使其在人死后的归属也各不相同。《礼记·郊特牲》指出，“魂气归于天，形魄归于地”，古人相信人死后灵魂脱离肉体而成为神鬼之灵气，其魄随肉体消亡而飞回泰山，归属泰山神管所，此即《后汉书·乌桓传》中“中国人死，则魂归于岱山”

之意。这里，“鬼”的原始含义即“归”。《说文解字》称“人所归为鬼，从人，像鬼头，鬼阴贼害，从厶”。普通人死后的魂灵就称为“鬼”，所归之地与“人间”相对应则为“阴间”。《礼记·祭法》说：“大凡生于天地之间者皆曰命。其万物死皆曰折。人死曰鬼。”《礼记·祭义》也说：“众生必死，死必归土，此之谓鬼。”民众中的强者或突出者在死后，其灵魂则被认为是“鬼雄”，如屈原在《九歌·国殇》中就曾唱出“身既死兮神以灵，魂魄毅兮为鬼雄”的豪言壮语。而社会地位高者，如众人中的出类拔萃者、社会精英、英雄豪杰、祖先君王等死后的魂灵则被尊为“神灵”。中国人所言帝王威权之“帝”以及中国古代宗教所用的“上帝”之“帝”，最初乃专门表达为殷朝最高“天子”死后的灵魂。《礼记·曲礼下》说：“君天下，曰天子。……崩，曰天王崩。复，曰天子复矣。告丧，曰天王登假。措之庙，立之主，曰帝。”“帝”的原意就是“凿木为重以依神”，指君王死后要立庙祭祀，要在庙里为其立一个牌位供人敬拜。

这种灵魂观随之也被用于解释物之精灵，如在描述山神、林石等的灵魂或精灵时，则有着魑魅、魍魉、山魈等表达。对此，《左传·文公十八年》“注”解释“魑魅”乃“山林异气所生，为人害者”；《孔子家语·辨物》称“木石之怪夔魍魉”；《抱朴子·登涉》则描述“魈”乃“山精形如小儿”。[①]

这种鬼魂崇拜发展出独特的葬俗习惯及墓葬文化。中国远古的原始墓葬包括有同一氏族共有的公共墓地、相同的墓葬方向、墓葬方式及死者的葬埋姿势以及对老人的厚葬和对儿童的瓮棺葬等，在氏族社会的后期发展则出现了男女合葬、人或动物随葬或陪葬等形式。鬼魂崇拜的一大特点就是使人们由此特别关注死后生活，并对之有着丰富而奇特的想象。这种鬼魂观念在中国还发展出一种非常特别的民俗文化及民间文学，如描述英雄

① 参见卓新平《宗教理解》，社会科学文献出版社 1999 年版，第 21—22 页。

人物灵魂升华而得以“封神”的神魔小说《封神演义》，表达了人们对死后灵魂进入“仙界”的羡慕及向往；而描述下层民众及动物、植物鬼魂从“鬼域”阴间出来影响人间正常生活的鬼狐小说《聊斋志异》，则赋予其更多、更复杂的社会蕴含。

（三）生殖崇拜

生殖崇拜在人类古代文明中极为普遍，在中国远古亦不例外。在作为中国古代经典最典型代表的《周易》中，人们就相信有着古代中国人生殖崇拜的基本标志，即对易卦中的阳、阴二爻做出了生殖崇拜的理解。钱玄同认为“原始的易卦，是生殖器崇拜时代底东西；‘乾’‘坤’二卦即是两性底生殖器底记号”。周予同指出，“《易》的— --就是最显明的生殖器崇拜时代的符号”。郭沫若也宣称，“八卦的根柢我们很鲜明地可以看出是古代生殖器崇拜的孑遗。画一以象男根，分而为二以象女阴，所以由此而演出男女、父母、阴阳、刚柔、天地的观念”[1]。

传统上“伏羲八卦”图的中心乃一对“阴阳鱼”，这种表达阴中有阳、阳中有阴之辩证共在关系的符号据传是基于鱼纹，而且可以追溯到约6000年前西安半坡文化所属的仰韶文化，其根据即半坡出土的彩陶鱼纹。半坡文化所反映的是远古母系氏族社会之状，而“半坡等地原始社会文化遗存中的鱼纹，并非所谓‘图腾徽号’，而是女性生殖器的象征”。“从内涵来说，鱼腹多子，繁殖力极强。当时的人类还只知道女阴的生育功能，因此，这两方面的结合，使生活在渔猎社会的先民将鱼作为女性生殖器官的象征。”[2] 半坡的先民曾盛行鱼祭，这实际上就是女性生殖崇拜现象，即祈求人口繁盛的崇拜形式。

---

① 转引自赵国华《生殖崇拜文化论》，中国社会科学出版社1990年版，第1页。

② 参见赵国华《生殖崇拜文化论》，中国社会科学出版社1990年版，第168页。

中国远古的鲧禹治水之说，也模糊地反映出古代社会从母系氏族到父系氏族的演变。其实鲧与禹并非父子关系，《山海经·海内经》所载“帝令祝融杀鲧于羽郊，鲧复生禹”，实际喻指的是母子关系。“鲧”在古代记载中的本义乃“鱼”，《拾遗记》卷二说，“尧命夏鲧治水，九载无绩，鲧自沉于羽渊，化为玄鱼”。此后鲧作为“河精”“授禹河图”助其治水，形成两代传承之说。从鲧的传说及其与鱼的关联来看，鲧代表着古代母系氏族社会晚期母性形象，其与禹的关系则说明了这一时代向父系氏族社会的过渡。

古代中国女性生殖崇拜的表象还有蛙纹，此后又发展出与月中蟾蜍的关联。从形象上看，蛙的肚腹与孕妇的肚腹相似，蛙也是极具繁殖力的动物。在考古发掘上，在河南仰韶、庙底沟，陕西西关堡、姜寨，甘肃马家窑，青海柳湾等地都有各种蛙纹彩陶出土，表现为蟾蜍纹的典型特点。据考证，这些蛙纹的出现要晚于鱼纹，亦为女性生殖器官及怀孕子宫的象征，表达出对女性生殖器的崇拜。随着将女性经期、怀孕及分娩与月亮盈亏圆缺的周期相关联和比较，遂有了月亮为主司生殖的神蛙之联想，形成月中蟾蜍的月亮神话。其中“蟾”与“嫦”同音，发展出“嫦娥”女神；而“蜍”与“兔”音似，故有“玉兔”形象，为此从对“蟾蜍”的理解演变出“嫦娥抱玉兔”之景，由对女性的生殖崇拜发展为女神信仰。

在母系氏族社会的晚期，伴随着从母系氏族向父系氏族过渡的，则是男性生殖崇拜的萌芽及发展，这在仰韶文化的西安半坡及此后各地所出土的鸟纹彩陶残片上得到了见证。与鱼、蛙所代表的女性生殖崇拜及由此衍生的月神信仰相对应，中国远古也产生了以鸟、乌为代表的男性生殖崇拜及与之相关联的日神信仰，如三足乌、负日飞行之鸟等形象，并有了“天命玄鸟，降而生商”的神话传说。在西周时期以鸟纹为特色的青铜器纹饰的大量出现，标志着男性生殖崇拜对女性生殖崇拜的逐渐取代。此外，男性生殖崇拜还以蛇纹、蜥蜴纹的形式表现出来，在仰韶文化的晚期已经出现了这类象征男根的动物纹样，而此后由蛇、蜥蜴演化而出的象征动物

“龙”之形象对中华民族尤其有着独特的信仰文化意义。

生殖崇拜与中国远古的自然崇拜、鬼魂崇拜有着复杂的关联，因而亦与图腾崇拜及祖先崇拜形成各种交织关系，并由此逐渐完成了从远古神话传说到古代历史记载的转化关系。赵国华指出，在鲧禹神话中，“鲧为鱼，表示她是女性，是母系氏族社会向父系氏族社会转变期女性势力的代表。禹为蜥蜴，表示他是男性，是这一时期男性势力的代表。禹从鲧出，是表示女性生男儿。……被夏人奉为先祖的禹，诞生于母系氏族社会行将被父系氏族社会取代之际，他自然也不知道谁人是父亲。然而，正是他完成了母系氏族社会向父系氏族社会的转变。……可是，当后代上溯到禹的时候，到哪里去为禹寻找父亲呢？人们只好将他的母亲鲧改造为男性，一变而为禹的父亲”①，从而完成了中国远古的祖先神谱。在这种关联中，“鲧和禹，简狄和契，姜嫄和后稷，都是母子关系。禹、契、稷的母亲都是无夫生子，他们都不能确知父亲，但又都是确立本部族父系制的人物。所以，他们都生活在母系氏族社会与父系氏族社会的交替时期，禹从‘鱼’生，契从‘鸟’生，稷出为‘子’（卵）形，又从‘大地’生，善事稼穑。这三则神话联系起来，暗含着初民的女阴崇拜向男根崇拜再向男女结合的生殖崇拜的演化过程，也与人类社会从以渔猎为主向农业为主的逐渐发展恰好同步”②。

（四）民族先祖即古神崇拜

中国远古祖先崇拜和古代神话相交织，其民族的祖先崇拜可追溯到上古帝王之传承，而在神话中则有天帝、天神与人间圣贤之王及展示过独特壮举之人的混合。中国古神谱的形成，既有其历史的先后之探寻，也有其

① 赵国华：《生殖崇拜文化论》，中国社会科学出版社1990年版，第269页。

② 同上书，第275页。

神话逻辑序列之重构。在这种神话崇拜谱系中，可以窥探、领悟出中华民族精神气质、信仰追求的本源。

按照中国古神的基本逻辑序列，历史中涌现的神话传说被打乱其出现的前后历史顺序而表达出来，其中排在首位的是天地的开创者盘古，即中国神话所理解的创世主、造物主。根据中国的神话历史逻辑及其宇宙观，宇宙万物乃经历了从混沌无极之无到太极始圆之有，再经阴阳二元之变，由此演化出大千世界。而其人格形象之肇始则为盘古。“天地浑沌如鸡子，盘古生其中。”（《太平御览》卷二）“元气濛鸿，萌芽兹始，遂分天地，肇立乾坤，启阴感阳，分布元气，乃孕中和，是为人也。首生盘古，垂死化身，气成风云，声为雷霆，左眼为日，右眼为月，四肢五体为四极五岳，血液为江河，筋脉为地理，肌肉为田土，发髭为星辰，毛为草木，齿骨为金石，精髓为金玉，汗流为雨泽，身之诸虫，因风所感，化为黎甿。”（《五运历年纪》）而且，“盘古氏夫妻，阴阳之始也”；“盘古氏，天地万物之祖也，然则生物始于盘古”（《述异记》）。

盘古之后，乃有三皇。三皇指天皇燧人氏、人皇伏羲氏、地皇神农氏。“遂人以火纪，火太阳也，阳尊，故托遂皇于天；伏羲以人事纪，故托戏皇于人。……神农悉地力，种谷，故托农皇于地。”（《风俗通义》卷一）这样，从盘古之阴阳二元素，发展到代表天地人之三存在的三皇。其中燧人氏为火神，其钻燧取火而使人走出茹毛饮血的野蛮时代。伏羲氏为渔猎神，但因其发明八卦“以通神明之德，以类万物之情”，以及与女娲相婚产生人类而为人文之开端、人类之始祖；其妻女娲炼石补天、抟土造人的传说亦使之成为与男始祖神明平等的女始祖神明，夫妻共为“人祖”。神农氏则为农业神和医药神，他“始教天下种谷”，“播种五谷”且“教民食谷”，遂为农业之始；其“聚天下之货，交易而退”，“作陶冶斤斧，为耜钽耨”而有商业、冶金业之初。与这一时期相关联的始祖还有有巢氏，他使人从洞穴之居发展到构木为巢，乃建筑业之创。

三皇之后为五帝，“神农氏没，黄帝、尧、舜氏作”，“垂衣裳而天下治”（《周易·系辞》）。五帝在中国历史上有多种说法，《史记》等所载为黄帝、颛顼、帝喾、唐尧、虞舜；《礼记》等所载为太皞（伏羲）、炎帝（神农）、黄帝、少皞、颛顼；《尚书序》等所载为少昊（皞）、颛顼、高辛（帝喾）、唐尧、虞舜；而《周礼》中的“祀五帝”则被解读为“东方青帝灵威仰，南方赤帝赤熛怒，中央黄帝含枢纽，西方白帝白招拒，北方黑帝汁光纪”（《周礼·天官·大宰》唐贾公彦疏），由此而与东西南北中、青赤黄白黑、木火土金水之阴阳五行观念联系起来。五帝中出现炎帝、黄帝之说，此为中华民族乃炎黄子孙之源。中国古代记载有将神农视为炎帝之说，以此来推断则炎帝要早于黄帝；但也有五帝中赤帝即炎帝之说，这样则把炎帝、黄帝看作同时代人。还有传说认为炎帝、黄帝均出于伏羲支派传承的少典、有蟜部落，为兄弟关系。“昔少典娶于有蟜氏，生黄帝、炎帝。黄帝以姬水成，炎帝以姜水成，成而异德，故黄帝为姬，炎帝为姜。”（《国语·晋语四》）此后炎帝和黄帝分别成为两大部落的首领，属于炎帝传承的包括炎居、节并、戏器、祝融、共工等，而且炎、黄之间还发生了争战。当时与他们争夺天下的还有蚩尤部落，其传承有苗龙、融吾、弄明、白犬、牝牡等。但黄帝先征服、收编炎帝部落，然后战胜蚩尤，一统天下而奠定了华夏族的根基，形成华夏文明之始，故此中华民族乃有“炎黄子孙”之说。

关于黄帝，《史记·五帝本纪》曾如此记载：“黄帝者，少典之子，姓公孙，名曰轩辕。生而神灵，弱而能言，幼而徇齐，长而敦敏，成而聪明。轩辕之时，神农氏世衰。诸侯相侵伐，暴虐百姓，而神农氏弗能征。于是轩辕乃习用于戈，以征不享，诸侯咸来宾从。而蚩尤最为暴，莫能伐。炎帝欲侵陵诸侯，诸侯咸归轩辕。轩辕乃修德振兵，治五气，艺五种，抚万民，度四方，教熊罴貔貅貙虎，以与炎帝战于阪泉之野。三战，然后得其志。蚩尤作乱，不用帝命。于是黄帝乃征师诸侯，与蚩尤战于涿鹿之野，遂禽杀蚩尤。而诸侯咸尊轩辕为天子，代神农氏，是为黄帝。天下有不顺者，黄帝从而征之，平者去之，披山通道，未尝宁居。……官名皆以云命，为云师。置左右大监，监于万国。万国和，而鬼神山川封禅与为多焉。获宝鼎，迎日推筴。举风后、力牧、常先、大鸿以治民。顺天地之纪，幽明之占，死生之说，存亡之难。时播百谷草木，淳化鸟兽虫蛾，旁罗日月星辰水波土石金玉，劳勤心力耳目，节用水火材物。有土德之瑞，故号黄帝。"因其名曰轩辕，故有喻指"中华"之意，且因"轩辕黄龙体"而又与华夏图腾"龙"之崇拜相结合，形成中华民族为"龙的传人"这种典型表达。黄帝娶妻嫘祖，其后裔分为玄嚣、昌意等支派，由玄嚣经蟜极传帝喾，而后稷（弃）、玄王（契）、帝尧、帝挚被归为其后裔；由昌意（经韩流?①）则传颛顼，帝舜、鲧、禹等被视为这一传承。

颛顼在中国古代宗教历史上有着重要地位，据传颛顼为黄帝之孙、昌意之子。但《山海经·海内经》却记载颛顼乃黄帝的曾孙、韩流之子："黄帝妻雷祖，生昌意，昌意降处若水，生韩流。韩流擢首谨耳，人面豕喙，麟身渠股，豚止。取淖子曰阿女，生帝颛顼。"但其他典籍中鲜有韩流在这一帝王世系中的记载。《史记·五帝本纪》说颛顼"静渊以有谋，疏通而知事；养材以任地，载时以象天，依鬼神以制义，治气以教化，絜诚以祭祀"。传说颛顼曾与炎帝后裔水神共工争夺天下，留下了共工因失败而发怒撞倒不周山的悲壮故事。《淮南子·天文训》说，"昔者共工与颛顼争为帝，怒而触不周之山，天柱折，地维绝。天倾西北，故日月星辰移焉；地不满东南，故水潦尘埃归焉"。共工被视为古代管理水利的神话人物，这可能折射出古代黄河流域旱地农业文明起源与长江流域稻作农业文明起源之间的历史互动及巨大变迁。颛顼的历史影响主要是因为据传由他实施了"绝地

---

① 传说颛顼为黄帝的孙子，但《山海经·海内经》记载"黄帝妻雷祖，生昌意，昌意降处若水，生韩流。韩流……生帝颛顼"，故此颛顼则应为黄帝的曾孙，但在后来的典籍中，韩流在帝王世系中消失。

天通”的宗教改革，从而形成了中国国家宗教即官管宗教、政主教从的独特政教关系传统。据《国语·楚语》记载，因“九黎乱德”而破坏了远古“民神不杂”的神圣秩序，出现了“民神杂糅，不可方物，夫人作享，家为巫史，无有要质”，“民匮于祀而不知其福，烝享无度，民神同位，民渎斋盟，无有威严”的混乱局面；于是“颛顼受之，乃命南正重司天以属神，命火正黎司地以属民”；以这种举措“使复旧常，无相侵渎”，“如是则明神降之，在男曰觋，在女曰巫”，“各司其序，不相乱也”，“民神异业，敬而不渎”，“是谓绝地天通”。不过，也有记载认为是黄帝发动了“绝地天通”的宗教改革，如《尚书·吕刑》所言，“黄帝哀矜庶戮之不辜……乃命重黎绝地天通，罔有降格”。虽然其历史事实已很难厘清，但五帝时期这一“绝地天通”的宗教改革却给中国的政教关系史留下了巨大影响。

帝喾为黄帝的曾孙，但属于其玄嚣支派，在颛顼之后为帝，有“德威”之君的美名。《大戴礼记·五帝德》说帝喾“生而神灵，自有其名。博施利物，不于其身。聪以知远，明以察微。顺天之义，知民之急。仁而威，惠而信，修身而天下服”，“春夏乘龙，秋冬乘马，黄黼黻衣，执中而获天下，日月所照，风雨所至，莫不从顺”。据说帝喾有四妻四子，如《世本·帝系篇》所言：“帝喾卜其四妃之子，皆有天下：上妃有邰氏之女曰姜嫄，而生后稷；次妃有娀氏之女曰简狄，而生契；次妃陈锋氏之女曰庆都，生帝尧；下妃陬訾氏之女曰常仪，生挚。”后稷为周族的祖神，契为殷商的祖神，帝喾故被尊为中国远古几大部族的祖神，如《礼记·祭法》所载，“有虞氏禘黄帝而郊喾”，“殷人禘喾而郊冥”，“周人禘喾而郊稷”。

帝尧陶唐氏，名放勋，史称唐尧，因其兄帝挚继帝喾之任后不善而亡遂得以继位为帝，是孔子所推崇的中国古代第一位圣贤之王。《论语·泰伯》如此称颂说：“大哉尧之为君也。巍巍乎唯天为大，唯尧则之，荡荡乎民无能名焉。”《大戴礼记·五帝德》称“其仁如天，其知如神，就之如日，望之如云。富而不骄，贵而不豫。黄黼黻衣，丹车白马，伯夷主礼，龙、夔教舞，举舜、彭祖而任之，四时先民治之。流共工于幽州，以变北狄；放驩兜于崇山，以变南蛮；杀三苗于三危，以变西戎；殛鲧于羽山，以变东夷”。而《尚书·尧典》也有对其“克明峻德”“协和万邦”的赞词。据说尧曾用鲧治水，因其九年治水功用不成而将鲧处死，在咨询四岳后推举舜为继任者，并在考察舜三年后命其执政，在尧死后让舜继位，形成禅让帝位于贤者之风气。

帝舜有虞氏，亦称虞舜，名重华，属颛顼支派后裔，因帝尧禅让而继位为帝，也是传说中的古代明君，故有“尧舜”并称和“尧舜之道”的说法，为孔子所推崇。《论语·卫灵公》云：“无为而治者，其舜也与，夫何为哉，恭己正南面而已矣。”《大戴礼记·五帝德》记载帝舜“好学孝友，闻于四海，陶家事亲，宽裕温良，敦敏而知时，畏天而爱民，恤远而亲亲。承受大命，依于倪皇。睿明通知，为天下工。使禹敷土，主名山川，以利于民；使后稷播种，务勤嘉谷，以作饮食；羲和掌历，敬授民时；使益行火，以辟山莱；伯夷主礼，以节天下；夔作乐，以歌籥舞，和以钟鼓；皋陶作士，忠信疏通，知民之情；契作司徒，教民孝友，敬政率经。其言不惑，其德不慝，举贤而天下平”。据传帝舜“鸡鸣而起，孳孳为善”，知人善任，任人唯贤，曾“举鲧子禹，而续鲧之业”，完成治水重任，此后又让位于禹而不传其嫡子。帝舜在往南巡狩之旅中逝于苍梧之野，留下种种神话传说，更有“黄龙五彩负图出置舜前”的神奇描述。尧舜时代被视为中国远古的黄金时代，被赋予“大道之行”“天下为公”的政治理想之国度，故有“尧天舜日”之太平盛世的说法。

五帝时代结束之后，中国从远古神话传说的时代进入有着史实记载的历史年代，这即以夏朝的第一帝王禹为传说与史实的分水岭。禹据传为鲧之子、颛顼之孙，亦称大禹、夏禹或戎禹，名文命，被尊为夏族祖神，又因其居外十三年治水、三过家门而不入的壮举被敬为治水神和社神。《史记·夏本纪》称“禹为人敏给克勤，其德不违，其仁可亲，其言可信，声为律，身为度，称以出，亹亹穆穆，为纲为纪”，他“劳身焦思，居外十三年，过家门不敢入。薄衣食，致孝于鬼神。卑宫室，致费于沟淢。……左准绳，右规矩。载四时，以开九州，通九道，陂九泽，度九山。……禹乃行相地宜所有以贡，乃山川之便利”。禹因帝舜禅让而登帝位，从此使中国进入夏禹纪元（约公元前2183年）的文字历史。

中国古神崇拜止于大禹治水的神话与史实之间，此外较为著名的神话还有精卫填海、夸父追日、羿射十日、嫦娥奔月、仓颉造字、愚公移山等。中国古代原始宗教活动则体现为祭祀、巫术、占卜等，逐渐形成了祭天地神祇、祭祖、祭社稷等祭祀制度，出现了专门的宗教丧葬礼仪。古代祭祀制度在周朝已经有了被视为天子的帝王祭天和其嫡长子祭祖的权力及区别，天子祭天分为四种等级，即庙祭、报祭、郊祭和封禅：庙祭为每月举行，为了配合相关宗教活动，在周朝发展出人们开展宗教活动的场所“明堂”，故而庙祭也就是明堂祭，规模相对较小；报祭为出现重大事件时举行的祭天活动，通常为呼应新王朝的建立、新君王的登基大典，以及迁都、封国等特别国事活动；郊祭为在都城南郊每年所举行的一次隆重祭天大典，与播种或丰收祭典相关，有着农耕文化的特质；而泰山封禅则是最为重要的祭天礼仪，帝王泰山筑坛祭天是国家大事，且往往兴师动众、颇为不易。与祭天相关联的还有祭地祭社和祭日祭月之礼，如在都城北郊举行的地示之祭，每年春、秋、冬三次的社祭，以及祭祀日月之神的“朝日夕月”礼仪等。这些古代祭祀礼仪注重人生社会及与自然的关系，这说明中国古代宗教在其源头就有着人文宗教和生态宗教的特点，关注人际和天人之际，其宗教特色即表现出强烈的“究天人之际”的意向。而周朝所建立的“明堂制度”，体现了以宗教意识及活动为主体的政教合一性质，由此亦主导了中国古代政教关系此后的主要发展方向。

（五）神明观念的发展

在中国古代宗教神灵观念的发展中，由人的“灵魂”及“灵魂不灭”的理解而形成最初的鬼神观念。如前所述，中国古人称人死之后的魂灵为“鬼”，其中帝王、先祖、部落领袖及其氏族英雄死后之魂则被尊为“神灵”。“神”在中国古代宗教中是表述神灵观念及其神性比较常用之字，《大戴礼记·曾子天圆》说：“阳之精气曰神，阴之精气曰灵；神灵者，品物之本也。”最初也曾以“神”来表达社会地位较高者死后之灵魂，与普通人死后之魂所称为“鬼”形成区别。但后来“神”字被赋予更多的蕴含，并与许多与之相关的词相组合，常见的有“天神”，如《周礼·春官·大司乐》有“以祀天神”之句，其注称天神“谓五帝及日月星辰也”。此外，得道之人称为“仙”，有“神仙”之名；而天地之神则称“神祇”，“天曰神，地曰祇”。古代天之神名还有“神皇”，如《鹖冠子·泰鸿》注：“神皇，盖昊天也。”而在天地中起着神秘作用者则称为“神道”，《易·观》疏解释：“神道者，微妙无方，理不可知，日不可见，不知所以然而然，谓之神道。”

“帝”字在殷代本来专称“天子”死后的灵魂，而中国古代“上帝”一词正是来自“帝”字的演变，即君王死后要立庙祭祀，庙中为之所立的牌位乃“帝”之原义。“帝”在中国古代宗教中亦指最高的主宰，表示其无上权威，与之关联的词组有“上帝”“天帝”“帝君”等，在古代经典中多有表述，如《诗经·大雅·荡》所云“荡荡上帝，下民之辟”；《荀子·正论》所言“居如大神，动如天帝”；以及用“五帝君”表示对天神的尊称等。而天帝所居之处则称“帝乡”。

“天”在古代中国有着特别的蕴含，不只是自然之天，也被视为有意志之神，被看作万物的主宰，其宗教意义颇为明显，否则就不会有“敬天”的传统。实际上，“天”是中国古代对至高之神的另一尊称，如《尚书·泰誓上》所言“天祐下民，作之君，作之师”，《尚书·皋陶谟》中“天叙有典，敕我五典”“天秩有礼，自我五礼”“天命有德，五服五章”“天讨有罪，五刑五用”等系统表述都反映出“天”的意志及神性，故此中国古代才发展出“以德配天”的宗教伦理思想。以“天”为组合的许多词组都明显地将这种“主宰之天”“命运之天”与自然之天区别开来，如在古代文献中常见的“皇天”“昊天”“旻天”“上天”“苍天”等。许慎在《五经异义》中曾解释说：“天有五号：尊而君之，则曰皇天；元气广大，则称昊天；仁覆旻下，则称旻天；自上监下，则称上天；据远视之苍苍然，则称苍天。”相关词汇还有“天皇”“天神”“天帝”等，与上帝同义，“天皇”亦指中国远古传说中的三皇之首。此外，中国古代宗教中早就有了“天主”一词，如《史记·封禅书》所言：“八神：一曰天主，祠天齐。”佛教传入中国后亦称其诸天之主为天主，而天主教传入中国后也将其所崇奉的上帝称为“天主”，故名天主教；这说明外来宗教传入中国后要想被中国人所理解并吸纳，就必须在语言、文化上经历其“中国化”的过程。这种与“天”字的结合还延伸到“天命”“天道”“天意”等内容，其中“天命”指天神的意旨，《论语·季氏》说“君子有三畏：畏天命，畏大人，畏圣人之言”；“天道”即为支配人类命运的天神意志，如《尚书·汤诰》所言，“天道福善祸淫，降灾于夏”；而“天意”则为上天的旨意。在中国习语中还有“老天爷”之说，中文“我的天呀”与西文“我的上帝”（My God）同义，均有其宗教根源。

在殷商时期，宗教之“神”多以“上帝”“皇上帝”“皇天上帝”来表述，反映出对人的灵魂升华性理解，有着具体的人格神意识；而到周朝以后，则越来越多地以“天”表达对至高神的信仰，说明其对神明的认识达到越来越抽象的程度，其仰望天际，敬天、畏天，并与人对浩瀚宇宙的认识相结合。中国古代“以德配天”的思想，实质上早就表达出西方哲人康德所体悟的“头上的星空、心中的道德律”那种宗教意境。

◇ 二　儒家与儒教

关于中国历史上有无儒教，这在学术界是颇有争议的问题。认为儒教是宗教的观点把儒教视为历史上中华民族的主体宗教，且具有官方宗教的性质，即所谓“国教”。不同意儒教是宗教的观点则或是根本否定中国历史上有宗教的存在，或是认为有一种具有正统宗教地位的“宗法性传统宗教”存在。但这种“无名”的宗法性传统宗教之性质和地位在历史上却与儒教非常接近，持此观点的人只是不同意用“儒教”之名，而认为“儒”只能称为“学说”或思想文化体系及其流派，故而有“儒学”“儒家”却无“儒教”。儒教是教非教、是否存在之争，实质上反映了中国人对宗教的理解，以及对中国传统文化有无“宗教”象征的看法分歧。实际上，儒教的表述早已存在，而关于儒教的理论及活动在历史上也多有记载。

（一）“儒”之表述

“儒”之表述要早于孔子，在殷周时代，巫、卜、史、儒为最早掌握文化之人，即最初的知识阶层，儒乃继巫、史、卜、祝之位，服务于上层贵族。“儒”在古代宗教意义上本指古代宗教教士的“术士”，如胡适就认为“儒是殷民族的教士”。“儒”在甲骨文中作“需”，上为“水”形，下为“人”形，“象以水冲洗沐浴濡身之形”。《周易》有如此描述：“云上于天，需。”《礼记·儒行》则称“儒有澡身而浴德”（澡身即沐浴，浴德即斋戒），表示“儒”这类教士对上帝、鬼神的诚敬。章太炎在其《原儒》中认为，“儒从需，本求雨之师”；殷代《小辞》也指出，君王常司为人民求雨之责。由此可见，“儒”之表达本身就有宗教蕴含，而且还体现出古代中国政治与宗教的关联。到了春秋末期，“儒”进而有了“教师”之意，古代典籍有“儒，以道教民”、“儒，以道得民”（《周礼·天官冢宰·大宰》）等记载。从此，“儒”之教化意义凸显，恰如《汉书·艺文志》所言：“儒家者流，盖出于司徒之官，助人君顺阴阳、明教化者也。”春秋时期“儒”的地位下降，成为普通知识分子，但因精通礼、乐、射、御、书、数六艺而仍可以相礼为业。因为孔子曾以“儒”为业，“以六艺为法”，“游文于六经之中，留意于仁义之际”，故与“儒”形成内在关联，并逐渐使“儒”成为孔子及其学派的专称。“儒学”本指“儒者之学”，《淮南子·要略》称“孔子修成康之道，述周公之训，以教七十子，使服其衣冠，修其篇籍，故儒者之学生焉”。

儒教的表述最早见于司马迁之说，其在《史记·游侠列传》中提到“鲁朱家者，与高祖同时。鲁人皆以儒教，而朱家用侠闻”，反映汉时“鲁人”已将“儒”视为“教”。此后有关“儒教”的历史记载还有汉蔡邕《司空杨公碑》中“太尉公承夙绪，世笃儒教”，《晋书·陈邵传》中“燕王师陈邵清贞洁静，行著邦族，笃志好古，博通六籍，耽悦典诰，老而不倦，宜在左右以笃儒教”，以及葛洪《抱朴子内篇》中“三皇以往，道治也；帝王以来，儒教也”等表述。而将儒教称为“孔教”则始于南朝宋谢灵运的《辨宗论》，其中论及“倚孔教者，所以潜成学圣”。此后南朝梁明山宾、齐释僧岩等人也称儒教为孔教，这为近代康有为尊孔子为教主、改称儒教为孔教埋下了伏笔。

但儒教作为“教”的表述在历史上也早被质疑。元朝时有佚名氏作《道书援神契》，其中就宣称“儒不可谓之教，天下常道也”①。由此可见，儒教是否为教，自古就有争议。

① 参见张继禹主编《中华道藏》第28册，华夏出版社2004年版，第664页。

（二）儒教的建立

受这种古代宗教传统的影响，以及人们对孔子学说的关注和青睐，中国汉族在长期的封建社会历史中遂形成了一种特殊形式的宗教即“儒教”。所谓作为宗教形态的儒教，是指汉武帝刘彻受董仲舒影响而利用其政治权力“罢黜百家，独尊儒术”，把孔子学说宗教化，尊孔子为教主，定儒教于一尊，从而形成了中国2000余年封建社会以儒家为正统、尊孔读经、建孔庙、敬儒士的现象。

从儒家学说为教的视野来看，一般认为儒教发展经历了三个阶段：一是先秦儒阶段，此时为孔儒，即前儒教时期，儒学并非宗教，而孔子生前也没有享受到教主的殊荣。二是汉儒阶段，此即董仲舒实际创立儒教的时期；“汉武帝确定独尊儒术，是儒教正式诞生的标志。而董仲舒答汉武帝的《天人三策》，是儒教的第一个纲领”[①]。由此儒家演变为儒教，而且为国教。孔孟在历史上只是儒教的思想先驱，而董仲舒才是儒教真正的创教者，正是因为董仲舒，孔子才被敬为儒教的教主。三是宋儒阶段，此乃儒教从理论意义上真正形成的时期，得力于朱熹等理学家的思想开拓，儒教终于修成体态完备的正宗。从这一意义而言，“儒教是在宋代正式形成的”[②]。朱熹的《大学章句·序》成为儒教的新纲领，而其“为坛而祭，故谓之天；祭于屋下而以神祇祭之，故谓之帝”之论，则成为后来儒教礼制改革的思想依据。

儒教作为宗教，自然应有其独特的祭拜场所，此即孔庙的发展。其实，早在董仲舒立儒教为宗教之前，就有对孔子的祭拜活动。孔子逝世后被葬

---

① 李申：《朱熹的儒教新纲领》，载任继愈主编《儒教问题争论集》，宗教文化出版社2000年版，第430页。

② 任继愈主编：《儒教问题争论集》，宗教文化出版社2000年版，第71页。

于鲁城北泗上，鲁哀公在陬邑（今曲阜东南）的孔子故堂所居建“寿堂”，“立庙归宅，置卒守，岁时奉祀”，从而使当时的“庙屋三间”成为祭祀孔子的专门场所，由此而有了后来孔庙的雏形。汉初（约公元前195年），高祖刘邦曾到曲阜祭孔，此乃帝王祭孔之始。汉武帝立儒教为国教后，这种祭孔活动频繁起来，于是祭孔建庙遂为传统。“据记载，元帝初，诏太师褒成君孔霸，食邑八百户祀孔子，赠霸爵关内侯，圣裔封侯始于此。汉平帝元始元年赐孔子，谥褒成宣尼公，赐谥从此开始。光武帝破董宪，返回时，派大司空用太牢去曲阜祭祀孔子，为皇帝派遣特使祭祀孔子开了先例。汉明帝东巡时，其子章帝到曲阜孔庙祭祀，并祭祀了孔子的七十二贤人，还优礼圣裔，用礼乐讲学。皇帝在孔庙讲学，使孔庙又具有学校的功能。……汉桓帝永兴元年，即公元153年，桓帝下诏，修建孔庙……并命令孔和为守庙官，立碑于庙，记之。孔庙的功能由此明确，春秋两季的祭祀活动被固定下来。”① 这样，从理论到实践，儒教的宗教功能及特色得以显现。

（三）儒教的发展

不同于前儒、汉儒和宋儒三个阶段的划分，任继愈先生曾对儒教发展进程有着更细的分析，他认为儒教的历史大致经历了六个发展阶段：“（1）前儒教时期——秦汉以前”；“（2）准儒教时期——两汉”；“（3）三教并立时期——魏晋、隋唐”；“（4）儒教形成时期——北宋（张、程）”；“（5）儒教完成时期——南宋（朱熹）”；“（6）儒教凝固时期——明清”。② 儒教以儒家宗法思想为中心，其核心表述即“敬天法祖”，这种“敬天”之举已经非常实质性地反映了儒教的宗教性质。如上所述，自然之天是不需要敬

---

① 高文、范小平编著：《中国孔庙》，成都出版社1994年版，第2—3页。

② 任继愈：《任继愈宗教论集》，中国社会科学出版社2010年版，第536页。

拜的，“天”在中国古代已经具有了抽象神明的含义，而孔子对“天”之理解中已经具有了这种宗教性，儒教形成后则强化了这种“天”的神明意蕴。此外，儒教建立后进而信奉“天地君亲师”，推行阴阳五行说，从而把神权、君权、父权、夫权共构一体，形成一套完整的封建神权及其神学体系。在儒教中，《四书》《五经》是其主要经典，而祭天、祭孔、祭祖则为其基本宗教礼仪，各地兴建的祭坛，文庙、孔庙，以及太上皇庙等就构成了其相应的朝拜场所。

在祭天礼仪的发展上，汉武帝之后，古代郊祀制度继续保留，甚至被视为帝王最大之事。汉平帝时，王莽推行郊祀制度改革，主要就是“依儒经”而强化对至上神的敬拜，并改古代神名“太一”为“皇天上帝太一”，突出了“天”“上帝”的至上神号主旨；此外，这一改制还强调天子祭天的“岁遍”意义，即让天子每年都要祭祀天地，而不再是以往的三五年才祭祀一次。隋唐以来，其至上神根据儒经又定名为“昊天上帝”，取“元气广大则称昊天……人之所尊莫过于帝”“托之于天，故称上帝”（《大唐开元礼》卷一）之意。儒教从“道之大原出于天”的本体论悟道，推至其现实人生安身立命中的“以道教民”“以道德民”，从而也使其宗教精神得以凸显。在儒教传统中，“天”具有至高无上的独特地位，此后其作为中国封建皇权的“国教”，形成了只有作为“天子”的皇帝才有资格“祭天”的特权，即所谓“不王不禘”；而其麾下的臣民“祭天”则是一种僭越，但地位较低的形形色色“祭天神”活动在中国社会就非常普遍。但儒教把其规定之外的祭祀称为“淫祀”，其场所则为“淫祠”，从而亦有了排斥、打击异己的传统。

在祭孔礼仪上，儒教创立后在社会上的突出地位亦使祭孔活动得以加强。东汉灵帝时期这种祭拜进而扩大，孔子及七十二贤人有了被人瞻仰的画像，孔子供祀牌位在孔庙殿堂竖立。东魏孝静帝兴和元年（539 年）修葺孔庙时又“雕塑圣容旁立十子”，由此有了孔子塑像。至少从北魏时期开始，在曲阜以外也有了孔庙的修建。这样，孔庙从孔子故宅扩展为祭祀孔子的专用庙宇。自汉以来，孔子被敬为先圣、先师，后来更被尊称“大成至圣先师”。为了宣扬孔孟之道、推动儒家文化发展，唐宋以来各州县都相继建立孔子庙（文庙），许多孔庙亦有了办学功能，出现庙学合一的景象。唐朝时首都长安建立起孔庙，其皇帝也亲临孔庙祭孔，而且唐太宗李世民还下诏“专祀孔子，尊为先圣，以颜回为先师，配享孔庙”。宋初宋太祖亦大修孔庙，并下诏在孔庙前立十六戟，制孔、颜二赞，形成庙戟、像赞之风。元初“燕京始平，宣抚王楫，请以金枢密院为先圣庙”（《元史·选举制》）。此后元大都（北京）亦建有“圣庙”。明朝统治者认为建孔庙主要是弘其“教”和“道”，强调“孔子以道设教，天下祀之，非祀其人，祀其教也，祀其道也”（《明史·钱唐传》）。明、清间曲阜孔庙遭火灾后都由朝廷拨银重修，康熙、乾隆都亲自到曲阜祭孔。清末时全国孔庙已达1500多处。从孔庙祭孔“祀其道”“神教化”的意义来看，其宗教性及宗教仪礼特点是很难否定的。

在祭祖礼仪上，自西汉刘邦父亲死后设立太上皇庙，建庙祭祀先祖亦成为传统。此后宗庙数量日增、规模扩大，并形成“日祭于寝，月祭于庙，时祭于便殿”的祭祀制度。汉代儒者直接参与了宗庙制度的制定，并形成只有天子和嫡长子才能祭祖祭宗庙的规定，以遵循儒经庶子不祭父祖的等级要求。

然而，儒教不仅有相应的敬拜和礼仪活动，而且还进而探究“天道本体”，有着“推明天地万物之原”和“究天人之际”的精神追求，由此而真实地展示了中国古代文化传统中儒、佛、道作为“三教”的共在。反观儒、佛、道三教并立之说，其中只有儒教的宗教身份被质疑，这在人类宗教理解上是非常有趣且颇值玩味的事情。其实，它们的区分在很大程度上都不是因为其存在实际，而主要乃观念上的分歧。从历史发展来看，这三教对中国人的生活影响是相同的、类似的，并无本质区别。“南北朝以来，儒教与佛、道二教并称为三教。这三教都具有辅助王化、整齐民心的社会功能，都受到政府的重视和支持。”[①] 隋唐时期儒、佛、道并称为“三教”已很流行，而唐、宋以来又出现“三教合一”的局面。在中国思想文化传统中，“三教譬如鼎足，缺一不可”[②]。儒家通常被视为是对“人文精神”的推崇，所重视的是“人学”，立足于体现“天地之德”“天地之心”的“人本”，似乎与宗教无缘；但其“敬天”之举却使之由持守家、国之“仁”的儒家而转为表达出超越追求的“儒教”。自然之天地境界并不需要敬畏，对之本可保持缄默“不语”。儒教“明事上天之道”，“亦有祭天地之祀”的思想和行为绝非是自然主义的、无神论的。因此，按照任继愈先生之论，“儒教虽然缺少一般宗教的外在特征，却具有宗教的一切本质属性”[③]。所以说，对宗教的理解应该从其理论和实践综合来看，既应深刻体会其思想观念，也应从人的生活，尤其是人的精神生活本身来把握。

在2000多年的历史发展中，儒教对中华民族尤其是汉民族有着重大的影响和作用，在一定程度上塑就了中华民族的精神状态、思想特性和心理气质，形成了中华民族的悠久传统，但其历史上对封建王朝的长期维系及对民众人性的某种压抑等负面作用也是不争的事实。而其在中国社会政治性的卷入和依附，致使其命运与中国封建政治体制的生死存亡绑在了一起，此即儒教作为官方“国教”形态随辛亥革命推翻封建王朝而基本上寿终正寝，走完了其历史路程。不过，20世纪初辛亥革命、五四运动以来，儒教作为宗教的影响虽已日趋式微，但并没有完全消失。一般把1911年推翻封建王朝作为传统“国教”儒教的消亡之时，但这只是相对中国本土现代发展而言。如20世纪初康有为等人曾提倡尊孔读经，认为孔教是中国的“国

① 李申：《中国儒教史》上卷，上海人民出版社1999年版，任继愈“序”，第1页。

② 参见任继愈主编《宗教大辞典》，上海辞书出版社1998年版，第634页。

③ 任继愈：《任继愈宗教论集》，中国社会科学出版社2010年版，第478页。

魂”，甚至主张将孔教定为“国教”。他觉得只有将孔教立为国教，才能“人心有归，风俗有向，道德有定，教化有准”，“今欲救人心、美风俗，惟有亟定国教而已；欲定国教，惟有尊孔而已”（康有为《以孔教为国教配天议》）。陈焕章等人也曾在20世纪20年代坚持在北京创办孔教大学，进行祭天祀孔等活动。这些活动对现代民间孔教的兴起及发展显然有着直接关联。在当代，香港还有孔圣会、中华圣教总会、孔圣堂、孔教学院等孔教团体，中国台湾在1911年以后延续了祭孔大典等历史传统，现在也有“新儒教”活动。中国大陆自改革开放以来在多地恢复的祭拜中华炎黄先祖、组织祭孔大典，以及兴办孔子学院和开展读经等活动，让我们似乎听到久远历史的回声。

（四）儒教思想传承

儒教的思想理论基于儒学体系，以孔子的学说为根本。除了“敬天法祖”这一核心宗教观念之外，儒教接受了仁义礼智信的系统学说，以中华文化的“和合”哲学来推行其圆融、整体的思想观念，主张天人之间关系的“天人合一”，使超然与人间相统一；提倡言行之间关系的“知行合一”，使理论与实践相统一；关注内外之间关系的“心性合一”，使主观与客观相统一。儒教有其超然之思和终极关怀，但要求其落在实处，不与人的社会生活相脱节，故而力主“以德配天”“内圣外王”，在个人修行中达到超越、“止于至善”。这种超越之维与内在之维的有机结合，即体现在“天命之谓性，率性之谓道，修道之谓教”（《中庸》）的绝妙表述中，由此实现了性、道、教的有机共构、圆融一体。而儒家思想由于对社会秩序的强调，推出了其“三纲五常”的等级体系，因此其初亦有纲常名教的性质。

儒家的宗教化始于汉代，其哲学理论从此也开始了向神学、经学理论体系的转化。任继愈先生指出：“从汉武帝独尊儒术起，儒家已具有宗教雏形。但是，宗教的某些特征，尚有待完善。经历了隋唐佛教和道教的不断交融、互相影响，又加上封建帝王的有意识地推动，三教合一的条件已经成熟。以儒家封建伦理为中心，吸取了佛教、道教一些宗教修行方法，宋明理学的建立，标志着中国儒教的完成。它信奉的是‘天地君亲师’，把封建宗法制度与神秘的宗教世界观有机地结合起来。其中君亲是中国封建宗法制的核心。天是君权神授的神学依据，地是作为天的陪衬，师是代天地君亲立言的神职人员，拥有最高的解释权。”① 儒教思想理论的发展，经历了两次大的变革，第一次是以汉代董仲舒为代表的儒家理论的“国教”化，第二次则为以朱熹为代表的宋明理学使儒家理论完成其“道统”化。

董仲舒在回答汉武帝的三道策问时，系统地阐述了自己对儒家的推崇及其宗教层面的理解。汉武帝在论述王道时涉及天命、人性及其关系问题，表现出其对“古今之变”“天人之际”的思考。对此，董仲舒用“观天人相与之际”的回答而论及儒教最为核心的问题即天人关系问题，这实际上就是宗教中的神人关系、超然之在与人世之在的关系问题。董仲舒认为这种关系乃天人感应、天道人性的关系，如果能妥善处理、极力协调，则可达天人合一之境。从本体论意义上讲，“道之大原出于天，天不变，道亦不变”（《春秋繁露·贤良对策》）。天道反映出了天命，因此人们必须顺天命、尽人事，服从天意。当然，在董仲舒看来，天人有关，“天亦有喜怒之气，哀乐之心，与人相副。以类合之，天人一也”（《春秋繁露·阴阳义》）；而“天地之精所以生物者，莫贵于人，人受命于天也”（《春秋繁露·天人相副》）。天是有意志的，是有仁爱之心的，“以此见天心之仁爱人君而欲止其乱也”，所以君王应该“上承天之所为”，“下以正其所为”，形成积极的互动。其实，天与人的关联在董仲舒的眼里更有着道德层面的意义，“德侔天地者称皇帝，天佑而子之，号称天子”（《春秋繁露·三代改制质文》）。

---

① 任继愈：《任继愈宗教论集》，中国社会科学出版社2010年版，第474页。

“天者，百神之大君也，王者之所最尊也”（《春秋繁露·郊义》），这种关联使天子必须“小心翼翼，昭事上帝”，“天子不可以不祭天也”，因为“今为其天子，而缺然无祭于天，天何必善之”（《春秋繁露·郊祭》），而不得天佑则其天下难保。在这种“天人同类”“人副天数”的论说中，董仲舒已经把天神秘化、道德化，从而让君王“畏天命”，以“正”为“王道之端”，尽“王之所为”，而“王者有改制之名，无易道之实”，必须按道而行。董仲舒要为王者“强勉行道”，指出“天人之征，古今之道也”；“道者，所由适于治之路也，仁义礼乐皆其具也”，这实际上表明了“道，就是达到天下大治的路。仁义礼乐，乃是负载大道的手段或工具”①。董仲舒的思想对于儒家的脱颖而出及儒教的形成起了关键作用，“推明孔氏，抑黜百家，立学校之官，州郡举茂材孝廉，皆自仲舒发之”（《汉书·董仲舒传》）。

朱熹则提出了儒家的“道统”，从而描述出理解中国传统文化核心的发展线索。朱熹在《中庸章句序》中首创了“道统”一词。这一儒家道统谱系可以从“上古伏羲神农圣神”包括伏羲、神农、黄帝、尧、舜、汤、周文王、孔子、孟子，至周敦颐、张载、二程（程颢、程颐）和朱熹等传授“圣贤之道”的诸多历史传说中的先祖英雄和思想领域的圣德贤人，形成了一条一脉相承的精神连线。朱熹的创新，就在于他糅合先儒典籍《尚书·大禹谟》中的人心、道心思想，首创了“道心惟微，人心惟危。惟精惟一，允执厥中”这十六字心传，从而确立了宋明新儒家的道统思想体系。在此，朱熹明确了“道统”概念，指出“《中庸》何为而作也？子思子忧道学失其传而作也。盖自上古圣神继天立极，而道统之传有自来矣”（《四书集注·中庸章句序》）。这就使朱熹成为儒家思想史上具有里程碑意义的人物，“由孟子而后，周、程、张子继其绝，至熹而始著”（《宋史·朱熹传》）。在朱熹对“圣贤之道”的关注中，亦涵括政治哲学之维，他将夏、商、周三代

① 李申：《中国儒教史》上卷，上海人民出版社1999年版，第211页。

圣人之道称为“王者之道”，旨在与此后社会腐败政治的“霸者之道”加以区分，从而表达出其对古代圣贤的缅怀和对社会理想之道的憧憬：“古之圣人致诚心以顺天理，而天下自服，王者之道也；后之君子能行其道，则不必有其位，而固已有其德矣。故用之则为王者之佐，伊尹太公是也；不用则为王者之学，孔孟是也”（《朱子语类》卷五十一）。

反思儒家思想史的发展，朱熹曾说：“子贡虽未得道统，然其所知，似亦不在今人之后”（《与陆子静·六》，《朱文公文集》卷三十六）。“若只谓‘言忠信，行笃敬’便可，则自汉唐以来，岂是无此等人，因其道统之传却不曾得？亦可见矣”（《朱子语类》卷十九）。自孔孟之后，道统本来就隐藏于儒家精神传承之中，但在朱熹之前却处于隐而未显之状，而朱熹则将之凸显，使之成为人们极为注目的儒家思想的核心观念。

朱熹虽然最早将“道”与“统”合在一起集中来讲“道统”二字，但道统说的创立者却并非朱熹，而是唐代的儒家学者韩愈。“儒家的第二次改造，虽说从宋代开始，追溯上去，可以上溯到唐代。韩愈推重《大学》，用儒教的道统代替佛教的法统。”① 韩愈曾明确提出，儒家本来就有一个始终一贯的、有异于佛老的“道”。他为此强调：“斯吾所谓道也，非向所谓老与佛之道也。”（《原道》，《韩昌黎全集》卷十一）其实，中国自古就有“天道”之说，人们认为其传播脉络起源于传说中的黄帝，此乃“圣人之道”。“古之时，人之害多矣，有圣人者立，然后教之以相生相养之道，为之君，为之师。”（《原道》）这种天道心法在古代只能是依靠心传，但历经公元前两千多年的心传后，只留下心法而不见心传。韩愈断定这一远古传统从老子开始而出现分支，即各自形成了后来中国的两大思想体系，这就是儒家思想和道家思想的分殊而行。从儒家传道的脉络上来看，其天道心法接尧、舜、汤、文王、武王、周公、老子，到了孔子方形成儒家学派，

---

① 任继愈：《任继愈宗教论集》，中国社会科学出版社 2010 年版，第 492 页。

但传至子思、孟子，其远古的思想轨迹已很模糊，只有心法独存。与之相对应，道家传道的脉络本来也是上接尧、舜、汤、文王、武王、周公和老子，但是等到庄子形成其道家学派体系时，其古代心传也已丧失，难觅其迹。由于道教将老子的思想道教化，遂被韩愈所轻视，韩愈当时排斥宗教的态度使之瞧不起佛、道二教，因而也就淡漠了这一老子之传。本来，与儒家、道家的“道统”相对应，佛教在华所传称为“法统”，而且有其系统表达。韩愈的思路实际上受到了佛教的启发，但为了扬儒抑佛，遂仿照佛教的法统论，以续孟子之位的构思而提出儒家的道统谱系，认为此即“圣人立教”，从而形成与佛教法统的区别与对立，宣称“斯吾所谓道也，非向所谓老与佛之道也”（《原道》）。韩愈的儒者之道即“博爱之谓仁，行而宜之之谓义，由是而之焉之谓道，足乎己无待于外之谓德。仁与义为定名，道与德为虚位。……凡吾所谓道德云者，合仁与义言之也”（《原道》）。显然，“道”即指作为儒家思想核心的“仁义道德”，在此与其经世思想相呼应。这一儒家之道的历史发展过程就是“尧以之传之舜，舜以之传之禹，禹以之传之汤，汤以之传之文武周公，文武周公传之孔子，孔子传之孟轲。轲死不得其传焉；荀与杨也，择焉而不精，语焉而不详”（《原道》）。这一远古之传断于孟子，荀子、杨朱未能接续，今儒则需要将之串联起来。韩愈这里所指的儒者之道的传授谱系即后来朱熹所说的“道统”。但后来宋儒却否定了韩愈在道统中的地位，对之鲜有提及，反而不断突出了朱熹在彰明“道统”、形成其传承上的地位及意义。

“道统”观念虽然到唐代才由韩愈所提出，却是孔子以来儒家的一贯思想。孔子及其学派编《五经》、传《四书》，从而承上启下，使“道一以贯之”，铸成中华“道统”。在儒、佛、道三教并流的时期，三教都涉及“道”之论。而儒家学者在思考儒学与佛、道两家关系时，则认为“道统”在此起着极为明确的自我认知、自我归属的作用。在儒学之内，可以“道统”来甄别、划分各学派之间的界限；而在儒学之外，则可区分儒、佛、道三家，说明其并非佛、道之道。所以说，“道统”既是儒学发展的内在动力，又限制着儒学的随意发展，有所规范，需要厘清。如果分别从“道”与“统”两个方面来理解“道统”，那么前者主要是从逻辑意义上而论，后者则是顺着历史发展来看。这一“道统”以孔子为核心，形成了中华思想文化上下五千年的延续。这样，中国的文化核心就既有“道”之理论体系，又有其“统”的历史传承。人们乃以“道”来“究天人之际”，以“统”而“通古今之变”。若窥探中华文化的奥秘，则可发现这种“道统”迄今仍在中国人的潜意识中浮现。

儒家的“道统”基本上涵括了中华传统文化意识，它可以归结为认同意识、正统意识、弘道意识这三个方面，由此为中国社会的超稳态发展、大一统局面奠定了理论依据，提供了文化模式。这三大意识在今天中国社会文化中仍被保留，成为中国人的“集体潜意识”。所以说，中国社会从骨子里仍是一个儒家传统的社会，“天不变，道亦不变”。因此，对儒教及儒家的反思和批评，也包括对中国社会自身的反思与批评。儒教的“非宗教化”趋向在一定程度上也是由于其心传不再，心法则不断得到哲理的诠释，形成了儒家心学，故其宗教的色彩明显淡化，这在宋明理学中尤为突出，但中国传统宗教的内在本真却仍被保留，其宗教理解的最基本观念也仍然存在。如果从根本上来追溯，儒家的“道统”更应该从宗教哲学的意义上来解读，而“道”则是体悟中华文化奥秘的最关键之词，其中乃充满宗教中的终极本体之蕴含。

儒家心学在陆象山时形成体系，他认为“良知”“良能”“皆备于我”，天理、人理、物理只在“吾心”，“宇宙是吾心，吾心便是宇宙”，与西方主观唯心论的“存在即是被感知”乃异曲同工。此后王阳明继承了这一理论，认为“心即是理”，“无心外之理，无心外之物”（《传习录》上），提倡从自己内心中去寻找“理”，认为“理在人心”，甚至可以说“我的灵明，便是天、地、鬼、神的主宰”，由此则可“致良知”，并有“知行合一”的践行。面对江河日下、人心不古的现实，当“道统”在社会现实中不再凸显时，儒者则转向内心，强调良知、德性的自我诉求。回顾儒教历史，陆王心学曾使古典儒学达一高潮，而王阳明的思想底蕴今天仍值得发掘。由于宋明之际朱熹、王阳明的贡献，故有孔、孟、朱、王之称。

儒教思想理论在宋明之后的发展明显有所衰弱，但儒家“道统”观念在清朝和民国时期也仍在延续。康熙曾言，“朕维天生圣贤，作君作师。万世之道统，即万世之道统所系也。自尧、舜、禹、汤、文、武之后，而有孔子、曾子、子思、孟子；自《易》《书》《诗》《礼》《春秋》而外，而有《论语》《大学》《中庸》《孟子》之书，如日月之光，昭于天岳，渎之流，峙于地，猗欤盛哉”（康熙御制《日讲〈四书〉解义》序）。清代学术界也有人强调“以孔、孟、韩、欧、程、朱以来之道统自任”。而民国时期，为了表明其政统的权威性及与中华道统的关联，据传孙中山曾说：“中国有一个道统，尧、舜、禹、汤、周文王、周武王、周公、孔子相继不绝，我的思想基础，就是这个道统，我的革命，就是继承这个正统思想，来发扬光大。”顺着这一思路，蒋介石亦宣称自己“继承了国父的革命遗志，而其道德思想和政治理想，更随国父之后，嬗接了中华民族五千年的道统”①。此外，这种“道统”之说在中国民间也多有流传。

中国政治的发展和政权的变更并没有影响中国道统思想的延续，但随着现代社会中儒家地位的衰微和作为宗教之儒教的消失，这种道统之论似乎已被人遗忘。这种文化失忆影响我们的文化自知和自觉，故也直接关涉我们的文化自立与自强。作为宗教的儒教在中国内地已不复存在，其文化精神的神圣性亦被尘封或批判，迄今仍是分歧颇多的一大争议问题。这是我们今天所面临的窘境，而且也必须走出这一历史困境。辛亥革命之后，有过几次新儒家复兴的尝试，但对社会影响不大。今天中国的新儒家发展

---

① 这种说法根据王升《领袖与国家》（黎明文化事业公司 1976 年版）第六章，但亦有人否认此说。

状况亦很难让人满意，20 世纪 20 年代以来新儒家发展曾经历了四个阶段：第一阶段以梁漱溟、熊十力、张君劢、冯友兰等人为代表，其特点是强调接续儒家“道统”，复兴儒学尤其是其心性之学。第二阶段以唐君毅、牟宗三、徐复观、方东美、钱穆等人为代表，他们因接触了西方文化而主张以儒家学说为主体来会通西学。第三阶段以杜维明、刘述先、成中英等人为代表，他们因以港澳台为背景或长期旅居海外而发展出一种海外儒学，却是有着明显“西化”色彩的儒学。第四阶段则为改革开放以来中国大陆新儒学的发展，但其代表颇多、方向各异，很难形成影响当今中国社会的合力；其中有些人从心性儒学走向政治儒学，从复兴儒学发展到重建儒教，有着复古主义的色彩；有些人则不主张承认儒教，否认儒家的宗教性质，而尝试建立适应当今社会政治的新仁学，认为儒家与当代中国主流意识“合则两利，离则两伤”；有些人全力寻求儒家自身的革新与复兴，以兴办教育、推广国学为己任，从而促成了当代孔子书院和基层民众读经的发展。

儒教到底具不具备宗教性、是不是一种宗教，这在认识中国人的宗教及宗教性上极为关键。儒教的精神已经深深融化在中国人的气质及性格中，迄今在中国社会文化中仍然起着润物无声、潜移默化的作用。如果肯定儒教的宗教性，那么可以说大多数中国人都至少具有宗教气质、受到宗教影响；但如果认为儒教根本就不是宗教，那么或许很多中国人就与宗教无缘，中国可能就是一个宗教意识比较“淡薄”的国度，甚至有人认为在佛教等外来宗教传入中国之前，中国本来就没有严格意义上的本土宗教存在。因此，对儒教及宗教本质都需要有中肯且令人信服的解读。不过，儒教是否为宗教这一争论、辨析本身，也说明中国传统的主流价值观其实并非与宗教相距甚远，二者至少有许多相似性和接近之处；即使从否定儒教为宗教的立论来看，能够把“不是宗教”的儒教看作宗教，而且在其分辨和区别时有着如此之多的纠结，实际上就已经意味着二者之间也不存在那种不可逾越的鸿沟。不过，中国古代宗教在其社会不是只有这种官方形态，而是在官方、民间齐头并进。甚至有人认为中国社会真正的儒教并不是这种官方国教意义上的儒教，而是“礼失求诸野”的草根儒教或民间儒教这类民间发展及其非官方的民间形态，从而与中国社会贴得更紧。中国宗教这种多元折射的万花筒景观，使之在其社会上很难有一个绝对“官方”或“民间”的准确定位，即使儒教也是亦官亦民的多元呈现。自中国古代宗教一以贯之的“敬天法祖”传统，也是沿着中国社会官方、民间这两条相距甚远的历史之线而得以延续。虽然这两极都强调对“敬天法祖”的持守，但在宗教意义上给人的印象却似乎官方以皇权为代表更重视敬天，民间以宗族、家族为代表更注意祭祖。针对中国古代这一主体宗教官方或民间、“建构”或“弥散”的含混性质，及其与中国古代宗法社会的复杂关联，牟钟鉴等人宁愿称其为“宗法性传统宗教”而不是儒教。他认为这种宗法性传统宗教“指从夏商周三代开始，后来不断得到强化的以天神崇拜和祖先崇拜为核心而建立起来的传统宗教，它有着一般宗教的基本属性，即宗教的观念、感情及祭祀活动，唯独没有单立的教团，而以宗法等级组织兼任种种宗教职能。皇室的代表天子主祭天神，宗族和家族祭祖由族长、家长主祭。敬天法祖、慎终追远是观念和感情上的基本要求。这种宗教与封建宗法等级制度及思想体系紧密结合在一起，又直接为巩固宗法制度服务……它从未间断地一直延续到清末”。无论是名为“儒教”，还是定性为“宗法性传统宗教”，这实质上都反映了中国传统社会中宗教发展所呈现出的主脉或主流，即中国古代历史上的确有“一个为社会上下接受并绵延数千年而不绝的正统宗教”①。

---

① 牟钟鉴：《中国宗教与文化》，巴蜀书社 1989 年版，“前言”第6—7页。

三　中国道教

道教产生于中国本土，它渊源于中国古代的巫术，秦汉时期的神仙方术以及老子、庄子的哲学思想，是主要在中华民族中传播、发展的宗教。在中国当代五大宗教中，道教是唯一在中国土生土长的宗教，与中华民族紧密相连。鲁迅曾言“中国根柢全在道教”，揭示了道教对中国社会的重要意义，说明它对中国传统文化有着深入而广泛的影响。而“道”之观念，应该是中国宗教文化中最核心的观念。道教的教义理论基于道家（老子、庄子等）的哲学思想，其信仰的核心即作为宇宙本原和主宰之“道”。先秦道家思想中这一被尊为“天地之始”“万物之母”的神秘本体“道”在后来的发展进程中被玄奥化，其创教者凸显了“道”的意蕴，并在其宗教实践上结合了中国古代的巫术及神仙方术，遂形成了道教的信仰体系。

（一）“道”之理解

道教的基本信仰和教义是“道”。“道者，何也？虚无之系，造化之根，神明之本，天地之源，其大无外，其微无内”，“万象以之生，五行以之成，生者无极，成者有亏。生生成成，今古不移，此之谓道也”（吴筠《玄纲论》）。“大道无形，生育天地；大道无情，运行日月；大道无名，长养万物。吾不知其名，强名曰道。”（《常清静经》）“道”乃“生而不有，为而不恃，长而不宰”（《道德经》十章）。“道”虽无形无名，却是万物生成的本原、宇宙发展的玄机，“道生一，一生二，二生三，三生万物”（《道德经》四十二章）。“道”的原初理解本来直接与“言”和“行”相关联，意蕴主体的言述、客体之路径，其引申开来又具有超越之意的秩序、法则、规律、理念等涵括，从而在更深层面表达了“道可道，非常道”的终极意义，故此才有形而上之“道”模糊、抽象、神秘的理解和感悟。

中国宗教在远古传统中就已被理解为“对神道的信仰”，这是对“道”之形而上意义和神圣意义的宗教性理解。《周易》早就论及“观天之神道”，“圣人以神道设教”，在此基础上才有儒家《中庸》关于“天命之谓性，率性之谓道，修道之谓教”的解释，而“儒”一旦“不可谓之教”，则亦被视为“天下常道”。在此传统中，可谓“神”“道”并称。

“道”作为“神道”实际体现在“天道”“地道”和“人道”之中。《周易》说，“有天道焉，有人道焉，有地道焉”；“立天之道，曰阴与阳。立地之道，曰柔与刚。立人之道，曰仁与义”。中国思想传统中的“天、地、人”观念实质上就是靠“道”来贯通的，故此“道”在中国思想文化中既有“形而上”的绝对本体意义，也有万物中的内在规律之解，对之加以神秘性、神圣性的理解就使之成为最为核心的宗教观念。所以说，中国宗教传统的儒、佛、道本身就可在“道”中“三教合一”，以“道”来构成中国本土宗教的基本特色和象征符号。

天道即为“天帝之道”，而“天”按照董仲舒所言，“天者，百神之大君也”（《春秋繁露·郊义》），“天者，万物之祖”《春秋繁露·顺命》。在对天道的理解中，包括自然宇宙规律、社会道德规范、国家政治秩序等内容，可谓包罗万象。在宇宙本原层面，“天道自然”，“天道运而无所积，故万物成”（《庄子·天道》）。在政治秩序和社会伦理层面，有着天人之际的关联，“所谓道，忠于民而信于神也”（《左传·桓公六年》）；“仁义礼智天道”，“君子执信，臣人执恭，忠信笃敬，上下同之，天之道也”（《左传·襄公二十二年》）；而且“天道赏善而罚淫”（《国语·周语》）、“天道福善祸淫”（《尚书·汤诰》）。地道、人道则与天道相呼应，“诚者，天之道也；思诚者，人之道也”（《孟子·离娄上》）；“人道经纬万端，规矩无所不贯”（《史记·礼书》）；“亲亲、尊尊、长长、男女之有别，人道之大者也”

（《礼记·丧服小记》）。由于儒家“宗教”性质的模糊，其核心观念“礼”被理解为“社会秩序”，而“仁”也常被从“人际伦理”、公共价值的层面来界说，故此“道”之思想并没有在儒家理论体系中得以突出。

道教的“道”字则基于老子所论及的“通贯天人”之含义，宗教的奥秘和本真即“观天之道，执天之行”（《黄帝阴符经》上篇），天人相通即“道成肉身”，“道”有着宇宙万物之中的隐在，无形之中起着决定作用。在对“道”的理解中，老子以“道”在“象帝之先”、“似万物之宗”的思想为基础，提出“道”的先在性和创生性：“有物混成，先天地生。寂兮廖兮，独立不改。周行而不殆，可以为天下母。吾不知其名，强字之曰道。”（《道德经》二十五章）道乃天地之始的“无名”、为“万物之奥”、是“不可道”之“常道”。

在道教信仰中，“道”也在一定意义上被理解为有意志、具形象的人格神，其三清尊神即被视为道的化身，是绝对之“一”的聚形展示，“一散形为气，聚形为太上老君”（《老子想尔注》）。此外，与“道”关联的道教核心观念还包括“德”，指“道”的实际体现和主体呈现，即在认识、体验、实践中“得道”，乃道性在自然、社会、人间、实践中的彰显，即“道之在我之谓德”，而“德言得者，谓得于道果”。如果说“道”表述的是超然、形上、抽象、客观意义，那么“德”则更多展现出其内在、有形、具体、主观效果。所以，“道”与“德”有着本质关联和辩证关系，“道生之，德畜之，物形之，势成之。是以万物莫不尊道而贵德。道之尊，德之贵，夫莫之命而常自然”（《道德经》五十一章）。

（二）道教的起源

道教发端于黄老思想，黄帝乃华夏民族的人文始祖，老子为中国精神的思想先驱，留下了脍炙人口的《道德经》，孔子亦曾向老子问道，由此反映出中华文明的源远流长和炎黄子孙的一脉相承。战国时期的庄子继承并发展了老子的学说，故有“老庄之学”的表述。由先秦道家经两汉时期的黄老道家，至东汉时期发展为汉代道教，从而完成了其从哲学流派到宗教教派的转变。道教的最初雏形是“黄老道”，“黄”指“黄帝”，“老”指老子，即一种假托黄老思想而成的宗教。黄老学派原是一种政治、哲学流派，不是宗教；道家原为秦汉之际诸子百家中的一派，它作为哲学思潮而与后来形成的道教有区别，但在思想渊源上显然有一定联系。东汉初，楚王英“更喜黄老学，为浮屠斋戒祭祀”（《后汉书·楚王英传》），“延熹中，桓帝事黄老道，悉毁诸房祀”（《后汉书·王涣传》），又在宫内立黄老、浮屠祠，祭祀老子，从而使黄老道逐渐具有了宗教形式。道教成为宗教与佛教的传入有着相应关联，受佛教的影响而开始形成其具有组织形态意义的道教。与其他宗教不同，道教的发展道路是汇聚涓涓细流而成江河，从多元走向统一，从分散达到聚合。诸多传统信仰和民间宗教与道教有过共构与整合，有着密切关系。这也使得道教曾经涵容一些民间宗教，而在将来也可能在一定程度上起到重新整合民间宗教信仰的作用，从而形成具有“大道教”特色的中国宗教发展，使之获得本土宗教的共识、共鸣，以便能“执古之道”，行“大道生活”，有助于当代社会生活的道德教化和中华文化精神的普世高扬。

东汉顺帝时（126—144 年在位），四川大邑鹤鸣山中隐士张陵（张道陵）自称天师，奉老子为教主，以《老子五千文》（《道德经》）为主要经典，随后在青城山等地结茅传道，治病救人，“祭酒”立社，开始形成道教；因其入教须交五斗米，故有“五斗米道”之称。而张陵宣称自己得老子传授“天师”称号和“正一盟威之道”，其所创教团因而又有“天师道”之称。此后，东汉灵帝（168—189 年在位）时巨鹿人张角自称“大贤良师”，以黄老道为基础、奉《太平清领书》为主要经典，提出“去乱世，致太平”的主张，从而又创立了“太平道”。二道的创立，标志着作为宗教形态的道教已经诞生。

道教形成后，出现了一些与道家哲学思想不同的宗教信仰内容，如天师道将“道”人格神化，称“道”的化身即老子，有“太上老君”之名，而且主张其信者奉道守戒、修习长生之术，以便能够“奉道诫，积善成功，积精成神，神成仙寿”（《老子想尔注》）。此外，活跃在社会上的宗教社团也往往会有其政治诉求，如太平道推行其“黄天太平”的政治主张，宣称“苍天已死，黄天当立，岁在甲子，天下大吉”，进而形成了旨在推翻汉朝统治的“黄巾起义”，以宗教的形式代表了中国历史上一次著名的农民起义。

（三）道教的发展

从汉魏至晋，曾出现了醉心方术、炼丹修道的葛氏道或金丹派，其中葛洪撰写了《抱朴子内篇》一书，记述了古代流行的守一、行气、辟谷、导引、房中、配药、炼丹等神仙方术，他研习古代丹经，亲自配方炼丹，客观上也促进了中国古代化学及医药卫生学的发展。南北朝时期，五斗米道开始从民间底层转向在上层士族中发展。北魏道士寇谦之修改五斗米道的教义，增添了儒家礼教的内容，改进了服药炼丹的修道形式，使之得以更新为新天师道。寇谦之重组的道教得到北魏太武帝的认可，太武帝亲往天师道坛受道教符箓，道教首次获得官方承认。改革后的北朝道教史称北天师道，曾保持官方地位一百多年，至北齐文襄王时（548 年）① 才失去其官方宗教身份。

而南朝道士陆修静在宋明帝支持下整理道教经典，改进斋醮礼仪，尤

① 北齐文襄王（或文襄帝）即高澄（521—549 年），字子惠，北魏、东魏权臣高欢的儿子，15 岁已入朝辅政。高欢死后，高澄击溃叛将侯景，在短期内掌控了东魏统治阶层，开始为北齐建立做准备，但在受魏禅前夕为膳奴所刺杀。因高澄生前已为北齐的创立打下了基础，故其死后被北齐追尊为文襄帝。

其是对《灵宝经》的甄别、对灵宝斋仪的推进，则使之成为灵宝派的引领大师，并使“道教之兴，于斯为盛”。南朝齐梁道士陶弘景则根据东晋杨羲托称天师道女祭酒魏夫人（魏华存）所授《上清经》而推动了上清派的发展。陶弘景自称“华阳隐居”，于茅山修道四十多年，并在梁武帝的支持下建立茅山道馆和太清玄坛。隋唐时，上清派曾发展为道教第一大宗派。陆修静和陶弘景对南朝五斗米道的改革，形成了南天师道。南天师道主要由魏晋南北朝时期形成的上清派、茅山派和灵宝派为主，上清派在其信仰传承上自认为乃东晋时由魏夫人所创立，实际上则由杨羲、许谧、许翙等人所传，至陶弘景时得以发扬光大，该派以存神服气之修行为主，诵经、修功德为辅，旨在修行得道后升入“上清”之天。茅山派在南朝时由陶弘景所创立，因其于茅山筑馆修道，又尊奉三茅真君为祖师，故名。此派主修《上清经》，兼修《灵宝经》和《三皇经》，主张思神、诵经、修功德、以符咒劾召鬼神，兼修辟谷、导引、斋醮及炼丹术。灵宝派即信奉《灵宝经》所列神仙系统的道教派系，南朝时经陆修静加以增修，立成仪轨，遂使该派广为流行。

此外，在魏晋之际还形成了陕西的楼观道。据传陕西周至终南山北麓的古楼观台原是西周大夫尹喜（关尹）的住所，尹喜居此结草为楼、观星望气，故有楼观之称，而尹喜曾让过函谷关的老子留下了《道德经》五千言，从此与道教结缘。魏晋时关中京兆道士梁堪来楼观学道，自称习得炼气隐形之法、水石还丹之术，后隐居终南，得道升天，由其弟子王嘉传承，在北魏初兴起楼观道团，发展为宫观式道教，在北朝后期成为道教一大教派。

唐初道教曾被尊为三教之首，因为李世民父子在灭隋建唐之际曾利用老子姓李这一巧合而奉老子为唐王室先祖，扶持道教，以符天子之名、获神授之权，为其争得政治优势地位服务。此后唐玄宗进而册封太上老君“圣祖大道玄元皇帝”“大圣祖高上大道金阙玄元天皇大帝”等尊号。唐玄宗亦推崇道教，曾亲自注解《道德经》等道教经典，厚待道教宗师。唐末五代，道教内丹术风行，除了保持其内炼形神、外服丹药的修行之术，还融入了儒家易学和佛教禅宗的修持思想，发展出不同于以往的内丹修炼功法。此间教派林立、宗师辈出，其中以钟离权、吕洞宾影响最大，形成“钟吕金丹派”。唐末道士杜光庭到青城山隐居，亦将天师道与上清派的发展相结合。隋唐时期上清派、楼观道和天师道得以发展兴盛，成为大的教派；其中天师道逐渐形成以江西龙虎山张天师世家为代表的正宗，促成正一派的基本格局。此时在江西南昌还发展出孝道派，为宋元时净明派之源。

宋朝也继承了扶持道教的传统，宋太宗遣使到终南山修建上清太平宫，并召终南山道士张守真入朝设周天大醮。宋真宗时曾宣称有一道教先祖“圣祖赵玄朗”，具有“圣祖上灵高道九天司命保生天尊上帝”之尊号。宋徽宗则借“天神托梦”之说来以“教主道君皇帝”身份执政，并以官吏职级设道官道职。北宋道教学者张伯端著《悟真篇》阐述内丹宗旨及其练功方法，被敬为“千古丹经之祖”，并有道教紫阳派创始人之称，其后形成了以内丹修炼为主的金丹派南宗。该派后传以白玉蟾最有影响，留下著述颇多，以清修派而著称。受该派启发，南宋初道士刘永年等人又发展出主张男女双修的内丹派系。

五代宋初道教的一大发展，则是陈抟内丹学派的崛起。陈抟熟读经史百家，融通儒、佛、道三教，以胎息服气、辟谷导引等内养静功见长，精通天文、地理、医学，在武当山常年隐居，不受官职，有赐号“希夷先生”“白云先生”等。其丹道学说突出性命双修、道法自然、养生内炼、澄思息虑，主张练功以“冥心太无”为始，调气入静，心静而动，按照炼精化气、炼气化神、炼神化虚的顺序复归于无极。陈抟还是宋代三教合一的思想先驱，启发了宋代理学的形成，他的《无极图》后被周敦颐发展为“太极图说”，其《先天图》亦被邵雍演化为“象数”体系，成为宋代理学的重要构建。

宋元时期的道教得以革新发展，原来汉魏六朝时所形成的天师道传承的正一派、上清派、灵宝派被视为三大旧符箓道派，而宋朝江南地区则以推陈出新的改革逐渐发展出金丹派南宗、天心、神霄、清微、净明等新符箓道派。正一派基于天师道，因可追溯到其创始人张陵而为道教最古老教派，据说张陵第4代孙张盛于西晋时迁往江西龙虎山，由此以龙虎宗系为天师道的中心。宋徽宗时龙虎山上清观被升级为“上清正一宫”，南宋理宗时正一派获得统领道教符箓诸派的重要地位。元朝时第36代天师张宗演被元世祖忽必烈封为真人，由此形成元朝历代天师嗣位时被赐封为真人的惯例。元世祖至元十四年（1277年），亦开始张陵后嗣代代被敕封为天师的传统。此后，第38代天师张与材被封为“正一教主”，第39代天师张嗣成被封为“翊元崇德正一教主”。正一派的主要经典为《正一经》。该派道士可有家室，不重修持之法，而提倡鬼神崇拜、画符念咒、驱鬼降妖、祈福禳灾之术，为道教中符箓派的主要代表。上清派在宋元之际亦有所发展，尤其是茅山上清派得到了宋元两代统治者的青睐，其宗师多得宋元皇帝的赐封。灵宝派于北宋时在江西清江阁皂山发展出阁皂宗，从而有龙虎山、茅山、阁皂山这三大符箓派之鼎立。此外灵宝派在宋元间还分化出由宁全真创立的东华派，该派在元代末归入龙虎山正一派。在宋元时期的新符箓道派中，天心派基于其“天心正法”的传习；神霄派以推行其神霄五雷法为旨归；清微派则称其道法源自清微天元始天尊；而净明派源出孝道派，以东晋道士许逊为祖师，主要传行称为“净明秘法”的一种新符箓，同时也遵循儒家传统的忠孝廉慎等伦理规范，故也称儒道合璧的“净明忠孝道”。

宋灭后，道教突破天师道传承而在北方又有新的发展，出现了太一道、真大道和全真道等新的道教宗派。太一道于金初由萧抱珍创立于其家乡卫州（今河南汲县），因传“太一三元法箓之术”而得名；该派主张以老子之学修身，以符箓、巫祝之术济人，道士须出家、继法嗣者须改姓萧。但太一道流传不长，在七祖萧天佑之后逐渐融入正一道教派。大道教亦称“真大道教”，金熙宗时由河北沧州人刘德仁创立，以《道德经》要言制定出九条训诫，其治病不用针药和符箓，而以仰天默祷之法；该派提倡“清静无为”“少私寡欲”“慈俭不争”，强调道士出家、绝欲忍苦、利民爱物，而不讲“飞升化炼、长生久视”之术，也不重符箓、不化缘乞食。元末时，该派融入全真道等宗派。

全真道在金元之际由陕西咸阳人王重阳创立，起初在山东发展，其七大弟子马钰、谭处端、刘处玄、丘处机、王处一、郝大通、孙不二史称“全真七子”。全真教主张道与儒、佛三教合一，三教平等，有“三教圆融”之说，即所谓“儒门释户道相通，三教原来一祖风”，“教虽分三，道则唯一”，“天下无二道，圣人不两心”。其在修行上则拒绝外丹修炼和符箓驱鬼之术，推崇内丹方术和性命双修，强调“识心见性”。全真道坚持禁欲苦行，克己忍辱，安贫守贱，其道士必须出家在宫观居住苦修，而绝不允许结婚蓄妻，因而有“异迹惊人，畸行感人”之效。在融合佛、儒上，全真道以道家《道德经》、佛教《般若心经》和儒家《孝经》为其必修经典。王重阳逝世后，其著名弟子丘处机嗣教时曾使全真道得到兴盛发展。元太祖成吉思汗曾邀请丘处机到其行宫叙谈，丘处机率十八弟子历三年之久西行赴约；当成吉思汗问及治国之方、长生之道时，丘处机以“敬天爱民为本”“清心寡欲为要”作答；成吉思汗非常满意，称丘处机为“仙翁”。“全真七子”死后全真道分化为七派，即遇仙派、龙门派、南无派、随山派、嵛山派、华山派和清静派，其中以丘处机一支的龙门派势力最大。元朝建立后，全真道南传而与张伯端派系的金丹派南宗混合，王重阳门派遂称全真北宗，“全真七子”为“北宗七真”，而“南宗七真”则指张伯端、石泰、薛道光、陈楠、白玉蟾、刘永年和彭耜，两宗共尊东华帝君、钟离权、吕洞宾、刘海蟾、王重阳为全真教五祖师。元代之后，全真道与正一道成为道教中的两大流派，得到最为广泛的发展。

明清两代，道教经历了由盛至衰的变迁。明代时正一道仍然势力最大，但因其上层道士腐化而遭儒臣攻击，地位由此下降。明初张三丰入湖北武当山隐居修道，开创出与正一道相关联的武当道派。张三丰主张三教同一，认为“修道之谓教，三教圣人皆本此道以立其教也”，“牟尼、孔、老皆名曰道”。其弟子刘碧云所立武当本山派亦继承了这三教融通思想，并以“碧山传日月，守道合自然，性理通玄得，清微古太元”为其传道原则。张三丰还创立了武当道派内家拳技，形成武当功夫传承。清朝选择以儒学治国，自乾隆起，佛、道不再被朝廷所重视，两教中道教的衰落更为明显。全真道在明朝时已经由兴变衰，除了龙门派四代弟子孙玄清门下以崂山道教之助而形成金山派即崂山派之外，其他支派均发展乏力。孙玄清于明世宗嘉靖年间至京师白云观，获“紫阳真人”赐号。此时龙门派也发展到青城山等地。清朝时龙门派道士王常月结束在嵩山的隐修到京师挂单于白云观，收大量原为明朝儒士的人员入教，使龙门教团一度复兴。随后王常月的弟子到江南传道发展，形成不少新的支派，如苏州浒墅关太微律院支派、余杭金筑坪天柱观支派、苏州冠山支派、湖州金盖山纯阳宫云巢支派等。而其他龙门派弟子也创立了一些新的支派，包括江苏茅山支派、杭州栖霞金鼓洞支派、浙江天台山崇道观支派等。此外，清初龙门派在全国各地都有一定发展，其形成规模的道教山头、宫观有辽宁本溪铁刹山八宝云光洞、盛京（沈阳）太清宫、甘肃金县栖云山、江西南昌西山、广东罗浮山冲虚古观等。康熙年间，龙门派道士陈请觉从武当山来到青城山天师洞修道，后又去成都青羊宫建二仙庵养静，获康熙赐封“碧洞真人”号及钦赐“碧洞丹台”匾额，故而创立龙门派丹台碧洞宗。此外，在云南鸡足山亦创建了龙门西竺心宗。

民国时期道教有一定程度的发展，曾达到全国道教宫观 1 万余座、道士 5 万余人的规模。辛亥革命后一些原为道教徒的清朝遗民逃到香港，推动了香港道教的发展。1949 年，龙虎山第 63 代天师张恩溥抵达台湾，于 1950 年成立台湾道教协会，1967 年组成“中华民国道教会”。1969 年张恩溥逝世后，其侄张源先继位为第64代天师。

中华人民共和国成立后，中国道教协会于1957年设立，岳崇岱任会长，1961年由陈撄宁接任会长。改革开放以来，第三届中国道教代表大会于1980年召开，黎遇航、傅元天、闵智亭、任法融先后担任会长。1989年，全真派传戒活动在北京白云观恢复；1990年，中国道教学院在北京创立；1995年，正一派授箓活动在江西龙虎山恢复。作为比较典型的中国本土宗教，道教在21世纪扩展了其世界眼光，推动了其国际视域的发展，并于2007年4月21日至28日在西安、香港召开了以“和谐世界，以道相通”为主题的国际道德经论坛，来自17个国家的300多人出席了论坛，4月21日在香港组织的万人齐诵《道德经》活动有近2万人参加；2011年成立了国际道教论坛，并将2007年的国际道德经论坛视为首届国际道教论坛；2011年10月23日至25日在湖南南岳衡山召开了以“尊道贵德，和谐共生”为主题的第二届国际道教论坛，来自约30个国家和地区的2000人参加；2014年11月25日至26日在江西鹰潭龙虎山召开了以“行道立德，济世利人”为主题的第三届国际道教论坛，来自27个国家和地区的约2000人参加。中国道教的当代形象在国际社会产生了积极影响，呈现出“道通天下”的发展趋势。

（四）道教经典与礼仪节日

道教经典以《道德经》为主，涉及道家早期思想的经典还包括《庄子》《淮南子》《墨子》《孙子兵法》《黄帝内经》等；道教形成时期的经典则有《太平经》《老子河上公章句》《老子想尔注》《周易参同契》等；其必读之经还有《三洞箓》《洞玄箓》《上清箓》《玉皇经》《清静经》等。道教经典论著现存的总集有《正统道藏》《万历续道藏》《道藏辑要》等。“道藏”指道教典籍的汇编，其名称始于唐代，而其所涉内容则广而庞杂，包括各种经典、论记、戒律、符箓、吐纳、胎息、内视、导引、辟谷、房中、内丹、外丹、金石药等修炼和修养之法。现通用《道藏》为明代所编，称《正统道藏》，明末时还补编有《续道藏》，即《万历续道藏》。

道教的信仰仪式有斋本领醮、祈祷、诵经、礼忏等，其修炼方法和实践亦与中国化学、医学和其他实验科学的发展密切相关。道教祭祀礼仪的总称可概括为“斋醮”，据称有27种斋法和42等醮仪，涵括道教仪式活动。“斋”本指禁戒、洁净，为祭祀前应有的戒洁身心之准备，“斋戒以告鬼神”（《礼记·典礼上》）。道教认为，“斋者，齐也，洁也，净也”（《太上太真科》）；“斋者，齐也，齐整三业。外则不染尘垢，内则五藏清虚，降真致神，与道合真”（《云笈七签》卷三十七）。“醮”则为祭祀仪礼，“醮者，祈天地神灵之享也”（《正一威仪经》）；“从汉末张陵以鬼道行化，遂有道士斋醮。爰及梁陈，盛行于世”（法琳《辨正论》卷二）。虽然斋为洁净禁戒、醮乃祭祀神灵，在道教礼仪中却往往建斋设醮、合为一体，二者共构道教日常科仪。道教仪式中常用符箓法术，这种形式始于东汉，“符”指画在纸上象形会意的文字图形，“箓”为记载诸天官曹名属佐吏的法牒，含有符图咒语，亦称法箓。二者构成道教法事的基本要素。道教修行分在家和出家两种，正一道的道士可有家室，而全真道等则严格要求道士出家修道、不许婚嫁。此外，道教有乾、坤之分，男道士为“乾道”，女道士则乃“坤道”。

道教节日与其信仰崇拜直接相关，多为纪念其神仙、祖师的诞辰，而且其纪念活动乃斋醮法事与民俗活动共构，故有“庙会”的气氛和热闹。道教节日大致有三元斋日、戊日（忌日）以及祖师神明诞辰日等；其中三元斋日即正月十五日的上元斋日（元宵节）、七月十五日的中元斋日和十月十五日的下元斋日；戊日分为“明戊”（戊子、戊寅、戊辰、戊午、戊申、戊戌）和“暗戊”（四月寅日、八月申日等），有“戊不朝真”之规；传统上的祖师神明纪念日主要有正月九日玉皇圣诞，即道教所奉玉皇大帝的诞生日，相传为丙午岁正月九日，后世道观遂于此日举行纪念祭祀；正月十五日为张天师圣诞，与上元节同日；二月十五日为老君圣诞，即道教教主老子的诞生日，相传老子生于殷武丁九年二月十五日，所以道观遂在此日作道场，诵《道德真经》，以示纪念；三月三日为真武大帝诞辰，此日亦是西王母诞辰日，故有以纪念西王母诞辰时宴请诸仙的蟠桃盛会；三月二十八日为东岳大帝诞辰；四月十四日为吕祖诞辰，即吕洞宾的生日，传说唐德宗贞元十四年（798 年）四月十四日巳时天降白鹤、洞宾诞生，道教于是常在此日举办斋醮来纪念；四月十八日为紫薇大帝诞辰；五月一日为南极长生大帝诞辰；五月十三日为关圣帝君诞辰；夏至日为灵宝天尊诞辰；冬至日为元始天尊圣诞等。道教神仙信仰的通俗形式，为中国神话、民间传说和文学艺术等提供了丰富的素材。

（五）道教思想文化

道教在中国本土文化中表现出强烈的民族特色。道教以其“道法自然”的淡定来冷静地审视宇宙、社会和人生，从而给中华思想文化带来了“道通千古”的不变及恒久。道教以“清静无为”“逍遥自在”之姿而与儒教的“忠恕中庸”“德治仁政”相对应；用主张“绝仁弃义”而与儒教的崇尚“礼乐仁义”相对立；而且还凭借崇拜“道”之化身的三清尊神元始天尊、灵宝天尊和道德天尊（老子，俗称太上老君）来与“祖述尧舜，宪章文武”的儒教相抗衡，形成了中国汉族文化中的宫廷派与民间派、北派与南派、有为派与无为派、经世派与遁世派的迥异特色。在我们强调中国古代三教之同时，也必须关注其异，看到这种异彩纷呈给中国思想文化带来的灿烂斑斓。

道家的逍遥、超脱精神体现出中国文化所独有的浪漫灵气。源于道家的道教文化反映的是一种“上善若水”的阴柔文化，是一种“宁静致远”

的生态文化，是一种“无为之益”的隐逸文化。道教追求“山色水韵，仙风雅气”的自然之境，希望能远离尘嚣，独善其身，归隐于天地之间。当人们比较关注道教形而下之“术”时，往往容易忽略其形而上之“道”，而恰恰是这种几近隳沉之道方是道教文化的精华所在。

从思辨哲学来看，道教的辩证法为一种“否定”的辩证法；在《道德经》五千言中，所用“不”字为最多，超过200次，而“无”字、“莫”字等否定字词出现的频率亦很高。面对浩瀚无垠的宇宙，人类无法悟透其奥秘及玄机，人们看到的只是“大音希声，大象无形”，体会到的则是“道隐无名”（《道德经》四十一章）的茫然和深邃，因而只能保持沉默、观察、冥思和敬畏，对之谦卑以向、虚己而言。老子宇宙观的表述即“道可道，非常道；名可名，非常名。无名，天地之始；有名，万物之母”；而对宇宙的观察即“常无，欲以观其妙；常有，欲以观其徼”，二者“同出而异名；同谓之玄，玄之又玄，众妙之门”（《道德经》一章）。这里，对于无限宇宙应该宏观把握，观其妙，认其玄，以“无名”、不道以对；而对已知万物则可微观研究，探其有，识其名，弄清其玄奥。老子以“不”来对不可言述者言述，是不可为而为之的智慧之举。

从政治哲学来看，道教讲究的是避害趋利的社会关系意义上的睿智和谋略；面对复杂的国与国关系和世界层面的博弈，老子的思想是“不敢为天下先”，“故能成器长”（《道德经》六十七章）。国际斗争不能逞匹夫之勇，而需要韬晦之计，善于纵横捭阖，赢得对我有利的国际关系和发展时机。在治理自己国家上面，则要有“治大国若烹小鲜”（《道德经》六十章）的气魄和风度，举重若轻、无为而治，“不折腾”、不禁锢，给人自由，让民休养生息，做到“我无为而民自化，我好静而民自正，我无事而民自富，我无欲而民自朴”（《道德经》五十七章），这样才能“道常无为而无不为”（《道德经》三十七章），“是谓深根、固柢、长生、久视之道”（《道德经》五十九章）。这种不为而为的治理，人民最为满意，“悠兮，其贵言，功成事遂，百姓皆谓‘我自然’”（《道德经》十七章）。

从人生哲学来看，道教主张知足常乐、水穷云起，退一步海阔天空。老子说，“天之道不争而善胜，不言而善应，不召而自来”（《道德经》七十三章），“功成身退，天之道”（《道德经》九章），“圣人之道，为而不争”（《道德经》八十一章）。对于功名利禄、胜败沉浮应该淡定、淡然，“冷眼向洋看世界”、潮起潮落任自流，不为物喜、不以已悲，“知足不辱，知止不殆”（《道德经》四十四章），“少私寡欲”（《道德经》十九章），宠辱不惊，不盈保道，“进道若退”（《道德经》四十一章）。其实，观察大千世界、玩味人生百态，则不难发现“大成若缺”“大盈若冲”“大直若屈”“大巧若拙”（《道德经》四十五章）、大智若愚！所以，人生的淡定要有“视之不见，名曰夷，听之不闻，名曰希，抟之不得，名曰微”（《道德经》十四章）的透彻和超脱。以宇宙视野而审视人生，的确微不足道，无须看重，“天地尚不能久，而况于人乎”（《道德经》二十三章），从而保持一种宇宙之境、天地之心。

从自然哲学来看，道教推崇“道法自然”（《道德经》二十五章），相信自然发展有其内在规律，不必人为地推动或干涉。人可以不断发现自然的奥秘，但大自然的发展并不以人的意志为转移，以前认为不可能之事，现在已完全可能；远古觉得是神话之思，目前则乃活生生的现实。而这一切本来就隐匿在自然之中，人类将之发现或“创造”出来，故而并不值得骄傲或炫耀。对于现在仍看似绝不可能、匪夷所思的事情，也应持一种开放、观察、发掘、等待的心态，不可轻言否定、蛮横压制。人应该欣赏大自然的杰作，“见素抱朴”（《道德经》十九章），体认自然“生之、畜之”的规律，见证其“生而不有，为而不恃，长而不宰，是谓玄德”（《道德经》十章）的伟大。自然大道乃永恒之道，“大道泛兮，其可左右。万物恃之而生而不辞，功成不名有，衣养万物而不为主。常无欲，可名于小”（《道德经》三十四章）。人类经历漫长的拼搏或折腾，开始意识到生态的自然意义及保护生态的重要，从而曲折反复、步履维艰地走进了生态文明的时代，虽然对道教生态观念的认识显得有些晚，以后应以此来警钟长鸣。

道教尚水，《道德经》八章讲“上善若水。水善利万物而不争，处众人之所恶，故几于道”。纵观人类历史，文明起源、各大宗教与水均有着密切关联。人们习惯以“流水”比喻历史、比喻人生，我们也可以借此对人类的宗教、对中华文明来“追忆似水年华”。德国汉学家卫礼贤曾将中国文化划分为黄河文化和长江文化，即北方文化和南方文化。黄河文化被视为主文化，即北方文化的象征，黄河故有中华文明的“摇篮”之称。这种北方文化以孔子为代表，强调礼仪、正统、秩序和集体意识，体现阳刚之气。孔子突出“礼”和“仁”的文化被作为中国的主要文化。南方文化则以长江为标志，以老子为代表，主要特点是逍遥、自在、浪漫，以道法自然之“道”而显示出空灵、洒脱和超越，展现以“水”为代表的阴柔之性。从中华农业文明的发展来看，其实黄河流域后来主要向旱地农业的方向迈进，而长江流域则更多保持了稻作水田的农业文明，故而与“水”的缘分更为难分。若从“道家”“儒家”的意义来看，道教和儒教可以视为“哲人宗教”。若加以哲学解读，道教可称为“艺术哲学”，儒教则为“政治哲学”。比较而言，道教有着更多的逍遥，其“流水自然”、任运浪漫、淡化人生，旨在空灵、超脱，“成仙”即体现其超脱感，为其自我解放追求；儒教则有着更多的悲壮，其忍辱负重、圣化人生，示其凝重、责任，“成圣”即说明其责任感，为其自我牺牲精神。

在过去相当长的时间内，国人比较集中关注黄河文化，乃至有“黄河中心论”之说，而对长江文化则所知甚少，研究不多，这不得不说是一个遗憾。根据现在新的考古发现，长江文化的地位已被公认，其内涵正在不断被发掘。道教是长江文化的典型代表，其发展印迹在长江流域有广泛的流布。杜光庭在《洞天福地岳渎名山记》中列出了道教的118座洞天福地，约70%分布在长江流域。四川位于长江上游，有天府之国的美誉，这片土地上孕育的巴蜀文化是长江文化的主体文化。巴蜀文化在长江文化这一由多个亚文化层次构成的庞大文化体系中具有举足轻重的地位。最近考古发现在三星堆博物馆和金沙遗址展示了其神秘而奇妙的远古史迹，其与众不同之处，就在于这些文化虽然尚未发现其文字记载，却有着远古丰富的祭祀遗物留存。这说明古蜀文明宗教发达，礼仪完备，着实令人震撼，使人神往。因此，对于长江上游文化及其特色，理应有着特别的关注。中华文明上下五千年，目前还有许多元素讲不清楚，而作为其主干之一的长江文明也仍有诸多未解之谜，所以我们一定要留下研究与遐想的空间。如长江上游以三星堆为代表的古蜀文明之源，以及三星堆—金沙文明与后续文化的历史关联及传承，都值得我们去发掘、研究，由此凸显长江文化因子。而在其后的历史发展中，中国道教与川蜀文化更有着密切的联系。张道陵正是在鹤鸣山创立天师道，于青城山弘道，对中华文化的走向产生了深远影响。道教浸润蜀地，对川人作用甚大。自三国之后，蜀之帝都地位退隐，但从此川人很是超脱、逍遥、自在！从政治文化的角度来看，成都处于内地，历史上很少成为全国性的政治中心。而这种超脱心境，显然就受到了道教文化的影响。在西方基督教文化传统中，其政教合一的地位曾使天主教思想发展出其强调权威、正统的“神哲学”；而相比之下，道教这种飘逸、超然之风，完全可以形成其风格迥异，突出平静、天然的“道哲学”，与其宗教的“仙学”相呼应。在体系化的哲学构建中，中国哲学是完全不同于西方哲学发展的另一种类型。青城山作为古蜀圣山、道教发祥地，具有重要的历史文化意义。此外，道教在其信仰传统中形成了“十大洞天”“三十六小洞天”“七十二福地”之自然景观与文化景观的有机结合，这对今天中国宗教文化的弘扬和旅游文化的发展，都有着非常独特的意义。我们应该发掘好这一资源，同时与以往相对缺失或不够的长江文化之研究有机结合起来。

目前看来道教发展得并不太理想，在文化精神层面对中国的影响也不是很大，在社会层面相对而言其存在的层次比较低。但从长远来看，道教还是大有可为的。对道教的理解一定要广阔，不必落入道家、道教判然有别这种传统窠臼之中，而应该有一种“大道教”的观念。也就是说，在中国本土宗教意识和核心精神上，道教及“道”这一基本观念应该得以突出和高扬。“道”在整合中国宗教价值、提供中华文化的宗教象征符号及精神标志上有着不可取代的作用。道教在现存中国宗教中最能体现和代表中国本土宗教精神。所以，作为中国基本宗教精神的象征，道教自身也应该走一种“大道教”的发展。

关于“大道教”的思考可以有更宽的视域。其实，在儒家观念及随后佛教的中国化中，“道”也占有重要地位。在传统儒释道三教之中，对之“一以贯之”并加以整合的正是“道”。由于儒教“宗教”性质的模糊，其核心观念“礼”被理解为“社会秩序”，而“仁”也常被从“人际伦理”、公共价值的层面来界说，故此“道”之思想并没有得以突出，而有儒家“道统”之隐。儒家作为“天下常道”而“不可谓之教”以后，其宗教性亦不再凸显。佛教在中国，由于其“佛法”并不被普遍视为“至高法”，而只得走以“变俗以达其道”的方便之门来实现其中国化，出现了其“法统”的嬗变。道教的“道”字基于老子所论及的“通贯天人”之含义，宗教的奥秘和本真即“观天之道，执天之行”，天人相通即“道成肉身”。中国思想传统中的“天、地、人”观念实质上也是靠“道”来贯通，故此才有“立天之道，曰阴与阳；立地之道，曰柔与刚；立人之道，曰仁与义”（《周易》）之说。所以说，儒释道本身就可在“道”中“三教合一”，故可形成一种广义上的“大道教”观念，构成中国本土宗教的基本特色和象征符号。这种杂糅信仰，儒释道不分，在中国民间也是常见而明显的。

所以，“大道教”可以彰显中国本土宗教与众不同的个性及特色，从而启发人们在这种聚合性的“大道教”中看到中国宗教的本土意蕴及真正奥秘，获得其原创性的体现和表现。“大道教”的构设及发展，将可客观反映、恰当表达大多数中国基层民众的信仰归宿，并逐渐显露出中国宗教本有的、普遍的自我意识。而且，“大道教”所涵括的信众在中华民众中显然也会占有更大比重。所以说，“大道教”在中国社会范围中的发展应该是得天时，占地利，有人和，呈现出巨大潜力。

在国际宗教对话中，道教之“道”可与基督教“逻各斯”道成肉身之“道”媲美、论道。除了哲理之道，还有科技之道、生活之道。道教与科技有着天然联系。20 世纪西方兴起了“新世纪运动”（New Age），其与东方的对话就主要包括同道教的对话。卡普拉的著作《物理学之道》讲的就是“道”，而且是把现代物理学理念同古代宗教相关联，用了“道”的表述。尽管对这一运动性质的评价颇为复杂，但由此折射出的以李约瑟、汤川秀树、卡普拉等为代表的西方科学家重新认识道家思想，却值得我们三思和探究。中国大陆学者董光璧曾写有《道家文化与当代世界文化观念演革的流向》一文①，代表着科技界对道家思想的一种新见解。道教充满了想象力、惊叹感，这是科技创新所必须具备的要素。今天网络时代更加需要想象力，道教过去对科技发展做出了巨大贡献，未来也有广阔前景。此外，道教对建筑、音乐、戏剧、武术等均有着深刻而广泛的影响。今天，我们的道教艺术、道教武术、道教医学、道教养生等也可以走出国门，形成“弘道”之“中国风”，让世人真正认识中国文化的底蕴、神奇。如此一来，宗教意境的道行世界、道通天下、道化全球，将是何等气魄。质言之，我们今天应对道教及其反映的道文化有着高度重视，意识到“道”乃是我们中华传统文化软实力的核心之所在，是中国古代精神的精髓之构成！在中国社会开始“文化寻根”“文明溯源”新“高潮”的当下及今后，寻根问道，继往开来，将是中华文化复兴中的重要使命。

---

① 参见《自然辩证法研究》第 9 卷，1993 年第 11 期。

四 中国民间信仰

在历史上，中国民间社会的宗教信仰一直就很活跃，在颛顼“绝地天通”的改革及对民间信仰的收权之后，这种“民神杂糅”“家为巫史”的状况并没有得到根本改观，相反基层社会数千年来却仍有民教泛滥、淫祠不绝的发展。中国宗教的这种万花筒景观使我们在理解中国人的宗教信仰时也必须关注到民间宗教信仰的存在及其发展演变。民间宗教信仰指在社会下层流行、不为官方所承认的各种宗教信仰，因而往往多以民间秘密结社的形式存在，以地下秘传的手段传播，故此通常会被官方视为淫祀、淫祠，甚至打为异端、邪教、会道门。不过，有些民间宗教信仰在一定程度上、在某些时期也被官方所容忍，从而得以公开存在、未被取缔，所以不能完全把民间宗教信仰归为秘密宗教或民间秘密宗教结社。

民间宗教信仰是中国宗教精神发展的基础和土壤，构成了千百年来普通中国百姓精神生活的重要部分，迄今在中国基层社会仍有其鲜活的存在。民间宗教信仰的特点，一是为相关主流宗教的演化、嬗变，其根源在儒、佛、道等较大宗教，有些甚至源自海外传入的宗教如摩尼教、基督教等；二是将不同宗教糅合起来共构一体，使之在相关宗教中难分彼此，都有相似。这就形成了中国普通百姓宗教信仰的包容性、开放性和实用性，使我们在一定意义上不得不从一种模糊整体的视角来审视中国人的宗教信仰。由此，不少主流宗教流入民间基层之后就发生了质变，不再保持为原来某一宗教的主要特征，而成为具有混合性、互渗性的民间信仰，结果也被其原传宗教所否认。另外，在宗教传播历史上，有些宗教最初是以民间宗教信仰的形式在流传，只是后来才被官方及主流社会所承认，从而成为主流宗教。例如，道教最初就是以民间道教的形式存在，其内部结构亦复杂多样，涵括各种成分，“汉末，有组织体系的道教肇始。无论是蜀之三张的五斗米道，还是北方张角兄弟的太平道教，皆不见容于统治者，因其起于民间，在民间流传，成为底层民众云集响应的信仰中心，不能不遭受取缔镇压。……以后二三百年间，道教经过知识精英的改造与重建，大批门阀士族及各种上层人士的崇信，而逐渐走向上层社会，表现了它融汇百川的包容量和博大胸怀。唐、宋六百年间，道教真正发挥了正统宗教的功能，甚至一度为官方神学。而道教，即使在那时，其流播主体仍在民间社会。至于道教的异端则又形成了一系列新兴的民间宗教教派”①。道教的这一历史演变，使其与许多民间宗教信仰有着千丝万缕的联系；不少民间宗教在官方对之打压时就躲进了道教，宣称其为道教的分支，而一旦形势好转、官方对之持宽容态度，它们则会走出道教而强调自己的独立性。所以，大道教之意即可涵容这些民间宗教信仰。当然，佛教以及宗教性质存疑的儒教也与民间宗教信仰有着密切关联，对之并不可能截然区分开来。佛教最初入华也是只有民间佛教的身份，只是后来被官方认可才成为中国正统宗教，但其在中国的传播还衍生出了多种依佛外道，它们基本上只能存留于民间宗教信仰的处境。而儒家思想亦有“礼失求诸野”而流入民间的现象，其神明观念和道德伦理说教在大量民间宗教信仰的宝卷和劝善书中得以保留。这种错综复杂的历史演变，使官方所承认的主流宗教与社会底层所流行的民间宗教在信仰意义上的界限非常模糊。“显而易见，正统宗教与民间宗教两者并没有隔着不可逾越的鸿沟，就宗教意义而言，两者没有本质区别。”②

与儒、佛、道三教的关联，以及受摩尼教、基督教等外来宗教的影响，在中国古代尤其是在汉族地区流行有许多民间宗教和秘密宗教社团，这种民间宗教信仰长期流传，有些甚至延续至今，成为中国宗教信仰的一

---

① 马西沙：《中国民间宗教简史》，上海人民出版社2005年版，第2页。

② 同上。

大特点。历史上的民间宗教信仰包括魏晋时期的弥勒大乘教，五代、宋元时期的明教（以摩尼教为主，混合有道教、佛教因素），宋代出现的妈祖信仰，元、明、清三代时曾颇为流行的白莲教（由南宋初茅子元创立的佛教白莲宗发展而来），明、清之际以漕运水手为主的罗教（由罗清创立，亦称“无为教”“悟空教”“罗道教”，其宗旨与佛教禅宗南派相似），明代后期的弘阳教（亦称“红阳教”“宏阳教”“混元教”“源沌教”，主要受道教影响）、三一教，明、清两代流传的东大乘教（亦称“闻香教”）、西大乘教、清茶门教、圆顿教、圆教（亦称“大同教”）、黄天教（流行江浙一带的分支称“长生教”）等都深受佛教影响，此外还有清代八卦教（亦称“天理教”“白阳教”，以中国古代的八卦为组织形式）、刘门教、青阳教、青水教、青莲教、真空教（亦称“空道”“真空大道”）、拜上帝会，以及民国时期兴盛的德教、一贯道等。这些民间宗教信仰有着典型的地方特色或行业特色，少量由异域传入，大多为本土产生，在古代封建时期常被农民等作为反对封建压迫的起义旗帜，不少亦作为文化遗产而存活于当代社会。

（一）弥勒大乘教

弥勒大乘教源自佛教弥勒信仰的世俗化。自东晋以来，弥勒净土思路就被用于民间沙门举旗造反称王者；至北魏年间，冀州和尚法庆修改大乘般若学教义、以弥勒下生相号召而创立弥勒大乘教。该教以除魔为名起事暴动，而且剑指佛教，有着“屠灭寺舍，斩戮僧尼，焚烧经像”等极端行为。其被镇压后并没有绝迹，在隋朝又复起，以弥勒下生救世为名组织底层民众反抗官府权贵，这种活动延至唐朝。宋时该教以“香会”“集经社”之名形成与摩尼教的混合，在元末则演化为香军即红巾军，以“明王出世，弥勒下生”为其行动口号。该教此后活动及发展状况因分散而渐趋沉寂，但其思想在明清仍有传播。

弥勒大乘教的基本教义乃弥勒救世思想，形成于两晋南北朝时期，反映出当时社会动乱之际人们渴望获救的心态。在基层民众看来，乱世会生噩运、出群魔，只有弥勒这样的救世主才能伏魔安世，迎来和平盛世，此即“新佛出世，除去旧魔”之说。顺应这种舆情，该教提出了“三佛应劫”的救世思想，将人类历史分为三个时代，有着“三世佛”的掌管，即燃灯佛掌教的青阳劫时期，释迦佛掌教的红阳劫时期和弥勒佛下世掌教的白阳劫时期。在其看来，现实乱世说明社会发展已经进入一种新的时期，从而极力鼓吹“释迦佛衰谢，弥勒佛当持世”的思想。当时民间进而把定光佛视为燃灯佛，这种理解促成了弥勒大乘教“三佛应劫”思想的理论神圣化和行为宗教化。该教理解的历史观把历史进程分为过去、现在与未来，分别称其时期为青阳期、红阳期和白阳期，而每一时期都有一专门佛来掌管。显然，这种思想与当时社会上道教的“三天”“三帝”观念也有关联或呼应。道教流行“清微天、禹余天、大赤天”这“三天”之说，有着关于“青帝”“赤帝”“白帝”的记载，而且认为其“天尊”信仰乃关涉“三世”，其分别掌管者即“过去元始天尊”“现在太上玉皇天尊”和“未来金阙玉晨天尊”（《云笈七签》）。弥勒大乘教以这种颇为流行的历史观、时间观来突出其弥勒救世思想，并将佛教的轮回观念藏于其中，由此构成其宗教信仰的世界观。其流传宝卷对之有如此解说：“燃灯佛，掌教是，青阳宝会。释迦佛，掌红阳，发现乾坤。弥勒佛，掌白阳，安天立地。三极佛，化三世，佛法而僧。三世佛，掌乾坤，轮流转换。”（《普静如来钥匙宝卷》）此外，在“三世佛”之上，这种民间信仰还提出了作为至高神的“无生老母”之说，宣称“三世佛”各自下凡救世乃是她的安排。①

① 参见马西沙《中国民间宗教简史》，上海人民出版社2005年版，第19—20页。

（二）妈祖信仰

妈祖信仰把妈祖尊为“天上圣母”“天后”“天妃”“天后娘娘”来崇拜，是东南沿海渔民中流行的信仰。妈祖原名林默，据传为福建莆田宋都巡检林愿的女儿，出生在湄洲岛，她没有婚嫁，从小聪明灵异，获高道所授“玄微真法”，后又从古井中得“天书”，不仅会预言祸福，通晓时变，而且常治病救人，传为佳话；后因救援遭风暴袭击迷航遇险的渔民而失踪，亦传在湄洲成仙登天，故演变为渔民保护女神的形象，俗称“妈祖婆”。

妈祖信仰在宋代就已经出现，北宋雍熙四年（987 年）在湄洲岛上建有妈祖庙，有了供奉祭祀活动，由此该庙乃有妈祖祖庙之称。相传妈祖身穿朱衣，四处云游，常在海上显灵，拯救渔民及客商，从而自宋代始就为沿海民众所敬拜，并被宋徽宗敕封为“顺济夫人”，元朝时又被世祖封为“护国明著于妃”，明朝时被崇祯皇帝封为“碧霞元君”，其信仰在沿海一带流传，为渔民及水上航运的保护神明。清朝时，康熙将其进而封为“昭灵显应仁慈天后”，其崇拜礼仪也进入国家祭祀活动系列。

妈祖信仰在明清之际传至海外，在东亚日本、朝鲜，以及东南亚一带都广有影响。其主要流传地包括福建、台湾、香港、澳门等地区。澳门的葡萄牙文名称 Macau 即指妈祖，相传葡萄牙人最早在澳门妈阁庙（妈祖阁）附近登陆，问当地人此处地名，当地人以为问妈阁庙，故而答曰“妈阁”，由此遂有 Macau 的葡萄牙语音译名。郑成功在收复台湾后也曾把荷兰人的基督堂改建为妈祖庙，被当地人称为“开台妈”。妈祖庙亦有“天后宫”之称。目前信仰妈祖者已达 2 亿人，农历三月二十三日和九月九日分别被作为妈祖诞辰日和升天日。

（三）白莲教

白莲教活跃于宋、元时期，最初源自佛教弥勒净土宗（莲宗）与天台宗的融合，在南宋时称白莲菜，本为江苏吴郡延祥院和尚茅子元创立的净业团社，后与弥勒教、摩尼教相混，明、清时融入多种民间宗教。

南宋绍兴初年茅子元创立白莲教，设白莲忏堂，让其信众“同修净业”，并编有《白莲晨朝忏仪》，此后还写有《弥陀节要》《法华百心证道歌》《风月集》等著作。他以普、觉、妙、道四字为其门徒的定名法号，令其“专念弥陀，同生净土”，而且男女可以同习修炼，由此形成白莲教的基本发展。

元朝白莲教一度鼎盛，成为仅次于佛、道的一大教派，呈现出“佛法之外，号曰莲教，历千年而其教弥盛，礼佛之屋遍天下”（吴澄：《会善堂记》）之景。此时多为以白莲忏堂为依托的白莲教团，不少忏堂还发展为家族产业，一些白莲道人以忏堂为家，娶妻生子。其教义则上承茅子元，被普度所阐发、扩展，普度所著《庐山莲宗宝鉴》十卷为其经典。元时白莲教徒“仍以弥陀信仰的《无量寿经》等三经一论为要典，以得念佛三昧为要务，以终归西方净土为宗旨”[①]，按净土宗庙宇规范而设立其白莲忏堂，曾形成了一定规模。不过，在元初白莲教已经开始被统治当局视为邪教，随之被当作“左道乱正之术”而遭禁。至大元年（1308 年）五月，元朝当局下令“禁白莲社，毁其祠宇，以其人还隶民籍”（《元史》卷二二《武宗纪》一）。在名僧普度的帮助下，白莲教在仁宗任期复教，此后其在社会上时禁时复，命运多蹇，在元末社会动荡之际则参加了推翻元朝的农民起义，由此亦开始与摩尼教相混而参与香会的政治活动。明、清时代，白莲教仍

① 马西沙：《中国民间宗教简史》，上海人民出版社 2005 年版，第 41 页。

然遭禁，其实体逐渐混入各种民间宗教而消散。

（四）罗教

罗教于明代中叶约明成化十八年（1482 年）由山东即墨人罗清创立，始称“无为教”，后有“罗祖教”“悟空教”“罗道教”等名。罗清即罗梦鸿，在苦修十多年后“始觉明心”，“以清净无为创教”，故名无为教，他亦被尊称为无为教主、罗祖。其教宗旨与佛教禅宗南派相似，强调顿悟明心，亦结合有道家“致清虚，守静笃”的思想。罗清创教后先后撰有《苦功悟道卷》《叹世无为卷》《破邪显证钥匙卷（二册）》《正信除疑无修证自在宝卷》《巍巍不动泰山深根结果宝卷》，史称“五部六册”，为该教教义及思想理论基础。

罗清去世后，该教出现分裂，其子佛正、其女佛广分别发展出无为教、大乘教，从此造成“经非一卷，教非一门”的多元发展。[①] 罗教还进而衍生出江南斋教并在运河水系漕运水手中大量发展其信徒，在明末、清初广有影响。直至嘉庆年间，罗教才在清朝打压下走向衰落。

罗教除了在以罗清及其后裔为教主的嫡传之外，在异姓弟子中也得到广泛传播，在历史上有“十八支”“五支”等传承之说。其中大乘教王森之传为明末的闻香教，至清朝易名为清茶门教；由罗祖经殷祖至姚祖的江南斋教；而在杭州兴教发展壮大的运河水系罗教则成为近代青帮前身。罗教以庵堂为其活动中心，其信众最初为戍边军人和运粮军人，罗清祖辈就从军戍边，在下层军人中颇有影响，此后在杭州、苏州一带吸引了大量漕运水手、纤夫及流浪汉入教，进而发展到农民、小手工业者及其他市民阶层，并影响到少量上层官僚和知识分子。其势力从华北逐渐扩大到全国大部分

① 参见马西沙《中国民间宗教简史》，上海人民出版社 2005 年版，第 250—251 页。

地区，并出现了众多分支教派。这样，罗教遂为明、清两代中国民间宗教发展的重要根源之一。

（五）闻香教及清茶门教

闻香教本为罗教分支，其教主王森年轻时曾拜罗清之女佛广及罗清四传弟子孙真人为师，后与佛广共创大乘教；但随着王森“开荒拓教”、另立山头的发展，其教被称为东大乘教，而据传佛广曾赐予他九莲信香，可以使“闻此香者，心即迷惑”，故使该教又有闻香教之称，而王森亦获闻香教主之名。王森创教后其教一度发展到上百万人，但后来发生分裂，王森被捕后在狱中自杀，教权落入其三子王好贤之手。王好贤与徐鸿儒等教主于天启二年（1622 年）起兵反明，兵败被杀后，其教未灭，不久又在辽东等地复苏，并于崇祯九年（1636 年）大部归顺后金。清朝建立后，对闻香教等民间宗教采取了杀戮政策，被打散的闻香教以大乘教、善友会等名继续活动，而且以武力暴乱的形式来反抗清廷的镇压。

闻香教的基层组织为会，每会设有会首、传头，以及负责内务的掌经、掌支干等位；其上则为负责相关地区的总会首、总传头、总掌经、总掌三乘，另外还有太师等职；而王森则自称古佛，为该教总教首。王森死后，王好贤自称弥勒佛。其教阶体制实行家族式统治，其教职亦与经济利益密切相关。闻香教的主要教义思想乃三教应劫救世思想，其佛分为燃灯佛、释迦佛、弥勒佛，其时分为青阳、红阳、白阳三期，而其三教则有燃灯佛代表道教、释迦佛代表佛教、弥勒佛化为孔子代表儒教之说，“三世古佛，立于三教法门，三世同体，万类一真，九转一性，乃为三周说法人间，譬喻过现未来，三极同生”①。该教强调的基本思想即无生老母派弥陀下凡救

---

① 《普明如来无为了义宝卷》第三十五分、三十三分，参见马西沙《中国民间宗教简史》，上海人民出版社 2005 年版，第 172 页。

世，而自称古佛、老古佛的该教创始人王森则正是下世弥陀佛的化身或代表。

清初，清茶门教一名始现。据当时历史记载，“闻河南一省白莲教中人，因自明朝山东谋反，朝廷大禁，又改名清茶会，又叫归一教，愚民从之者甚众。其法昼燃灯，佛供家中幽暗处，设清茶为供献。闭口卷舌，念佛无声，拈箸说法，指耳目口鼻皆是心性”①。不过，清代清茶门教已经没有闻香教的那种教阶制度存在，此时该教实际上已经四分五裂、群龙无首，与清廷的关系也复杂多样。至清嘉庆二十年（1815 年）清茶门教案导致王氏家族被灭，该教亦随之消亡。

（六）江南斋教与青帮

江南斋教由罗教从罗祖经殷祖至姚祖发展而来，在明代嘉靖年间已在浙江处州地区出现，清代时更为兴盛，但“改名为一字教，又名老官斋教”，俗称斋教，因其主要在江南活动，故有江南斋教之名。关于其教及其名之来历，清代档案有如此记载：“查老官斋一教，其源流传自浙江处州庆元县姚姓，托其远祖普善，初世姓罗，二世姓殷，三世姓姚，现为天上弥勒，号无极圣祖。凡入会男妇俱以普字派为法派命名，入会吃斋之人，乡里皆称为老官，遂相传其教为老官斋”；而其当地教主姚文宇对该教起了实际传播的作用，故又“称为姚祖教”②。姚文宇死后，其子姚绎成为该教核心，并由此形成该教以姚姓家族血缘关系为纽带的教权世袭制。斋教的骨干分为左中右三支，教内分有礼、义、廉、耻、孝、悌、忠、信、和这九个辈分，其信者以普字为法号，同教以道友相称，其最高首领为总敕，自下而上形成有小乘、大乘、三乘、小引、大引、四句、传灯、号敕、明偈、

① 颜元：《四存编·存入编》卷二。

② 《军机处录副奏折》，嘉庆十九年五月二十日江西巡抚先福奏折。

蜡敕、清虚、总敕共十二步教阶。斋教的教义思想则为禅、道结合，强调内丹道修炼之术，而且也糅进了摩尼教、弥勒教、白莲教等民间信仰的思想。自清乾隆年间，斋教参与了反清活动，直至清亡。此外，斋教还坚决反对基督教的传播，曾造成严重的反洋教事件。斋教后来在台湾发展出先天教、龙华教、金幢教等支派，在中国民间宗教中有着巨大影响。

青帮则源自明末罗教在运河水系漕运水手中的广泛发展，由此导致了中国底层社会中宗教与帮会发展的复杂关联。漕运指元、明、清时期漕粮运输这一经济活动，罗教创始人罗清年轻时就曾为运粮军人，其创教后就在密云司马台外建堂讲经，向运粮军人传教。其弟子中后有“密云人钱姓、翁姓，松江人潘姓三人，流寓杭州，共兴罗教，即于该地各建一庵，供奉佛像，吃素念经。于是有钱庵、翁庵、潘庵之名”[①]，而后来的青帮即以这三座庵堂为其渊源。因为钱、翁、潘“三祖传道杭州城”，故使杭州成为漕运水手的重要聚集地，传教庵堂亦不断增多。但随着信奉罗教者从社会各界到以漕运水手这一专门行业的相对集中，其宗教性质也慢慢出现了嬗变，以往其民间宗教中体现血缘关系之特点的教权世袭制也逐渐让位于宗法师承关系，其生存上的合作需求和社会联盟遂显得比纯粹宗教信仰更为重要。不过，只要这种具有宗教聚会性质的庵堂仍然存在，其宗教的传统就继续得以保留。乾隆三十三年（1768 年），清廷强行拆除浙江、江苏等地的庵堂，使漕运水手失去其寻求精神寄托之地，由此其宗教社团出现向水手行帮会社的转型，这意味着其宗教色彩的淡化使其社会政治色彩得以强化。而后来随着运河漕运功能的失去，大部分水手转行到苏北两淮盐场，组织了新的行会。其中最为主要的势力在安东、清河一带活动，可能因此而形成“安清道友”之称，此即青帮的雏形。这样，“从罗教向水手行帮会社再向青帮的演化过程中，宗教的意识和作用越来越小，最终在这个组织中仅

① 《史料旬刊》第十二期，崔应阶奏折，参见马西沙《中国民间宗教简史》，上海人民出版社 2005 年版，第 210 页。

仅存留了某些对罗教创始人罗祖的偶像崇拜。宗教教义和宗教仪式被青帮的帮规、暗语、秘籍所取代；罗教的庵堂、行帮的老堂船则演变成青帮的香堂和老窝子”①。

（七）圆顿教

圆顿教亦与罗教有关联，其思想源自罗教“立一枝，微妙法，圆顿正教”，“开五部，大乘经，普度众生”之说。罗教最初曾自称为圆顿正教，黄天教亦曾以圆顿教为教名，而王森东大乘教的分支中也有以圆顿教为名的。圆顿教于明天启四年（1624 年）由自称弓长老祖的人创立，他宣称自己乃天真古佛转世，其修行已达“明心见性”之境，故而要以“末劫总收圆”为号召来“南北展道”，使其信众“皈依授记”。该教以王森的思想为传承，有“三木留经”之说，其自有经典包括《古佛天真考证龙华宝经》《木人开山显教明宗宝卷》等，主张修炼内丹、“出细功夫”。其入教修行有十步修行之法，包括“恰定玉诀，开闭存守”，“先天一气，穿透中宫”，“卷起竹帘，回光返照”，“西牛望月，海底捞明”，“泥牛翻海，直上昆仑”，“圆明殿内，性命交宫”，“响亮一声，开关展窍”，“都斗宫中，显现元神”，“空王殿里，转天法轮”，“放去收来，亲到家乡”。此外还有十分点杖、十把钥匙、十样真言、十分口诀、十字佛号、四句妙偈、四相功夫、四时真香、九叶莲经、三皈五戒等内容。圆顿教在其发展中分为三宗五派、九杆十八枝。圆顿教在清代底层社会有较普遍的发展，曾遭到清廷的镇压，其教名亦多有改换，包括油蜡教、悄悄会、红单教等，其传入江西的一支曾对一贯道的兴起有重要影响。

---

① 马西沙：《中国民间宗教简史》，上海人民出版社 2005 年版，第 207 页。

（八）一贯道

一贯道认为其道统源自儒、释、道三教，其中儒家道统居三教之首，因推崇孔孟之道而以“吾道一以贯之”（《论语·里仁篇》）为其教名。从其历史渊源来看，一贯道的起源可以追溯到清康熙六年（1667年）罗教大乘教分支圆顿教传入江西。清代史料记载，“康熙六年，有素习大乘教的直隶民人罗维行领了官给的《护道榜文》在外传教。后罗维行四传至江西民人何弱为徒，何弱得了《榜文》，到贵州省内习教”[①]。据考证，罗维行就是一贯道八祖罗蔚群，当时该教称大乘教或大乘圆顿教，其三传至吴子祥即一贯道十祖时改名五盘教，而其四传至何弱即一贯道十一祖，时在乾隆、嘉庆年间。何若死后，袁志谦即一贯道十二祖入四川“开荒拓教”，将教名改为青莲教。至清光绪年间，青莲教分为两大派系，一为先天道，二为一贯道。

近代一贯道由山东青州人王觉一所创，其被视为一贯道十五祖，由此而有一贯道延续至今的发展。在王觉一创教时，该教初称末后一着教，亦有所传灯花教之名。王觉一著有《一贯探源图说》，认为“儒、释、道三教之源本一，未有三教先有道，道即一，一即道，故孔子说：吾道一以贯之。这是一贯教（即后来的一贯道）教名的来历”[②]。一贯道将其道统视为其“性理真传”，即各宗教所阐述的最高真理。按照其教内传统的理解“这个真传，在儒教谓之‘一贯’‘天道’；佛教谓之‘正法眼藏’；道教则谓之‘金丹大道’；至明代新兴宗教通称之为‘先天大道’”；“自伏羲以降，此性理真传一直在教门中，圣圣相绪。及至清顺治年间（一六四四——一六六一），黄德辉继任第九代祖，此性理真传，始渐普传于世。世因其道门授有

① 《朱批奏折》，嘉庆二十五年二月十二日英和奏折。

② 马西沙：《中国民间宗教简史》，上海人民出版社2005年版，第160页。

先天大道，故称之为‘先天道’。又因黄九祖著有《皇极金丹宝卷》，故其道门又有‘皇极金丹道’之称。至道光廿三年（一八四三），水法祖掌道，先天道之修持，由全真化转趋儒教化，‘一贯大道’逐渐取代‘先天大道’，成为先天道场一个崭新、通用的名词。十五代祖王觉一，复倡‘三极一贯’之说。迨至光绪十二年（一八八六），十六代祖刘清虚正式将道门改称为‘一贯道’。民国廿九年（一九四〇），十八代祖张天然复更易为‘天道’。其后，‘一贯道’与‘天道’两种名称并用，以迄于今”①。

根据这种传承的理解，在一贯道的道统祖师中，伏羲为第一代，神农为第二代，轩辕黄帝为第三代，少昊为第四代，颛顼为第五代，帝喾为第六代，帝尧为第七代，帝舜为第八代，夏禹为第九代，伊尹为第十代，商汤为第十一代，姜尚为第十二代，文王、武王、周公为第十三代，老子为第十四代，孔子为第十五代，颜子、曾子为第十六代，子思为第十七代，孟子为第十八代；此即东方十八代之说。之后儒道道脉失去，佛教接衍，从达摩入华始而“真道乃一脉相传”，达摩为初祖，神光为二祖，僧璨为三祖，道信为四祖，弘忍为五祖，惠能为六祖，白玉蟾、马端阳为七祖，罗蔚群为八祖，黄德辉为九祖，吴子祥为十祖，何若为十一祖，袁志谦为十二祖，杨守一、徐吉南为十三祖，姚鹤天为十四祖，王觉一为十五祖，刘清虚为十六祖，路中一为十七祖，张天然、孙素真为十八祖。一贯道在1949年撤离大陆立足台湾后曾被多次查禁。1987年1月，一贯道在台湾被解禁，此后获得迅速发展，目前已传入世界80多个国家和地区。

一贯道从主张“儒门释户道相通，三教从来一祖风”的“三教合一”发展到敬五教圣人，即道教教主老子、儒教教主孔子、佛教教主释迦牟尼、基督教主耶稣、伊斯兰教主穆罕默德。其所奉神祇还包括明明上帝（无生老母）、天地君亲师、弥勒祖师、南海古佛（观世音）、活佛师尊（济公）、

① 《一贯道简介》，靝巨书局1988年版，第2、3页。

月慧菩萨、各法律主（关公、吕祖、桓侯大帝、岳帝等）、长生大帝、灶君等。一贯道的职级则分为祖师（师尊、师母）、道长、老前人、前人、点传师、坛主、讲师、办事员、三才、道亲各等级。

（九）黄天教

黄天教亦称黄天道、皇天道，形成于明代嘉靖、万历年间，由河北万全人李宾（道号普明）所创立。李宾死后，其妻王氏（道号普光）接掌教权，王氏死后则由其两女（道号普净、普照）传承，随后由普照之女普贤接续，故而有黄天教五位“佛祖”之说。清代时黄天教的教权重新回到李氏家族，因其势力渐大而遭到清廷的打压，但并未被灭绝，直至 1949 年前还在河北一带活动。此外，黄天教还传至江南浙江等地，以长生教之名存活。

黄天教乃佛道相混，但更接近道教的民间信仰，其经典有“九经八书”之说，包括《普明如来无为了义宝卷》《普静如来钥匙通天宝卷》等经卷；主要思想反映出道教内丹派和符箓派的影响，强调修行的意义。在其看来，人与宇宙本为一体，人身为小天地，宇宙为大天地，人若以天地精华为药物，把先天混元一气采入体内以身为鼎炉加以修炼，就可达丹珠自成之效。此外，黄天教也吸纳了佛教的修持方法及戒律，其“保守长生道”的“五戒精研”实与佛教的不杀生、不偷盗、不淫邪、不妄语、不饮酒相似；并将佛教三世佛之说与其劫变思想相结合，认为代表过去的燃灯佛子乃兽面人心，代表当今的释迦佛子乃兽面兽心，代表未来的弥勒佛子则为佛面佛心，为此要准备好应付天下之变。黄天教还有着专门的道场，用于其宗教节日和为人们举行丧葬时请忏。其道场经忏活动后又发展为与农村集市贸易活动相混合的庙会，形成地方经济、文化等习俗。

（十）弘阳教

弘阳教又名混元门、混元教、混元弘阳教、源沌教、红阳教、宏阳教等，明万历年间由河北广平府曲周县人韩太湖（1570—1598 年）所创立。其渊源应为道教混元派，并与武当山有着历史关联。“混元”这一表述源自道教，指作为天地之母、万物本源之道的太初状态：“混元者，记事于混沌之前，元气之始也。元气未形，寂寥何有，至精感而真一生焉。元气运行而天地立焉，造化施张，而万物生焉。”（《云笈七签》卷二）而道教中太上老君即被尊为混元皇帝，这一混元老祖遂为其最高神祇。“弘阳”或称红阳、洪阳、宏阳，来自佛教、道教的劫变思想。“据南宋柴望著《丙丁龟鉴》，谓凡甲子六十年中逢丙午、丁未，国家都有厄运，丙属火色赤，未为羊，合称红羊劫。”[①] 此外当时还有“青帝劫末，元气改运，托形于洪氏之胞”（《酉阳杂俎·前集》卷二）等说法。明嘉靖年间的史料亦有“世事茫茫无尽期，火宅凄惶苦不知，若能得遇红阳法，多劫灵光证无为”（《药师本愿功德宝卷》）等记载。也有人认为弘阳教在“清乾隆时代改称红阳教，以避弘历讳”[②]。弘阳教的兴起正是要宣传“红阳劫尽，白阳当兴”的劫变思想，认为“现在释迦佛掌教，为红阳教主。过去青阳，现在红阳，未来才是白阳”[③]。

弘阳教创始人韩太湖亦号宏阳，据传其早年出家，在北禅山曹溪洞修行而得真传，会医术、撰经书，后敕封“正德明医真人”，被其信众奉为“飘高老祖”。其教内史料记载他“年方一十九岁出家，参拜明师，在临城太虎山修悟，曹溪洞打坐三年得道。乃祖因缘相遇，感动圣中老祖，弘阳

---

① 任继愈主编：《宗教大辞典》，上海辞书出版社 1998 年版，第 314 页。

② 马西沙：《中国民间宗教简史》，上海人民出版社 2005 年版，第 273 页。

③ 任继愈主编：《宗教大辞典》，上海辞书出版社 1998 年版，第 314 页。

宝赦透凡笼有悝，留出五部真经，京都开造”[①]。韩太湖创教后主要在北京活动，曾得到宫廷太监的支持，刊印经卷、设立道场，以筑坛、斋醮、祈祷为主。但因其势力较弱，其部分后被清代八卦教所兼并。

弘阳教的主要经典包括《混元弘阳飘高老祖经》《混元弘阳悟道明心经》《弘阳苦功悟道经》《混元弘阳叹世真经》等；所奉神祇则包括混元老祖、无生老母、飘高老祖等。

（十一）八卦教

八卦教于清康熙初年由山东单县人刘佐臣所创，初名收元教，亦称五荤道，据传其留有《八卦说》一书，故为该教名之源。八卦教是清代势力最强的民间宗教之一，教派众多，名称多种，除上述之外还有九宫教、清水教、天理教、先天教、圣贤教、秘密还乡道等教名。而八卦教内部则按八卦分教，以坎卦为八卦之首，亦有坎卦教之称，较有影响的还有离卦教、震卦教等。各教派可分为文卦、武卦。在八卦教系统中还有金丹八卦教、一炷香离卦教、义和门离卦教等分殊。

最初的八卦教由刘氏家族掌教，清代官方奏折描述说：“山东单县人刘佐臣于康熙初年倡立五荤道、收元教，编造《五女传道》等邪书，分八卦收徒敛钱。刘佐臣物故后，伊子刘儒汉、伊孙刘恪踵行此教。刘省过系刘恪之子，接充教首。”[②] 刘佐臣为整个八卦教教首，其手下门徒河南商丘人郜云龙执掌离卦教，山东金乡人侯棠执掌震卦教，亦传山东菏泽人王容清为震卦教中重要人物。至其第四代教首刘省过时期，最初的五荤道、收元教之名已改为清水教。此时除坤卦尚未立教，已经形成坎卦、离卦、震卦、

① 《弘阳妙道玉华随堂真经》，转引自马西沙《中国民间宗教简史》，上海人民出版社 2005 年版，第 275 页。

② 《军机处录副奏折》，乾隆五十一年闰七月二十四日永琅奏折。

艮卦、巽卦、乾卦、兑卦各教派，初具“内安九宫，外立八卦”这种“九宫八卦”的规模。九宫乃该教核心，由刘氏家族掌管。其教内设有先天、中天、后天牌位，刘佐臣被尊为先天老爷，刘省过则为后天老爷。按其理解，“伏羲之《易》小成，为先天；神农之《易》中成，为中天；黄帝之《易》大成，为后天”（杨慎《丹铅总录》）；在刘省过之时该教已经发展成熟。当时该教习惯设立黄布牌位，“上书中天、先天、后天等字。供清水三杯，名清水教”（清·潘相：《賫文书屋集略·邪教戒》）。刘省过之子刘二洪为其第五代教首，此后刘省过族兄弟刘廷献之子刘成林为第六代教首，但随着刘氏家族大部被清廷所灭，刘姓掌教六代的历史终于结束。离卦教以部云龙为祖师，称其为透天真人，所传直至清末民初。震卦教最早以侯棠为首，后为王容清之子王中接传，随后有王氏后裔及震卦“真人”布伟后裔相继掌教，在李文成掌教期间曾与林清为教主的坎卦教重新结合，至道光四年（1824 年）被清廷彻底镇压。坎卦教由张柏、孔万林掌教，后传至林清，其曾在嘉庆十八年（1813 年）计划与李文成联手以天理教之名起事，并一度打进紫禁城，造成著名的紫禁城之变，但起义最终失败而招致林清被处死。清水教的一支在王伦率领下也曾起事造反，但同样遭到镇压。八卦教在清代曾多次起义造反，而且曾积极呼应北方捻军的起义，当时八卦教各派按卦举旗，坎卦为黑旗，离卦为红旗，乾、兑两卦为白旗，坤、艮两卦为黄旗，震、巽两卦为绿旗，但这些起义都因力量悬殊而遭失败。清末，八卦教在李向善的统领下形成了九宫道（教）的发展。

八卦教的基本思想以古代《易经》之八卦构设为基础，强调八卦所表现的天地阴阳之交感，以“八卦分，天地开”之意来理解八卦各自代表的天、地、风、雷、水、火、山、泽，并基于明代东大乘教“真精掌领坎卦，真神掌领离卦，真魂掌领震卦，真魄掌领兑卦，真阳掌领乾卦，真阴掌领坤卦，真明掌领艮卦，真行掌领巽卦”[1] 的思想来分门别派。八个卦长之下则设六爻，掌爻称为指路真人，其下各等级分为开路真人、当来真人、总流水、流水、点火、全仕、传仕、麦仕、秋仕，由此形成该教颇为完备的教阶制度。八卦教的经典包括《五女传道宝卷》《八卦图》《八卦教理条》《乾坎艮震巽离坤兑八卦八书歌》《乾元亨利贞春夏秋冬九经歌》《灵山礼采茶歌》《西皇经》《金丹还元宝卷》等。

（十二）真空教

真空教也称真空道、空道教、廖祖教、空中大道等，清同治初年由江西赣州寻乌县人廖帝聘所创，其寻乌黄畲山道堂遂为其祖师道堂。廖帝聘早年出家学佛，亦深受罗教“五部六册”经典的影响，后于同治元年（1862 年）回乡设坛开教，其特点是以清茶戒烟、精神治疗的方法来传教，形成初步规模。真空教的教义以“空”字为核心，廖帝聘留有“复本还原，归一归空”八字，成为该教主旨；他还构设了空中图、空道图、空字图、无空图，用于指图宣道。其道堂常挂宣传其教义的楹联，上书“空道有本源，超群黎同出苦海；中正无偏党，拔众生共到渊源”“人和天地人，六合内齐来返本；道参儒释道，三教外独立为尊”等内容。该教还主张皈依、皈中、皈正、皈一、皈空这“五皈”，以及考真、考直、考愿、考舍这“四考”。其崇拜一大特点即不拜偶像，而是在其经堂大厅正中墙上或屏风上挂一块长方形的大镜子，其上布有空中图，镜子之前及香案之后并排面南放有五把空椅，但不许人坐，中间空椅为真空祖师廖帝聘之座，两侧四椅则为本空祖师赖仁章、原空祖师凌邦璧、受空祖师张声见、本空圣母蓝氏的座位。空椅两侧各有一椅面南，为道堂主事道长的护

---

① 《皇极金丹九莲正信归家还乡宝卷》，引自马西沙《中国民间宗教简史》，上海人民出版社 2005 年版，第 331 页。

法椅。其余供道众礼拜之用的椅子则一律面北。真空教立意“戒烟治病，普度众生”，允许有吸食鸦片烟瘾的民众入教戒毒，这些入教时有烟瘾者称为“混道友”，而无此恶习者则为“清道友”。真空教清末曾遭官府镇压，廖帝聘也死于狱中；但民国时期其教得以解禁，随之在中国东南部及中部地区得以传播，后亦传入港台和东南亚各地，现已成为一些海外华人社团所信奉的民间宗教。其经典主要有《报空宝卷》《无相宝卷》《三教宝卷》《报恩宝卷》四部。

（十三）三一教

三一教即综合儒、释、道三教为一体的民间宗教，明正德至万历年间由福建莆田学者林兆恩（1517—1598 年）所创立。林兆恩早年因多次乡试不中而转为自我研习儒、释、道三教，逐渐形成其三教合一之说，并组建其相应的学术团体，发展出“兆恩之教，儒为立本，道为入门，释为极则”[①] 的特色。他在这三教之中，对儒教情有独钟，但受道教影响较大，尤其是其结识莆田道士卓晚春而获九序内丹功，故有“卓癫林狂”之说。在三一教中，迄今卓晚春与林兆恩、张三丰仍然同受敬拜。其所建团社始称“三纲五常堂”，以“合一堂”为中，旨在“合道释者流而三纲之、五常之、士之、农之、工之、商之。以与吾儒者为一也”[②]。由此形成以尊孔归儒为主、“三教同归于心”的宗教教门，也遂有三教堂之雏形。在这种传教过程中，林兆恩以其所创“艮背法”之气功疗法而大获成功，信者如众。除此之外，林兆恩获得民众的拥戴还在于他深切的社会关怀。当时正值倭寇侵犯莆田等地，林兆恩不仅曾“与广兵契约千金”“以退倭”，而且还捐银收

---

① 《黄梨洲文集·传状类·林三教传》。

② 张洪都：《林子行实》，《林子全集》贞集第九册，引自马西沙《中国民间宗教简史》，上海人民出版社 2005 年版，第 354 页。

尸礼葬抗倭战争中的牺牲者，从而颇得戚继光的好感和钦佩，二人结为至交。随着林兆恩威信的提高，莆田各地广建三一教堂，林兆恩亦被尊为三一教主，从而完成了三一教从最初的学术结社到纯宗教社团的转变。“最初的三一教堂供奉四个偶像：孔子，儒仲尼氏，圣教宗师；老子，道清尼氏，玄教宗师；如来，释迦牟尼氏，禅教宗师；林兆恩、夏午尼氏，三一教主。”[①] 当时的三一教即称夏教，以说明夏乃太极、阴阳、五行之统。

林兆恩去世后，三一教出现多元发展，以陈标、王兴为首的三一教团在福州、武夷山、南京、徽州、黄山一带传播，以张洪都、真懒为首的三一教团在江苏尤其在南京，以及北京一带传播，以卢文辉为首的三一教团在莆田、仙游、福清一带传播，形成迄今三一教的主要流传地，而以朱方旦为首的三一教团也在湖北一带传播发展。此后，三一教传到海外，特别是在东南亚各国发展颇盛。

三一教的基本教义即主张儒、释、道三教合一，认为三教之源本同、其道本一，故应回归本初之道。林兆恩认为儒、释、道的现状都已出现嬗变，故而流弊甚大，当前需要“道统中一”。在他看来，“圣人之所以旷百世而相感者，此真心也，而圣人之道统于世矣。故曰道统。尧舜得此真心，而命之曰中，以开道统之原。孔子得此真心，而命之曰一，以绍此道统之传也”；因此他主张应“持心法以入门，以造一贯、得一、归一极则者”。[②] 也就是说，教虽为三，道却唯一，三教划分实乃违背其本源，故应合一，回归一道。此外，三一教还主张其信徒修炼林兆恩总结出的内丹术“九序功”，即一序“艮背”、二序“周天”、三序“通关”、四序“安土敦仁，以结阴丹”、五序“采取天地，以收药物”、六序“凝神气穴，以媾阳丹”、七序“脱离生死，以身天地”、八序“超出天地，以身太虚”、九序“虚空粉

---

① 马西沙：《中国民间宗教简史》，上海人民出版社 2005 年版，第 357 页。

② 参见马西沙《中国民间宗教简史》，上海人民出版社 2005 年版，第 369、370 页。

碎，以证极则”，以达超脱、超越之境。三一教的主要经典包括林兆恩生前所编《圣学统宗》，以及后人所编《林子全集》《林子三教正宗统论》等。

（十四）刘门教

刘门教又名刘门、刘门道，由清中叶四川双流人刘沅所创。刘沅所住庭院之内都有古槐，故号其宅为槐轩，其教也有“槐轩道”之称。刘沅因多次会试不成而返乡设帐讲学，建立学术社团，受教者众多，故获“川西夫子”之誉，其生前刊印的著述有《槐轩杂录》四卷。他推崇陆王心学，主张静心养性、顺应天理，以求圣人先贤之成。在修行方面他注重道家养生之法，据说颇得静一道人、野云老人之传。刘沅去世后，其长子刘松文接掌刘门，随后由刘沅第六子刘枧文掌教，刘枧文之子刘咸炘（鉴泉）不喜教业而潜心学问，留有《推十全书》，涵括文、史、哲众多学科，但英年早逝（死于1932年，仅36岁）。刘咸焌（仲韬）遂为刘门第四代教主，当时四川军阀刘湘、刘文辉、邓锡侯等人都曾拜入刘门。1949年后，刘门教活动基本停止。

刘门教习以讲学形式秘传九段功法，只传教内弟子，且采取口授心传的方式；其丹法分九步，故有九段功法之说，在学习丹法之前则必须实行其教内五条十五戒。刘门教受道教影响而颇为注重斋醮科仪，其道场法会包括上元会、佛祖会、中元会、九皇会、下元会等。在宗教活动之际，刘门教本着儒家“天地之性人为贵”的精神而很注重社会慈善活动。刘门教的经典主要为刘沅所著、后人所编《槐轩全书》。

（十五）天帝教

天帝教由李玉阶于1980年在台湾地区正式成立。李玉阶早年曾在南京拜天德教教主萧昌明为师，于1937年到华山修道，1942年完成《新宗教哲学思想体系》一书，此书后来更名为《新境界》，代表着天帝教的基本教义思想。他于1949年到台湾，1950年创办《自立晚报》，1980年创建天帝教，任其教主，并兼任该教宗教哲学研究社理事长。

天帝教信奉天帝，认为天帝就是中国古代所言“斋戒沐浴，以事上帝”之上帝，为中国及整个人类所信仰。天帝教宣称，“天帝创造宇宙之后，即立教垂统，一本万殊，行道于宇宙之间。每当宇宙间发生危疑震撼、重大嬗变之际，天帝即因应情势，遴派代表或使者，降生于适当的星球，创教救世，行道教化。各代所创教名虽然不同，但是道统从无改变”①。如其衍流人间第五十一代为天极教，以盘古为教主；第五十二代为天源教，以轩辕为教主，其中包括兴昌五世，即神德教主唐尧、神穆教主虞舜、神明教主夏禹、神隆教主周公、文宣教主孔子；第五十三代为天钧教，以钧天上帝为教主，统御五辅宗，即主张清静无为的太上教主，主张慈悲平等的释迦教主，主张不息常存的御寇教主，主张救世博爱的基督教主，以及承天道教化、自修法技、传衍道统的云龙教主；第五十四代为天德教，以萧昌明为教主；第五十五代为天人教，以李玉阶为教主。②

天帝教分有五级教院，最高为全球“始院”，次为洲级“统院”，再次为国级“主院”，然后为省级“掌院”，最低为县级“初院”，并在台湾南投县鱼池乡镭力阿建有修持圣地。其信徒相互之间称为“同奋”，取共同努力之意。

（十六）德教

德教于1939年由广东潮阳县和平区英西港乡杨瑞德等人创立于广东潮

① 《宗教简介》，台湾明河印刷有限公司1991年版，第427页。

② 参见《宗教简介》，台湾明河印刷有限公司1991年版，第429页。

汕地区，其所设立的紫香阁为德教的第一阁。马贵德于 1940 年在其家乡潮阳南薰乡创立了德教第二阁紫清阁，并于 1942 年在汕头潮安街创设了德教第三阁紫和阁，此后紫和阁派人在澄海创立了德教第四阁紫澄阁。1944 年，李怀德在潮安龙溪区创立了德教第五阁紫阳阁，不久，德教第六阁紫雄阁在汕头镇华里建立。在其初创阶段，德教在潮汕地区建立了二十多个德教会阁。1947 年，马贵德在香港设立紫苑阁，德教传入香港。随之，德教逐渐传入东南亚许多国家和地区，并先后传入澳大利亚、美国等国家，成为现代海外华人的重要宗教。德教的基本教义是“道为宗”“德为崇”，主张“道为体，德为用”，其特点是宣传道德教化，其关键词即“德”，主张以“德”化人，推崇“教不离德、德不离身”的思想，追求“德教一家亲”的理想境界。在社会实践及个人操守上，德教推出其“十章八则”的行为规范，其中“十章”即孝、悌、忠、信、礼、义、廉、耻、仁、智这“十大美德”，“八则”即不欺、不伪、不贪、不妄、不骄、不怠、不怨、不恶这“八大良规”。德教的宗教实践则以扶乩活动为主。在各宗教关系上，德教提倡五教同宗、世界大同、诸善统归一德，走各教融洽、求同存异的和合之路。在德教看来，“道教的根本教义是‘崇德’，佛教的根本教义是‘慈善’，儒教的核心是‘忠恕’，基督教的基本精神是‘博爱’，伊斯兰教的宗旨是‘慈恕’，所有这些，都是世界各民族传统道德的精华”。德教崇奉五教的目的就是要“发扬五教的美德精华，启发人类自己的良知，并在实际生活中奉行和实践”①。德教的主要经典为《德教心典》。

① 陈景熙、张禹东主编：《学者观德教》，社会科学文献出版社 2011 年版，第 294 页。

第四章

中国人对世界宗教的本土化发展

◈ 一　中外文化交流与宗教传播

自公元前138年（西汉建元三年），张骞受命从长安启程出使西域，拉开了闻名中外的丝绸之路历史戏剧的序幕，遂开始了频繁的中外文化交流及宗教的传播。此后张骞两次西行，开辟了连接欧亚的通路，形成了相关国度"使者相望于道"的相互来往，推动了欧亚政治、经济和文化的积极交流。在这前后近两千年的古代丝绸之路历史中，宗教的传播和交流占有很大的比重，起过重要的作用。许多外域宗教沿着丝绸之路传入中华，丰富了中国的宗教文化，促进了中外民众信仰生活的相遇和融通。同样，在与中国社会文化的深入接触中，这些外域宗教亦经历了在华本土化的过程，有些逐渐融入中国文化成为"中国化"的宗教，有些甚至在中华文化的更新和创新中发挥了非常重要的作用。

（一）从琐罗亚斯德教到火祆教

琐罗亚斯德教曾是古代波斯萨珊王朝的国教，在中亚地区有着广泛的影响。因该教相信火是光明、善的代表，是最高善神阿胡拉·玛兹达的象征，通行礼拜"圣火"，故在中国历史上也被称为"祆教""火祆教""火教”“拜火教”；“祆”字从“示”、从“天”，反映其教对日、月等光明天体的崇拜，而其神名在华“始谓之天神”。古代丝绸之路的开通，推动了琐罗亚斯德教的东传，该教约于公元6世纪南北朝时期主要经中亚粟特人而传入中国，一度盛行于西域，如在焉耆、康国、疏勒、于阗等地曾广为传播，甚至也被古代一些王朝的统治者所推崇和推广。陈垣曾指出，“火祆之名闻中国，自北魏南梁始”[①]。例如，北魏灵太后时（516—527年），该教曾获得独尊之位，被统治者带头奉祀，灵太后曾以“化光造物含气贞”之诗句赞颂该教，而其他祭祀崇拜却被废止。北齐、北周时也流行“事胡天”“拜胡天”，“胡天”成为该教之专指，而“胡天神”则被用来区别“中国恒言之天”。隋唐时期因该教兴盛而广建祆祠，统治者为之设立萨宝府和祀官，如唐朝长安的布政坊、醴泉坊、普宁坊、靖恭坊和崇化坊，洛阳的会节坊、玄德坊、南市西坊，以及凉州的祆神祠等。唐代通常称该教为“胡祆”，以专指其乃“胡人”的信仰。陈垣认为，“祆字起于隋末唐初”，“祆字之意义，以表其为外国天神，故从示从天。同时周书亦有祆字，并谓之曰火祆神；火祆二字之相连，亦始于此”[②]。唐时初传入中国的基督教聂斯脱利派也曾被误认为来自波斯的该教，故有“波斯教”“波斯胡教”或“波斯经教”之称，随之亦以具有“日”“火”蕴含的“景教”来显示其光明之意。

古代丝绸之路既通西域，“胡人”自域外来华，多为中亚粟特人，他们率先将琐罗亚斯德教传入，故管理祆祠的萨宝官职一般也由“胡人”担任。具体来看，这些祆教徒主要来自粟特、波斯以及今为撒马尔罕地区的安国、曹国、史国、石螺国、米国、康国等，“此六国总事火祆，不识佛法”（慧超：《往五天竺国传》），“王及百姓不信佛法，以事火为道”（《大慈恩寺三藏法师传》）。由于“西域诸胡受其法，以祠祆”（《新唐书·西域传》），长安等地先后建有胡祆祠。首先是来华经商或定居者将此信仰带入中华，并

① 陈垣：《陈垣学术论文集》第1集，中华书局1980年版，第305页。
② 同上书，第308页。

逐渐影响到中土其他民族，从而使其宗教逐渐传至中原、蒙古、西藏、西北等地，并在江南也留下其存在的痕迹。尤其是沿丝绸之路的中国古代少数民族地区，受该教影响颇大，信其教者包括鲜卑人、突厥人、蒙古人、吐蕃人等，甚至在西藏原始苯教中都可找到这一信仰的蛛丝马迹。[①]

无论是陆地丝绸之路的沿途，还是海上丝绸之路的重镇，都曾有琐罗亚斯德教的发展，其在华兴盛于隋唐，因中国人对其信仰日、月等光明天体，崇拜火而将之称为祆教、火祆教、拜火教等，这实际上是琐罗亚斯德教入乡随俗、渐被华化的反映。后来因为伊斯兰教的强力传入对祆教的冲击，该教在北宋末期开始衰落。延至北宋末、南宋初，仍可在汴梁、镇江等地看到祆祠的存在，民间也不时发现拜火的习俗等祆教留存的现象。但宋代之后在中华大地则再见不到祆教的踪影。在历史上，琐罗亚斯德教对丝绸之路的精神文化产生了长久影响，除了其崇拜火、向往光明的信仰特色仍被人重视之外，由其信仰礼仪习俗等演变发展的穆护歌、胡腾舞、胡旋舞、泼胡乞寒戏、拓壁舞筵等也成为中国相关地区广为流传的文化遗产。

（二）从摩尼教到明教

摩尼教也是波斯古代宗教之一，于公元 3 世纪由波斯宗教改革家摩尼所创立，他吸收基督教、佛教以及当时流行的诺斯替教诸元素来对传统琐罗亚斯德教加以改造，由其形成的革新宗教称摩尼教。摩尼创教后于公元 277 年遇害，其门徒东逃，在公元 3 世纪末已将该教传入中亚。此后，在中亚、北非、印度等地都有了摩尼教的身影。摩尼教约于公元 4—5 世纪先后经丝绸之路和海上丝绸之路传入中国，隋时已有其光明寺存在。

学界一般认为，摩尼教最迟于公元 7 世纪下半叶唐朝时沿丝绸之路传入

---

① 参见龚方震、晏可佳《祆教史》，上海社会科学院出版社 1998 年版，第 228—232 页。

中国。“据中亚发现的文书残卷记载，摩尼教于675年传入中国。”[①] 而“传统的看法认为，摩尼教是在唐武则天延载元年（694年）时才始入中国的。其根据是宋代释志磐所撰《佛祖统纪》卷三九的一段记载：‘延载元年……波斯国人拂多诞（原注：西海大秦国人）持《二宗经》伪教来朝。’这一看法，由于得到法国汉学家、中国摩尼教研究的先驱沙畹、伯希和（Pelliot），还有我国史学大家陈垣先生的肯定，因而广为人们所接受”[②]。但林悟殊指出：“综上所述，我们认为延载元年拂多诞来朝只是标志着摩尼教在中国得到官方承认，开始公开传播而已；在此之前，摩尼教已在民间流传多时了。要给摩尼教入华时间划一个准确的年代是很困难的。但我们觉得，中国内地可能在四世纪初便已感受到摩尼教的信息。”[③] 摩尼教在唐初乃为公开宗教，唐玄宗开元二十年（732年）遭禁，但安史之乱后于唐大历三年（768年）被唐代宗敕令恢复，其在长安所建寺院或赐额“大云光明之寺”。此后摩尼教在中国广有发展，“其徒白衣白冠”，被民众称为“阴阳人”。会昌三年（843年），摩尼教再遭打压，唐武宗“敕天下摩尼寺并废入官。京城女摩尼七十二人死。及在此国回纥诸摩尼等，配流诸道，死者大半”（《僧史略·大秦末尼》）。从此，摩尼教转入民间，演变为中国民间宗教信仰，其发展变迁在中国宗教史上给人留下了深刻印象。尤其当摩尼教在中国发展成为民间宗教之后，因其参与农民起义、卷入社会政治而使之更为出名、更有影响。

虽然丝绸之路因为冲突、战乱等政治原因而不时中断，却因这些经商者、传教者的执着、坚持而不断畅通。摩尼教传入中国后通常被称为明教、明尊教、末尼教、牟尼教等，在民间亦有菜教、食菜教之称。其传播逐渐扩大到西北、东南沿海、中原等地，尤其在吐鲁番一带颇为兴盛，曾为当

---

① 沈济时：《丝绸之路》，中华书局、上海古籍出版社2010年版，第111页。

② 林悟殊：《摩尼教及其东渐》，中华书局1987年版，第46页。

③ 同上书，第60页。

时外来宗教中仅次于佛教的第二大宗教。目前在新疆、福建等地仍有许多摩尼教遗址、遗物的发现，见证了古代陆海丝绸之路的四通八达。公元 731 年之前摩尼教在华可自由传道译经，此后遭唐玄宗禁止。公元 8 世纪时，回鹘人在吐鲁番地区建立高昌王国，曾以摩尼教为国教。由于回鹘人帮助唐朝平定了安史之乱，移居中原的回鹘人自公元 768 年被允许建寺传教，故在各地兴起摩尼寺院。但自公元 840 年回鹘亡国后摩尼教再度遭禁，其随之流入民间，成为中国历史上著名的民间宗教之一，直至 15 世纪在明朝的高压下才基本消亡。

当时融入中国底层社会的摩尼教与民间弥勒信仰相结合，并以香会、集经社之名展开活动。唐五代时期文献对摩尼教徒的描述是“不食荤茹”“男女杂处”“糅杂淫秽”“夜聚晓散”，负面印象颇多。宋时摩尼教已有明教会之称，其在福建、浙江一带传布较广。当时已有对摩尼教的各种描写，从其表象来看，摩尼教“吃菜事魔，三山尤炽。为首者紫帽宽衫，妇人黑冠白服，称为明教会”（洪迈《夷坚志》）；而从其信仰的基本要点来看，“二宗三际论”为其根本教义，“其经名二宗三际。二宗者，明与暗也。三际者，过去、未来、现在也”（《佛祖统纪》卷四十八）。“明”在此指光明，代表善，而“暗”则指黑暗，代表恶，摩尼教相信光明之神，称这一最高神为“明父”或“大明君”“大明尊”“大明神”，其本性体现为明相、明心、明念、明思、明意这“五明身”；认为光明最终会战胜黑暗，迎来永恒的光明世界；其神名音译“察宛”（Zarvan），原义即“永恒之父”。在这一最高神之下则是其主神即大明神的使者“明使”，其具有神的威力，表现为净气、妙风、明力、妙水、妙火。为此，摩尼教崇拜代表神的光明、崇拜日月、崇拜神的威力及智慧，并通过与中国民间弥勒信仰的结合而相信“明王出世，弥勒下生”，世界会发生巨变。在宋朝高压之下，摩尼教参与了方腊起义，遭到严酷镇压，但它保持了其存在，并在元末以香军即红巾军的形式成为推翻元蒙统治的主力。明初摩尼教曾继续以明尊教之名活动，但最终被明朝所镇压，消失在明中叶，其残部及相关思想则融入当时兴起的罗教之中。摩尼教的主要戒律包括口封、手封、胸封这“三封”，以及不拜偶像、不谎言、不贪、不杀、不淫、不盗、不诈伪、不行邪道巫术、不二心、不惰这“十诫”。其教内等级分为教师、教监、牧僧、选民、听众这五个教阶。摩尼教的主要经典有《彻尽万法根源智经》《净命宝藏经》《律藏经》《秘密法藏经》《证明过去经》《大力士经》《赞愿经》这七经。

（三）犹太教

犹太人在唐代甚至更早就已来中国经商，他们多从中亚经丝绸之路来华，亦有从海上丝绸之路经西亚、北非或印度等地转道来华者。因为犹太民族全民信教，所以其踪迹所在亦是其犹太教到达之地。陈垣指出：“知犹太族何时始至中国，即知犹太教何时入中国也。”[①] 公元 2 世纪的犹太教拉比文献中已经有了关于丝绸的记载，但在丝绸之路所发现的犹太教遗迹遗物则多为公元 7—14 世纪的文物，隋朝裴矩的《西域图记》也有当时从中国出发西行的路线记载，称“发自敦煌，至于西海，凡为三道，各有襟带。北道从伊吾，经蒲类海铁勒部，突厥可汗庭，度北流河水，至拂菻国，达于西海”[②]。而有确切史料证明大批犹太人来华乔寓定居之事实的，主要乃宋代开封等地犹太人的存在及同化。

犹太教在华始称“一赐乐业”教，为今“以色列”的同音异译，亦有人解释为此名乃根据明太祖的旨意，表明其“抚绥天下军民，凡归其化者，皆赐地以安居乐业之乡，诚一视同仁之心”的态度。[③] 而中国古代民间则将之称为“挑筋教”，其寺为“挑筋教礼拜寺”。关于犹太人在华名称的记载

---

① 吴泽主编：《陈垣史学论著选》，上海人民出版社 1981 年版，第 82 页。

② 《隋书》卷六七《裴矩传》，中华书局 1973 年版，第 1597 页。

③ 孔宪易：《开封一赐乐业教钩沉》，《世界宗教资料》1986 年第 2 期。

及其演变，陈垣曾指出："犹太族之见于汉文记载者，莫先于《元史》。《元史·文宗纪》天历二年诏僧、道、也里可温、术忽、答失蛮为商者，仍旧制纳税。术忽即犹太族也。《元史语解》易术忽为珠赫。……术忽或称主吾，又称主鹘。""至于一赐乐业之名，则起于明中叶。如德亚之名，则见于明末清初。犹太之名，则见于清道光以后。术忽之名见于元。《元史译文证补》又谓元《经世大典》之斡脱，即犹太。"①

在华犹太教基本上是顺着陆上丝绸之路及其延伸路线来发展，到达开封的犹太人在宋代乃是从古波斯一带出发东进，沿途经过了西夏及西域其他国家，故有来自"西域"之说。但亦有人对犹太教来华持"天竺"之论，即从海上丝绸之路经印度而来。记载开封犹太教的文献明弘治二年（1489年）碑刻《重建清真寺记》称其"出自天竺，奉命而来"；而明正德七年（1512年）碑刻《尊崇道经寺记》则说其"本出天竺西域"。由此则可窥见犹太教来华有多种路径，潘光旦对之有如下解释："西域说就是波斯说，天竺说就是印度说。"② 这两种说法都证明犹太教不是从其本土直接来华，而是经丝绸之路或海上丝绸之路在其沿线各国如印度等居住、生存，然后才辗转来到中国。这就使犹太教的来华传播与丝绸之路有着不解之缘。特别值得一提的是，自我民族及宗教意识如此强大的犹太人及其犹太教却通过平缓的融合同化而在中华大地上消失，这已成为在中外文化交流史上值得追溯、思考之谜。

关于犹太教进入中国的时代有多种说法，主要包括周代之前、周代、汉代、唐代、宋代入华等见解。认为犹太教早在周代之前就已传入中国的说法乃根据弘治碑《重建清真寺记》之言："那其间立教本至今传，考之在周朝一百四十六年也。一传而至正教祖师乜摄，考之在周朝六百十三载

① 吴泽主编：《陈垣史学论著选》，上海人民出版社1981年版，第84、85页。

② 潘光旦：《中国境内犹太人的若干历史问题》，北京大学出版社1983年版，第48页。

也。”不过，该碑文只是将犹太教创教及乜摄（摩西）传教时间与周朝时期相比较，并无此时犹太教已经入华之断言。这一说法主要由19世纪俄罗斯正教维那格拉多夫主教在其大约1880年出版的《东方圣经史》中所提出，认为“以色列王时，犹太人恒旅行支那，支那犹太人古诗中，有推罗王希蓝曾将支那帝所赠品物送往陀维之语，正当中国周昭王时也”[①]。但这仅为一种猜测，并无确凿的史料记载。认为犹太教周代传入中国的说法则引自清康熙二年（1663年）碑记《重建清真寺记》中“教起于天竺，周时始传于中州，建祠于大梁”之句，以及对《圣经·旧约全书》中《以赛亚书》49章12节“看哪，这些从远方来，这些从北方、从西方来，这些从秦国来”之表达的“秦国”为中国的理解。“秦国”原音为“希尼”（Sinim），其意译分歧很大，除译为“秦国”之外，还有译作“波斯”“南方之地”（埃及南方）或“色耶尼”（埃及南部阿斯旺旧称）以及“训”（埃及古城）等名称的，并不确切与中国有关。认为犹太教汉代入华的根据是《尊崇道经寺记》所言“立是教者惟阿无罗汉，为之教祖。于是乜摄传经，为之师法。厥后原教自汉时入居中国”，但也无令人确信的证据。认为犹太教唐代入华的证据较多，此时乃丝绸之路兴盛之际，而且这类丝绸之路或丝瓷之路既有“沙漠之路”和“草原之路”之分，也有“陆地之路”和“海上之路”的区别。“如果说两汉至隋唐中西交通与文化交流的媒介是中亚粟特商人，那么，隋唐至宋元时期这个角色则逐渐被丝绸之路上新兴的商人犹太人所取代。这条东西方商业与文化交流的纽带也从中亚至中国西部延长到欧洲本土和中国沿海地区。”[②] 而认为犹太教宋代入华的见解则显然以宋朝首都汴梁（今河南开封）定居的犹太人为例，已经颇为具体，如弘治碑《重建清真寺记》所言：“有李、俺、艾、高、穆、赵、金、周、张、石、黄、李、聂、金、张、左、白七十姓等，进贡西洋布于宋。帝曰：‘归我中

① 参见吴泽主编《陈垣史学论著选》，上海人民出版社1981年版，第82页。

② 林梅村：《犹太人入华考》，《文物》1991年第6期。

夏、遵守祖风，留遗汴梁。’宋孝隆兴元年（金世宗大定三年）癸未，列微（利未）五思达领掌其教，俺都喇始建寺焉。”

犹太教在古代中国开封的存在中继续持守其教祖道统，保持其经典、戒律，强调“经以载道”，故要“尊崇道经”。正德碑《尊崇道经寺记》如此解释说：“尝谓经以载道，道者何？日用常行，古今人所共由之理也。故大而三纲五常，小而事物细微，无物不有，无时不然，莫匪道之所寓。然道匪经无以存，经匪道无以行。使其无经，则道无载，人将贸贸焉莫知所之，卒至于狂谈而窃冥行矣。故圣贤之道，垂六经以诏后世，迄于今而及千万世矣。……凡在天下，业是教者，靡不尊是经而崇是道也。”在华犹太教将其传统中的“摩西十诫”与中国文化习俗相结合，规定了尊崇皇天（敬上帝）、守斋（守安息日）、食牛羊肉挑筋、族内通婚、禁食猪肉、男子行割礼、孝敬父母、遵从三纲五常、不塑形像、不信邪术这十条戒律。在华犹太教的宗教礼仪活动以诵经为主，强调“敬天礼拜之道，足以阐祖道之蕴奥。然道必本于清真礼拜”（弘治碑《重建清真寺记》）。这种清真礼拜要求其信徒在礼拜前必须斋戒、沐浴、清心、净身，对礼拜中的“进反升降跪拜”也规定得非常具体。由于开封犹太教掌教头戴蓝帽，其信徒在礼拜时也要戴蓝帽，故被教外民众称为“蓝帽回回”，加之其会堂也称作“清真寺”，故而多与当时的伊斯兰教相混。而当时中国官方对犹太人持开放、包容态度，使其开始自觉融入中国社会文化，他们渐渐打破只许“族内通婚”的禁令，与中国其他民族通婚的情况日渐普遍。这些犹太人没有受到在其他国度常有的歧视和排挤，故而向心力日增，他们开始在思想上认同儒家文化，在教育上参加古代科举考试，在政治上亦入仕为官；久而久之，其传统宗教文化逐渐由淡薄到丢失，至清朝时终于不见踪影，化入中华大地。

犹太教此间在广州、洛阳、敦煌、宁波、泉州、扬州、北京、南京、宁夏等地亦有传播，但其命运与开封犹太教基本相似，都在历史演进中被中国文化所同化，其本有的宗教、文化传统则终归消失。犹太人在中国被同化的这一唯一之例，不仅是因为中国社会文化的圆融及包容，也与中国犹太教与外面的犹太社会完全隔绝、毫无联系有着一定的关联。1840 年以后，一些犹太人曾再度进入中国，活跃在哈尔滨、天津、上海一带，但他们主要是出于商贸、政治原因而来到中国，其与中国社会文化的对话、沟通远不如古代来华的犹太人。所以说，近现代以来在中国曾经再现的犹太教基本上乃客居中国的外籍犹太移民或难民的宗教。

二　中国佛教

佛教目前为中国第一大宗教，也是外来宗教融入中华文化之后得以创新发展、成为中国宗教最为典型之例。佛教源自印度文化，较为典型地体现出东方智慧，其传入中国后则以中华文化元素的展示而焕然一新，并以中华文化的形式走出去加以弘扬，从而对日本、朝鲜、越南等国的佛教发展产生了决定性影响。“佛”即“佛陀”（梵文 Buddha，浮屠、浮图、浮陀）的简称，意为“觉者”，“成佛”即“觉悟”；后用“佛”作为对释迦牟尼的尊称（小乘），亦包括一切觉行圆满者（大乘）。所以，“佛”本非神明之名，“佛陀”的真实蕴含乃“觉者”，意指“觉有情，道众生”；而“成佛”即“觉悟”，其中“觉”可指瞬间而达澄明，“悟”则为经过琢磨、思考这一理解过程而终于获得领悟。

（一）佛教的传入

张骞西游大月氏时始知印度之名、“始闻浮屠之教”，而随着丝绸之路的开辟，佛教遂从印度传入中国。其最早的记载是西汉哀帝元寿元年（公元前 2 年）从西域传入佛教。此后在东汉永平七年（64 年）有蔡愔、秦景等赴天竺求佛法，于东汉永平十年（67 年）迎来印度人摄摩腾、竺法兰至洛阳之说，并因“时白马负经而来”而建有白马寺。这一时期的西域乃佛教热地，不少佛教高僧经由穿行西域的丝绸之路而到中国内地传教，使佛教得以在中土流行。例如，祖籍印度的鸠摩罗什（344—409 年）从龟兹（今新疆库车）被迎请到长安，尊为国师。印度高僧真谛亦应梁武帝之邀经海上丝绸之路于中大同元年（546 年）来到南海（广州）弘法。在此前后通过丝绸之路来华的西域僧人还包括安息人安清、安玄，大月氏人支娄迦谶，龟兹人佛图澄，北天竺人觉贤，南天竺人菩提达摩等。其中不少人都成为译经论法的著名翻译家。

佛教广泛传入中华，也与当时中国人走出去迎请佛教密切相关。所以，丝绸之路也是佛教传入后中国人西行求法之路，从而与西域僧人的东行传法形成呼应和互动。有据可查的第一个到达印度的中国人是汉献帝建安十年（205 年）从鸟鼠山（甘肃渭源）出发的成光子，而沿丝绸之路西往的中国僧人则以曹魏甘露五年（260 年）西渡流沙的朱士行为始。此后，公元 399 年（晋代安帝年间）法显（344—420 年）等人曾始发长安，西渡流沙，去印度求佛经，他们历 15 年之久，经 30 余国，携回佛经多种，译出佛经百余万言，并记载有旅途见闻《佛国记》，成为世界瞩目的文化大事。法显以陆行丝绸之路西游、沿海上丝绸之路东归，从而成为中国历史上的第一个“海归”。与此前后时期的西行者还有竺法护、智猛等人。公元 629 年（唐太宗贞观年间），玄奘（602—664 年）私越国境西去天竺取经，途中克服重重困难，历经各种风险，共达 17 年之久；公元 645 年，玄奘返国并带回佛经 600 多部，然后毕生致力于传佛译经活动，所翻经论达 75 部、1335 卷，居当时译经之首。玄奘还创立了法相宗，著述有《大唐西域记》等，硕果累累，功绩卓著，成为世界文化史上的不朽名人。此外，义净（635—713 年）等中国僧人也都留下了西行求法、东归译经的感人故事。尤其是玄奘西天取经，乃是脍炙人口的《西游记》之历史本源。

可以说，丝绸之路是佛教得以传入中国的“大乘”（大道），而这种佛教传播的来往亦使丝绸之路充满生机、显示灵性。“佛教文化是外部文化大规模输入中国的第一次，它进入中国后，很快便被中国固有文化所改造、吸收，成为中国传统文化的一个重要组成部分。”① 佛教通过丝绸之路在中国生根开花，使中国文化的开放性、包容性得到很大的提升。

（二）中国佛教三大系统

佛教传入中国大致有三条路径，一为北传佛教，习称大乘佛教，主要传入中国汉族地区，故也有“汉传佛教”之称，并由此而外传至朝鲜、日本、越南等地，形成中国宗教文化的辐射及影响，被视为中国佛教或汉传佛教文化圈；二为南传佛教，大乘佛教将之称为小乘佛教，其自身则以上座部佛教为名，主要传入中国云南傣族地区，与周边国家如缅甸、泰国、老挝、柬埔寨、斯里兰卡等有着密切关联；三为藏传佛教，俗称“喇嘛教”，主要传入中国西藏、内蒙古等地，故被视为蒙藏佛教，其主体亦属北传佛教，结合尼泊尔佛教与西藏当地苯波教而得以形成。在这三大系统中，北传佛教形成以中国为中心的发展，辐射到周边国家，如日本、朝鲜、韩国、越南，成为中国佛教最为典型的代表。北传佛教之汉传佛教因佛典的汉文翻译而形成“汉语系佛教”，主要流行于汉族聚居地区。

中国佛教的三大系统代表着佛教与中国社会文化全方位的会通融合，体现出佛教在中国的民族化、本地化，无论在其语言、思想、礼仪、习俗各方面都有着巨大的改变和革新。佛教的思想逻辑、道德伦理观念及其实践，对中国思想精神亦有着明显的充实和丰富。对此，任继愈曾深刻指出：

---

① 沈济时：《丝绸之路》，中华书局、上海古籍出版社2010年版，第107页。

"正是由于佛教的输入，才使得中国的宋明理学改变了它的面貌，完整地构造了儒教的思想体系。也正是由于佛教的传播，才使得中国的道教在某些方面吸收了佛教的内容，形成了佛教道教交互影响的局面。中国佛教是在中国发展成长的，它已成为中国的传统思想的组成部分。……伴随着佛教的宗教活动，同时丰富了我国的音乐、舞蹈、绘画、建筑、文学等各个领域。伴随着佛教的传播，推进了我国与邻国的文化交流，加深了邻国友谊与了解。"①

（三）北传佛教

北传佛教在魏晋南北朝（3—6 世纪）时期得到发展，此间佛教完成了由"佛法为至上法"的印度佛教到"不依国主，法事难立"的中国佛教之转变。在佛教从印度传入中国的初期，当时一些佛教僧侣以其文化的优越感而不想屈从于中国社会王权政治，他们坚持源自印度佛教的"沙门"革新思想，坚决维护"佛法"的最高地位，从而不愿向中国世俗王权屈服，强调的是"沙门不敬王者"之说，认为自己有了僧侣身份就可以"出家入法，不向国王礼拜"、不依中国规矩。这种僵持达数百年之久，佛教也因水土不服而步履维艰，发展缓慢，而且既不被中国王权所真正承认，也不为中国社会民众所自觉接纳，结果使之实际存在乃处于中国社会的边缘。佛教在华政治意义上的"中国化"始于公元 4 世纪。当时佛教"中国化"的第一步就是急需改变其对中国政治的基本态度。公元 4 世纪的东晋僧人道安（314—385 年）意识到当时佛教与中国王权对立的窘境，感到其躲避政治、遁隐山林并非最佳发展之途，为此，他改变了在华佛教以往用"佛法"来抗衡王法、傲视王权的出世态度，提醒佛教界意识到"不依国主，则法事

---

① 任继愈：《汉唐佛教思想论集》，人民出版社 1981 年版，第 18 页。

难立”这种特殊政教关系的现实，说服佛教界改为持守“沙门崇敬王者”的态度，从此有了其“人间佛教”“社会法师”的思想萌芽。佛教本身则因抓住了改善中国政教关系的关键之处而如鱼得水，从而开始了在华顺利“弘法”的发展。当佛教在其印度本土逐渐衰微时，却在中国发扬光大，获得了新生。当然，这种政教关系很难一下子就完全理顺，虽然南朝梁武帝（502—549 年在位）曾四次舍身出家同泰寺，却也对佛教严加管束，制定了禁饮酒、禁食肉等清规戒律。出于政治、经济等原因，此间还发生了“三武一宗灭佛”事件，即魏太武帝（423—451 年在位）灭佛、北周武帝（560—578 年在位）灭佛、唐武宗（840—846 年在位）灭佛以及后周世宗（954—959 年在位）灭佛等“法难”。

在三国时期，佛教的般若学脱颖而出，代表着纯理论形式的佛教观念开始进入中国思想领域，使双方对话、沟通成为可能。般若学在东晋时更发展出“六家七宗”学说，即道安的本无宗、竺法琛和竺法汰的本无异宗，二者乃合称一家，支道林的即色宗，于法开的识含宗，道壹的幻化宗，支愍度等人的心无宗，于道邃的缘会宗。而佛教在其“中国化”的进程中则融入了中国智慧，其佛法禅机遂成为智慧之学。这种“中国化”使佛教在唐初达到鼎盛发展。而且，“中国化”的佛教深得中国心性之学的奥妙，由此才可能有“中国佛性论”之探。

佛教在文化意义上的“中国化”，则是禅宗六祖慧能（638—713 年）等人的突破，他们通过对佛教义理的透彻体悟及融会贯通而创立出具有典型中国特色的佛教宗派，从而与印度佛教的古老教派分道扬镳，形成中国佛教各大教派的独立发展，真正让佛教在中国得以发扬光大。

汉传佛教在中国先后兴起了天台宗、三论宗、律宗、法相宗、净土宗、华严宗、禅宗和密宗等宗派，有中国佛教“八宗”之说。天台宗由常住天台山的智顗（538—597 年）所创立，这一隋代佛教宗派乃佛教史上第一个中国宗派；因其推崇《法华经》故亦称法华宗。智顗以心专于一的“止观”

来涵括佛教理论及修行，主张空、假、中“三谛圆融”，认为“性具善恶”，由恶致善，因“一念三千”而要修习止观。在对佛教经典划分归类的“判教”中，他则提出“五时八教”论。“五时”即时间上划分为华严时（讲《华严经》），鹿苑时（讲《阿含经》），方等时（讲《方等经》），般若时（讲《般若经》），法华、涅槃时（讲《法华经》和《涅槃经》）。“八教”则包括“化仪四教”和“化法四教”，“化仪四教”指从佛说法的形式而分为“顿教”（《华严经》顿至佛位的教义）、“渐教”（从《阿含经》至《般若经》的依次渐修）、“秘密教”（以教义呼应个我内在需求）、“不定教”（对教义产生各自理解的不同）；“化法四教”指按佛说法的内容而分为“藏教”（小乘三藏教义）、“通教”（雅俗共赏、深浅相宜的《般若经》）、“别教”（菩萨独论方等经典）、“圆教”（《法华经》的圆满、圆融）。该宗传承寻踪溯源记为龙树、慧文、慧思、智顗、灌顶、智威、慧威、玄朗、湛然等人。

三论宗由隋代吉藏（546—623年）所创立。吉藏俗姓安，祖籍安息，故称“胡吉藏”。“三论”指该宗主要研习古代印度大乘佛教中观学派龙树的《中论》《十二门论》和提婆的《百论》这三论。因其强调“诸法性空”而也有法性宗之称。吉藏著有《三论玄义》《大乘玄论》《法华玄论》《法华义疏》《中论疏》《二谛义》等，诠释三论思想。因其曾住会稽嘉祥寺讲经而被后人尊为“嘉祥大师”。他的主要思想体现为“二谛论”和“八不中道论”。“二谛”指俗谛和真谛，其对之则分为教谛和于谛，世界万物因缘而生、空幻不实，圣贤悟其空无实体而获真谛，俗人视其真实存在而陷俗谛。但二者道理相同，故“二而不二”。世界真相乃非有非无，生非真生、灭非真灭，故为“中道”。吉藏因此以“八不”来说明中道，即“不生亦不灭，不常亦不断，不一亦不异，不来亦不去”（《中论·观因缘品》）。所谓“中”就是讲“中道实相”，诸法实相如果远离生灭、一异、断常、来去则达中道。三论宗后因唐太宗支持法相宗而衰落。该宗于625年由朝鲜僧人慧灌传入日本，后被其日本弟子智威、道慈等人发展为元兴寺、大安寺两派。

律宗亦称南山宗或南山律宗，由唐代润州丹徒（今江苏境内）人道宣（596—667年）所创立，以研习和持守戒律而得名，因道宣居终南山专门弘扬《四分律》、创设戒坛、制定戒律及受戒仪式，而有南山律宗之称。道宣著有《四分律删繁补阙行事钞》《四分律比丘含注戒本疏》《四分律删补随机羯磨疏》，史称“南山律宗三大部”。当时强调《四分律》的还有法砺和怀素创立的宗派，形成“律宗三家”。律宗基本思想是将佛教所讲“心法”作为防恶之需的“戒体”，防恶设有“诸恶莫作”的“止持”，扬善则有“诸善奉行”的“作持”。此后鉴真（688—763年）在唐天宝年间（742—756年）将律宗传入日本，于755年在奈良东大寺建筑戒坛，传授戒法，开创日本佛教登坛受戒的规矩。律宗的出现形成对持守佛教戒律的严格要求，并发展出五戒、十戒、比丘二百五十戒、比丘尼三百四十八戒等规定。20世纪初李叔同（1880—1942年）出家为弘一法师后，也选择了专研戒律的修行之途。

法相宗即唯识宗唯识宗，由从印度取经回国的唐僧“三藏法师”玄奘（602—664年）及其弟子窥基（632—682年）创建，因主张以“依他起相”“遍计所执相”和“圆成实相”这“三相”来解释万有性相，故名“法相宗”；因玄奘编译有《成唯识论》，强调“万法唯识”而称“唯识宗”；又因窥基常住慈恩寺，世称“慈恩大师”而也有“慈恩宗”之名。玄奘于唐贞观元年（627年）西行赴印，贞观十九年（645年）携佛教经卷520箧、657部回到长安，先居弘福寺，后移住大慈恩寺，潜心佛经汉译，译出经论75部、1335卷，并撰写《大唐西域记》12卷，由此衍生出元代吴昌龄的杂剧《唐三藏西天取经》和明代吴承恩脍炙人口的小说《西游记》。玄奘因西天取经而声誉鹊起，弟子众多，其高徒包括窥基、圆测、普光、法空、神泰、靖迈等人。窥基著有《成唯识论述记》《瑜伽师地论略纂》《因明入正理论疏》《杂集论疏》等，号称“百部疏主”。其弟子有慧沼、智通、智达等人。该宗依据《解深密经》《瑜伽师地论》和《唯识三十颂》等经典，继承印度瑜伽行派教义体系，认为可用唯识观之法来洞察三相，以“转识成智”而成佛。其教理突出用“八识”来论证“唯识无境”，即通过修行而达眼识、耳识、鼻识、舌识、身识、意识、末那识和阿赖耶识这八识的转变，获得“成所作智”“妙观察智”“平等性智”和“大圆镜智”这四种智慧。但这种颇为原汁原味的烦琐教义并不适合中国人的品位，故其发展缓慢，三传而衰，在中国思想文化史上并无太大影响。唐永徽四年（653 年）日僧道昭来华以玄奘为师，此后将该宗传入日本，而智通、智达也曾向日本宣教。

净土宗以东晋慧远（334—416 年）为初祖，实为唐代善导（613—681 年）所创立。慧远曾在庐山东林寺传播般若学及禅学，与十八高贤共建白莲社、同修净业、倡导弥陀净土法门、发愿往生西方净土，故名净土宗或莲宗。此后东魏僧人昙鸾（476—542 年）专修净土，著有《往生论注》《略论安乐净土义》《赞阿弥陀佛偈》等，主张弃靠自力解脱的“难行道”而择“乘佛愿力”往生净土的“易行道”，即一心专念阿弥陀佛名号就能死后往生安乐国土。昙鸾晚年移住汾州玄中寺，被尊为“神鸾”。其后隋唐间僧人道绰（562—654 年）因受《昙鸾和尚碑》碑文影响而改信净土，亦在玄中寺劝人持守净土信仰、日诵阿弥陀佛名，并撰有《安乐集》阐述净土教义，有“西河禅师”之称。道绰的弟子善导转至长安光明寺，正式创立净土宗，传教时被敬为“弥陀化身”。他“演说净土法门三十余年”，撰有《观无量寿经疏》《往生礼赞》《观念法门》《法华赞》《般舟赞》等。净土宗以《无量寿经》《观无量寿佛经》《阿弥陀经》和《往生论》这“三经一论”为其主要经典。该宗信仰活动以“称名念佛”为主，辅以观想念佛和实相念佛，并以读诵正行、观察正行、礼拜正行、称名正行、赞叹供养正行为其净土实践。因其以念诵阿弥陀佛名号、追求往生西方净土（极乐世界）为信仰核心，简单明快而颇受民众欢迎，信者众多，发展很快，成为流行于中国基层社会的佛教宗派。其祖师传承次序为慧远、善导、承远、法照、少康、延寿、省常等。中唐之后，净土宗亦有与禅宗相融之势，出现“禅净”双修。9 世纪净土宗始传日本，12 世纪日本人源空（法然）开创日本净土宗。

华严宗因《华严经》而得名，因其实际创始人法藏（643—712 年）号贤首，故亦称“贤首宗”。《华严经》全称《大方广佛华严经》，其基本思想是认为世界乃毗卢遮那佛的显现，故而“一微尘映世界，一瞬间含永远”，由此提出“法界缘起”“顿入佛地”等说。该宗传承有杜顺、智俨、法藏、澄观、宗密这“华严五祖”之说。杜顺（法顺，557—640 年）被尊为该宗初祖，著有《华严法界观门》《华严五教止观》等，主张按照《华严经》修习“普贤行”，曾受唐太宗赏识，有“杜顺和尚”“神僧”“帝心尊者”等称呼。二祖智俨（602—668 年），12 岁到终南山至相寺出家拜杜顺为师，后广泛求学、博采众长，以此全面阐释《华严经》，著有《华严搜玄记》《华严孔目章》《华严五十要问答》《华严一乘十玄门》等 20 余部，将华严经学说发展为华严宗学说，晚年居云华寺，有“至相大师”“云华尊者”之称。法藏乃智俨的弟子，有“贤首大师”“康藏国师”之称号，被尊为该宗三祖，曾为武则天、中宗、睿宗所器重，被武则天赐号“贤首戒师”，著有《华严经探玄记》《大乘起信论义记》《华严经旨归》《华严一乘教义分齐章》《华严经义海百门》《华严金狮子章》等百余卷。其思想探究使华严宗的教义理论得以系统化，促成了华严宗体系的成熟。四祖澄观（738—839 年）曾四处云游、寻访名山名寺，其努力推动了华严宗的“中兴”发展，据传其著述达 300 余卷，包括《华严经疏》《华严经随疏演义钞》《贞元经疏》《华严法界玄镜》《华严经略策》等，号“清凉法师”“大统清凉国师”等。五祖宗密（780—841 年）有“圭峰大师”之称，形成华严宗禅教合一的发展，死后被唐宣宗追谥“定慧禅师”，著有《华严经行愿品别行疏钞》《注华严法界观门》《华严原人论》等。华严宗的核心教义是以“法界缘起”来解释世界秩序及其万物之间的关系，并以“十玄门”来讲述法界缘起的复杂内容，包括“同时具足相应门”“因陀罗网境界门”“秘密隐显俱成门”“微细相容安立门”“十世隔法异成门”“诸藏纯杂具德门”“一多相容不同门”“诸法相即自在门”“唯心回转善成门”“托事显法生解门”。而法界缘起则为“六相缘起”，即总相和别相、同相和异相、成相和坏相之“圆融”。其“法界”体现为“四法界”，即事法界（现象界）、理法界（本体界）、理事无碍法界、事事无碍法界。元代以后开始有华严宗“教门”之说，明清时期华严宗仍较活跃。华严宗被智俨弟子新罗人义湘传入新罗，于公元740年由新罗僧人审祥传入日本，日僧良辨在奈良东大寺正式建立日本华严宗。

禅宗是非常典型的中国佛教宗派，以专修禅定为特色，用“禅”来解释其教义理论与修行实践，故名。佛教在文化意义上的“中国化”，则是禅宗六祖慧能等人通过对佛教义理的透彻体悟及融会贯通而创立出以禅宗为代表的具有典型中国特色的佛教宗派，从而与印度佛教的古老教派分道扬镳，形成中国佛教各大教派的独立发展，真正让佛教在中国得以发扬光大。“禅”是梵文音译“禅那”（Dhyana）的略称，“禅定”在印度佛教中本来被视为瑜伽修持术的一个部分，其原意指“思维修”“弃恶”，一般意译为“静虑”，“禅定”即“安静而止息杂虑”，通过静坐敛心、凝思专注而达观照明净、超凡脱俗之境。按其宗派传承，禅宗一般有初祖菩提达摩、二祖慧可、三祖僧璨、四祖道信、五祖弘忍、六祖慧能之说。菩提达摩（？—528或536年）是南印度人，被尊为西天禅宗二十八祖和中土禅宗初祖，南朝刘宋末年（478年左右）来华，北魏孝昌三年（527年）来到河南少林寺面壁九年，故使少林寺有禅宗祖庭之说，他后来向慧可传授《楞伽经》四卷及其心法，主张“藉教悟宗”，为禅宗在华的最初传播。慧可（487—593年）亦有“楞伽师”之称，曾在少林寺师事菩提达摩六年，主张“无明智慧等无异”“观身与佛不差别”之说，被视为“精觉一乘，附于玄理，略法修道，明心要法”，“行住坐卧，心冥真境”，“触物指明，动为至会”。[①] 慧可的弟子僧璨（生卒年代不详）长期隐居山林，过着游方生活，其弟子道信（580—651 年）到蕲州黄梅双峰山修道，强调作务与坐禅并重，多次推辞朝廷使者亲迎入宫之请，死后被唐代宗赐谥号“大医禅师”。道信弟子弘忍（602—675 年）时禅宗宗派基本形成，他在东山寺收徒修道，以“东山法门”而闻名，从此禅宗宣教以《金刚般若经》为主，其著名弟子有法如、道安、玄赜、神秀、慧能等人。神秀（约 606—706 年）以“身是菩提树，心如明镜台，时时勤拂拭，勿使惹尘埃”一偈而开禅宗渐悟法门，成为禅宗北宗之首，但其北宗数传而衰，而南宗一枝独秀，成为禅宗正统，并且南宗在整个中国佛教中都独占鳌头，影响最大、传布最广。慧能（亦作“惠能”）本为不识字的樵夫，因听诵《金刚般若经》有感而在弘忍门下为“行者”立志学佛，后以“菩提本无树，明镜亦非台，本来无一物，何处惹尘埃”一偈而得弘忍秘授禅法、“继承衣钵”，后在韶州曹溪宝林寺传扬“识心见性”“见性成佛”的禅宗南宗顿悟法门，其宗派到唐代中期终成大势、风靡神州，故而真正形成中国特色的佛教体系。慧能的说教被其弟子汇编为《六祖坛经》，成为禅宗最为经典的著作，而慧能本人亦被视为出类拔萃的中国文化名人之一，其在韶州曹溪传教的宝林寺在北宋开宝元年（968 年）时由宋太宗敕赐“南华禅寺”，亦有实际上的禅宗祖庭之说。禅宗因菩提达摩之传承而也有“达摩宗”之称，又因其强调“传佛心印”、直指人心而有“佛心宗”或“心宗”之名。慧能之后禅宗发展为“五家七宗”，首先是怀让（677—744 年）的南岳系和行思（？—740 年）的青原系构成禅宗两大派系，从南岳系分为沩仰宗和临济宗，从青原系分为曹洞宗、云门宗、法眼宗，合称“五

① 王作安主编：《大辞海·宗教卷》，上海辞书出版社 2013 年版，第 184 页。

家”，另外加上宋代从临济宗分出的黄龙宗和杨岐宗，故为“七宗”。南岳系发展到怀海（720—814年）在百丈山创立禅院、制定清规（即《禅门规式》，后称《百丈清规》），获“百丈禅师”之称。青原系则有“石头和尚”希迁（700—790年）以禅定精进“达佛之知见，即心即佛”，影响广远。10世纪，禅宗传入高丽，形成曹溪宗等宗派，推行“禅教一致”“顿悟渐修”“定慧双修”之禅风。南宋以后，禅宗流传以临济宗和曹洞宗为主，临济宗于12—13世纪由日僧荣西、圆尔辨圆等传入日本，曹洞宗于1223年由日僧道元传入日本，发展出“只管打坐”的“默照禅”。明代僧人隐元赴日传播禅宗，在17世纪形成主张“禅净一致”的日本禅宗黄檗宗，与临济、曹洞共称日本禅宗三派。

密宗自唐开元四年（716年）以来由中天竺人善无畏（637—735年）、南印度人金刚智（669—741年）和师子国（今斯里兰卡）人不空（705—774年）相继传入，史称“开元三大士”；因以传布与“言显略逗机”、用语言文字明示的“显教”相对之“言秘奥实说”的“大乘密教”而得名，其所形成的中国汉传佛教密宗亦称“汉密”，与8—11世纪传入西藏的密教之“藏密”相区别。其特点是以“身密”（手结印契）、“语密”（口诵真言，即“口密”）、“意密”（心观佛尊）这“三密”之修而达身口意“三业”清净，与本和众生体性相同的佛之身口意“三密”相应，从而修成具有“金刚心”和“金刚身”的“无上菩提”，实现“即身成佛”。在密宗流传过程中，善无畏传于一行（约683—727年），在历史上以精通天文、历法而著名；金刚智传于不空、不空传于惠果（约752—805年），惠果住青龙寺向各国入唐求法者传授“金胎不二”的密宗教义，日僧空海（774—835年）于贞元二十年（804年）在唐获得胎藏、金刚二界密法，在日本京都东寺建立“东密”真言宗，此后在日本又发展出“台密”即日本天台宗系密教。密宗在中国仅传两代，后渐衰落消失。

（四）南传佛教（云南上座部佛教）

南传佛教即“上座部佛教”，是印度佛教大众部和上座部两大派系形成后在亚洲南部的传播结果，其所涉地区包括斯里兰卡、缅甸、柬埔寨、老挝、泰国、中国云南等，统称南传上座部佛教。因其历史上以巴利文形式将上座部佛教三藏搜集成册，后又将僧伽罗文注释的三藏用巴利文改写和疏解，故亦有巴利语系佛教之称。云南与南亚多国毗邻，有丝绸之路和茶马古道相通，据传早在公元前就有上座部佛教传入云南西双版纳地区，公元6—7世纪则有缅甸系统的佛教传入，但公元8世纪后因密教在斯里兰卡、缅甸盛行而使上座部佛教曾一度沉寂；12—13世纪，上座部佛教从泰国传入云南西双版纳地区，15世纪以来该派亦从缅甸传入，在云南傣族以及布朗、德昂、阿昌、佤族等民族中广泛传播，从此统称“云南上座部佛教”；由于其以傣族信奉者为最，因此也有“傣族佛教”之称。

云南上座部佛教在历史上形成了润派、摆庄派、多列派和左抵派这四大派别。润派是其中分布最广、影响最大的教派，由泰国经缅甸传入云南西双版纳地区，后在德宏、临沧、思茅等地也形成广泛传播。润派下分摆孙、摆坝、摆润、摆顺四派，其中摆孙派因其傣语有“花园房屋”之义而亦有“田园派”之名。其僧人可住楼房、可以吃荤和拥有田产，甚至可以经商，故而财力雄厚、信众颇多；摆坝派因在傣语有“山林房屋”之义而亦称“山林派”，而其寺院远离村寨，俗称“野佛寺”，其僧人持戒颇严，不食荤腥，过午不食，以苦修为主；摆润派以耿马为中心在傣族、佤族、布朗族、德昂族中传播；而摆顺派人数不多、影响不大。摆庄派亦有“耿龙”之称，其戒律松弛，与摆孙派接近。多列派有摆多派、耿章等称谓，其傣语意为“好山”，通常建寺于村寨附近；该派允许妇女出家，其受戒后称“雅好”（沙弥尼），着白衣修行；多列派一般分为达拱旦派、舒特曼派、瑞竟派和缅坐派四支。左抵派由缅甸传入，其持戒严格，禁荤腥及烟酒，过午不食，允许妇女出家、受戒后白衣修行；其僧侣在大佛爷带领下过流动生活，无固定寺院。云南上座部佛教习用傣文佛典，即巴利语《三藏》的傣语音译本，通常写在贝叶上，故称傣文“贝叶经”。①

云南上座部佛教寺院众多，分为四等，最高等级佛寺称“大总寺”，第二等级佛寺称“总佛寺”，第三等级佛寺称“中心佛寺”，一般有“布萨堂”佛寺之名，第四等级佛寺即“基层佛寺”。其最基本的僧侣僧阶分为沙弥、比丘和长老三个等级，其出家女不是比丘尼，不能主持佛事，但可参与慈善活动。② 云南上座部佛教的独特节日包括泼水节、雨安居、豪干节等。其信众目前主要分布在云南西双版纳傣族自治州思茅、临沧等地，以及德宏傣族景颇族自治州和保山等地的傣族、布朗族、阿昌族和佤族之中。

（五）藏传佛教

藏传佛教俗称“喇嘛教”，“喇嘛”乃藏语“上师”之意。据传印度佛教约公元4世纪初传入西藏，但佛教真正传入西藏是公元7世纪吐蕃赞普松赞干布（Sron-btsan-sgam-po，617？—650年，一说617—698年）时期。吐蕃此间引入了佛经，从印度南部迎请了一尊十一面观音像。西藏作为中国的一个民族区域，自唐朝以来即建立起古代唐、蕃之间独特的亲密关系。唐贞观八年（634年）松赞干布18岁时遣使向唐太宗献贺礼，唐太宗派使者回谢，从此开始其官方联系。松赞干布先娶尼泊尔赤尊公主，请来不动

---

① 参见郑筱筠《中国南传佛教研究》，中国社会科学出版社2012年版，第99—108、69页。

② 参见《中国五大宗教知识读本》，社会科学文献出版社2007年版，第53页。

金刚佛像；唐贞观十五年（641 年）唐朝文成公主自长安来到吐蕃与松赞干布成亲，亦请来释迦牟尼佛像。这种唐、蕃联姻加深了其政治、文化交往，因此也建立起宗教之间的交流，此即佛教从内地传入西藏之始。当时藏传佛教的形成包括三种因素，即来自尼泊尔的佛教和来自中国内地的佛教，以及藏族传统宗教苯波教。赤尊公主和文成公主入藏时迎请的两尊佛像成为吐蕃最为珍贵的佛教供养对象，亦为佛教传入西藏的标志。两位公主在拉萨建立了佛寺即大昭寺和小昭寺，专门供养这两尊佛像，因此“拉萨”意即“佛地”。[①] 唐高宗于永徽元年（650 年）嗣位后晋封松赞干布“附马都尉”（Phu-mav-tu-we）爵位和“西海郡王”（Zhi-has-cun-wang）王号。[②] 公元 8 世纪吐蕃赞普赤松德赞（755—797 年）邀请印度高僧寂护、莲花生入藏传教，寂护以传布中观、律学教义为主，而莲花生则专授密宗密法，两人倡建了桑耶寺，为藏传佛教正规寺院之始。其大殿三层，分别为藏族、中原和天竺建筑形式，表明藏传佛教是多元文化融合的典型代表。此间寂护任堪布为 7 名吐蕃人剃度、授比丘戒，这“七觉士”乃首批藏族僧侣。赤祖德赞（815—841 年）时期，其制定译经标准、请僧人入宫讲经、规定每 7 户人家供养一位僧侣、在朝中设立位高权重的宗教大臣、以酷法保障僧人特权，并允许寺院有属民、土地、牧场和牲畜，从而使佛教发展迅速，并形成许多流传下来的特权。这段历史被称为藏传佛教的“前弘期”，它因 841 年朗达玛赞普上任后采取灭佛举措而告结束。但这一期间有比丘僧逃往东部安多藏区，从而使藏传佛教传入青海。

北宋太平兴国三年（978 年），藏传佛教进入“后弘期”发展时代，印度佛教大师阿底峡（982—1054 年）于 11 世纪上半叶入藏传教达十多年之

---

① 参见李安宅《藏族宗教史之实地研究》，上海世纪出版集团 2005 年版，第 17 页。

② 参见恰白·次旦平措等《西藏通史》（上），西藏古籍出版社 2004 年版，第 104—107 页。

久，此时藏区出现大批出家僧人，寺院亦得以修复或重建。自13世纪元朝起，西藏全面纳入元朝统治。藏传佛教萨迦派第五代祖师八思巴（Vphags-pa，1235—1280年）在各教辩论中独占鳌头，获忽必烈（1260—1294年在位）欣赏，其称帝后将八思巴尊为国师，从而使藏传佛教成为元代所信奉的诸教之首，奠立了藏传佛教在蒙古人信仰中的首选地位，并形成其延至今日的宗教传统。明朝中央政府随之亦实施了对西藏地方事务的管理，明朝皇帝对西藏地方掌权人士和佛教高僧都有封授，赐予官爵、名号，发给其掌管地方权力的诏书，明朝永乐皇帝还于1413年左右（亦有文献记载于1408年）曾想迎接藏传佛教格鲁派创始人宗喀巴大师（Tsong-kha-pa，1357—1419年）来内地访问，并赐予其金字诏书和封号。宗喀巴虽然没能亲自出行，但仍派其弟子大慈法王释迦也失（Shvakya-ye-shes）前往内地，并朝见明朝皇帝。清朝政府成立后亦于1643年与第五世达赖喇嘛建立联系，清朝皇帝曾给达赖喇嘛和西藏上层统治者金册金印等封赏，并邀请第五世达赖喇嘛率西藏僧侣官员3000多人赴京访问。在明代、清代，西藏活佛转世逐渐被纳入中央政府管理和国有典章法制范围之内。1792年，清朝政府公布法令，对呼图克图（ho-thog-thu，意为“圣者”）以上的上层大活佛实行“金瓶掣签”，从此形成藏传佛教的宗教仪轨，作为历史定制而延续至今。1995年，经过“金瓶掣签”和国务院批准，完成了十世班禅转世灵童寻访、认定和第十一世班禅的册立和坐床。自1792年至今，藏传佛教大活佛转世系统中有70多位转世灵童是经过“金瓶掣签”认定后报中央政府批准的。

11—13世纪，藏传佛教的主要宗派得以形成。在佛教传入之前，西藏本土的原始信仰为苯波教（Bon-po，亦称“本教”），藏族佛教徒后来称苯波教为“黑教”，以表明自己的信仰是“白”的，即纯洁的。不过，此后藏传佛教的发展亦结合了当地的苯波教。早期藏传佛教派别通常称为宁玛派（Rnin-ma），意即“古旧的学派”，在公元9世纪前为西藏佛教的主要教派，因其僧侣戴红帽而被称为“红教”。“后弘期”最早出现的宗派之一为噶当派（Bkav-gdams），有“佛语教授”之意，受阿底峡宣教影响而兴起，由仲敦巴所创立。1073 年，具有半革新形式的佛教派别创建萨迦寺，故兴起萨迦派（Sa-akya），“萨迦”意为“白土”，意指在白色土地上建的寺庙，但因其寺庙墙上刷有分别象征文殊、观音和金刚手菩萨的红、白、黑三色花条而史称“花教”。该派由昆·贡却杰布创立，以传扬“道果教授”等显密教法为主，曾禁止娶妻，后改为规定生子之后不许再近女人。其第五祖八思巴曾为元世祖忽必烈灌顶，被封为帝师，并以“大宝法王”身份代表中央掌管西藏政教大权，为西藏政教合一历史之始。另一种半革新的佛教派别亦在 11 世纪兴起，称为噶举派（Bkah-brgyud），意指“口授传承”，因其喇嘛穿白色僧袍和上衣而有“白教”之称，由玛尔巴所创。该派注重苦修，不重文字，倡导“中观见”之说。其后分为达波噶举和香巴噶举两支，派系颇多。该派首领曾在元、明两朝受册封而参政掌权，在格鲁派崛起后其势力衰减。藏传佛教影响最大的革新派由宗喀巴·洛桑札巴于 15 世纪初创立，其教派乃由 11 世纪中叶兴起的噶当派革新而来，称为格鲁派（Dge-Lugs），意即“善规”派，强调僧侣严守戒律，独身不娶，也有新噶当派之说，因其僧人戴黄色僧帽故习称为“黄教”，该派后来发展为藏传佛教中影响最大的教派。该派主张显密并重，修行时则先显后密。其以甘丹寺为主寺，故也有“甘丹派”之称，此后还发展出哲蚌、色拉、扎什伦布等名寺。格鲁派自明嘉靖二十一年（1542 年）实施活佛转世制度，并发展为两大活佛转世系统，一为“达赖”（Ta-lavi，蒙语，意为“大海”），始于明万历六年（1578 年），此传承至今为第十四世达赖喇嘛；另为“班禅”（Pan-chen，藏文，意为“大学者”），始于清顺治二年（1645 年），今已传至第十一世班禅额尔德尼（Pan-chen-er-te-ni，即班禅大师）。这些教派发展流传至今，彼此和谐共处，形成西藏宗教的基本形态。藏传佛教为藏族人的主要宗教，目前西藏自治区境内有 1700 多处寺院等佛教活动场所，住寺僧尼约

4.6万人，其著名寺庙包括拉萨三大寺（甘丹寺、哲蚌寺和色拉寺），以及大昭寺、扎什伦布寺、桑耶寺等，每年到拉萨朝佛敬香的信众就达百万人以上。

藏传佛教的经典称《藏文大藏经》（Bkab-stan-gyur），由《甘珠尔》（Bkav-vgyur）和《丹珠尔》（Bstan-vgyur）两部分组成，其中《甘珠尔》即佛语部的藏文译本，包括经藏和律藏的佛语部分；《丹珠尔》则为其论部的藏文译本，包括经律的阐明及注疏、密教仪轨及五明杂著等。此外，藏传佛教还保留有藏族苯教文献《苯教大藏经》（Bongyi-bkav-bstan）等。

（六）中国特色佛教形成之后的发展

北传佛教即汉地佛教或汉传佛教“八宗”的形成，标志着中国本土佛教自我意识的成熟及中国佛教体系的基本完成。在经历了“三武一宗灭佛”事件之后，中国古代社会的统治者也逐渐摸索出有效管理佛教的政策举措。宋代开始统计僧尼人数，制作每年一查的“刺帐”和三年一造的“全帐”。宋朝开始颁发表明僧尼合法身份的度牒，官民之间由此则出现买卖度牒之风。宋代以来禅宗盛行，并有着“文字禅”“看话禅”和“默照禅”等丰富多彩的表现，其“灯录”（禅宗僧传）、“语录”（禅师言行记录）被作为“公案”成为参禅辨识的准则，不少灯录亦编为官修禅书。与之对应，净土宗之阿弥陀佛净土信仰则成为普通民众的精神寄托和寻求救度的便捷之途，其风行及由此催动的各种民间结社也给中国基层社会结构带来了变动。宋代开始的儒、佛、道三教结合还导致了宋明理学的兴起。

元朝时民族关系的变化带来了社会人群不同等级的变动，元世祖忽必烈虽宽容各种宗教并召集各教各派展开辩论，却独尊藏传佛教，他采取了“尊教抑禅”政策，为此汉传佛教与藏传佛教亦有着冲突及结合。

明朝开国皇帝明太祖朱元璋曾出家为僧，掌权后一方面明令禁止大明教、弥勒教、白莲教等民间信仰，另一方面则加强对佛教的管理。朱元璋将佛教寺院及其僧人分为禅、讲、教三等，从中央到府、州、县地方各级分设僧录司、僧纲司、僧正司和僧会司来管理佛教。这一时期的佛教发展则出现教禅融合、禅净双修、禅律并行的局面，涌现出一批高僧大德。

清代佛教发展有着新的变迁，清王朝废除了试经度僧及度牒制度，对禅宗加以整顿，主张禅、教统一，禅、净、律并重，由此则使净土信仰得以发展。从国家统一的角度，清政府还加强了对藏传佛教的掌控及管理，故使汉传佛教与藏传佛教有着更多的相遇及对话。清末居士佛教异军突起，推动了佛教刻经活动和佛教变革运动。其著名代表杨文会（1837—1911 年）主持金陵刻经处约 40 年，印出佛经 3000 多卷，并在 1908 年创立佛教学校祇洹精舍、1910 年开设佛教研究会，从而使佛学研究得以复兴。

辛亥革命后，虚云（1840—1959 年）全力振兴禅宗，并参与佛教总会的筹建，这些经历使他成为中华人民共和国成立后中国佛教协会的首席发起人，并担任其首任名誉会长。从清末到民国初期，许多僧人如敬安、太虚、谛闲、虚云、弘一、月霞、印顺等推动佛教革新，形成现代人间佛教的发展，如太虚大师（1890—1947 年）于 1928 年提出“人生佛教”之说，并参与了佛教与基督教等宗教对话，使佛教的社会化及对慈善福利事业的投入进入一个全新阶段。

1953 年，中国佛教协会成立，会址设在北京广济寺，首届会长为圆瑛，其后担任会长的有喜饶嘉措、赵朴初、一诚、传印等人；这标志着佛教开始与中国社会主义社会相适应的发展，由此其也提出了“庄严国土，利乐有情”的社会主旨。进入 21 世纪以来，中国佛教不仅积极适应中国当代社会的改革开放，而且面向世界为人类和谐发展做出积极贡献。由中国佛教协会出面发起组织的世界佛教论坛迄今已举行了三届，包括 2006 年 4 月 13 日至 18 日在杭州、舟山召开的以“和谐世界，从心开始”为主题的首届世界佛教论坛，约 37 个国家和地区的 1000 余人出席；2009 年 3 月 28 日至 4

月1日在无锡、台北召开的以“和谐世界，众缘和合”为主题的第二届世界佛教论坛，约50个国家和地区的1700余人出席；以及2012年4月25日至27日在香港召开的以“和谐世界，同愿同行”为主题的第三届世界佛教论坛，约60个国家和地区的万余人出席论坛开幕式。在当代中国文化“走出去”进程中，中国佛教正在发挥着非常积极而独特的作用。

（七）佛教戒律、节日、经典及其教义思想

佛教之“戒律”为其戒、定、慧“三学”之一，其“戒”意指“禁制”，称为戒度，分为“止持戒”和“作持戒”两类，“止持戒”旨在让人“诸恶莫作”，“言止持者，方便正念，护本所受，禁防身口，不造诸恶，目之曰止；止而无违，戒体光洁，顺本所受，称之曰持”（《四分律行事钞》卷中四），分为“五戒”“八戒”“十戒”（“沙弥戒”）及“具足戒”等。“五戒”即不杀生、不偷盗、不邪淫、不妄语、不饮酒；“八戒”则在五戒之外另加三戒，即不眠坐高广华丽之床、不装饰打扮及观听歌舞、不食非时食（此为斋，指过午不食）；“十戒”为沙弥和沙弥尼所受戒条，即在八戒之外再加两戒，为不涂饰香鬘、不蓄金银财宝；“具足戒”亦称“大戒”，是比丘及比丘尼戒律，有比丘戒二百五十条、比丘尼戒三百四十八条等规定。“作持戒”则要人“众善奉行”，“作持，恶既已离，事须修善，必以策勤三业，修习戒行，有善起护，名之为作”（《四分律行事钞》卷中四），包括说戒、安居、身口意之修行等。“律”则意指“调伏”，亦有“灭”“离行”“化度”“善治”等意，其与戒不同之处乃在于律是专为出家比丘、比丘尼所制定。这种戒律典籍包括《四分律》《十诵律》《五分律》《摩诃僧祇律》等。佛教节日与其法事相关联，主要有佛诞节、涅槃节、成道节，以纪念释迦牟尼的诞生、逝世和成佛，此外还有盂兰盆节等。

佛教典籍总称“三藏”，其所汇总集称《大藏经》，包括经、律、论三

大部分，中国现根据所译语种和分布而存有巴利文《南传大藏经》、汉文《大藏经》、藏文《大藏经》、满文《大藏经》、蒙文《大藏经》、西夏文《大藏经》（残卷）以及中国佛教界也使用的日文《大藏经》等。基于这些经典及其诠释，佛教的基本教义主要是“四谛”与“十二因缘”。四谛讲的是“四真理之说”，即讲苦、集、灭、道之真谛。苦谛指现实存在种种苦难，集谛分析造成诸般痛苦的各种原因或根据，灭谛指出佛教理想中的无苦境界、涅槃升华，道谛则讲为达其理想之境而应遵循的手段和方法。佛教基于人世生活、现实社会的一个“苦”字来体悟人生，认为人生有八苦：生、老、病、死、怨憎会（本不愿在一起，却又必须在一起）、爱别离（极愿在一起的又不得不离开）、求不得苦（苦苦求索，却不得手）、五阴（或称五蕴）盛苦（即“色”——物质现象、“受”——感受、“想”——观念、“行”——意志、“识”——意识这五个方面聚集到一起所造成的一切身心痛苦），可谓“苦海无边”。这种“苦”观是佛教对人之现实存在的深刻体悟，而在分析苦的原因时，佛教则以其逻辑推理提出了十二因缘说，即将现象世界的存在分作十二个彼此互为条件或因果联系的环节；顺此逻辑而类推，人的无知（无明）引起了意志（行），意志引起了精神统一体的识（意识），由识引起了精神之“名”和肉体之“色”，由名色导致“六处”（眼、耳、鼻、舌、身、意——心）这六种感官，由感官而引起了与外界的接触（触），触则引起了感受（受），感受引起了贪爱（爱），贪爱导致了对外界事物的追求取着（取），由取引起了生存的环境“有”，有“有”则有“生”，有“生”也就有“老死”，这就是所谓“无明、行、识、名色、六处、触、受、爱、取、有、生、老死”十二因缘。佛教在此论“苦”之中心思想，是讲人生的痛苦事出有因，即由无明即愚昧无知而引起，故此只有消除无明，才能获得“回头是岸”的转机，真正得以解脱。

以此为基本，佛教进而推出“因果报应”“生死轮回”和“三世”即前世（过去）、今世（现在）和来世（未来）等说教。“佛”本是修行而达最高果位的“觉悟”之意，由此则从小乘佛教尊称的释迦牟尼和大乘涵括的一切觉行圆满者而引申出过去佛、现在佛和未来佛之说。过去佛有燃灯佛以及加上释迦牟尼佛的“七佛”（另外六佛为部派佛教所论毗婆尸佛、尸弃佛、毗舍婆佛、拘楼孙佛、拘那含佛、迦叶佛）之说，现在佛即释迦牟尼，而未来佛则有弥勒佛。与时间之“竖三世佛”相对应，佛教认为还有空间之“横三世佛”，即东方净琉璃世界的药师佛、东方妙喜世界的阿闳佛，婆娑世界的释迦牟尼佛，西方极乐世界的阿弥陀佛。从“佛身”之论则有“三佛身”，即佛法所成的“法身佛”、修行而成的“报身佛”以及为救度众生而须随机应化的“应身佛”。此外，从光明的意义上来理解佛则有大日佛（毗卢佛）或大日如来（释迦牟尼的法身佛）之说，由此更衍化出“五方佛”或“五智如来”的佛陀世界。与佛的普度众生相关联，佛教从修行者的方面又提出“菩萨”之说，此乃梵文音译“菩提萨埵”之简略，意为“觉有情”“大士”，即从自度升华为度人。中国佛教崇拜的菩萨主要为四位，即代表大智的文殊，以山西五台山为道场；代表大行的普贤，以四川峨眉山为道场；代表大悲的观音，以浙江普陀山为道场；代表大愿的地藏，以安徽九华山为道场。人的修行可达之境乃为“罗汉”或“阿罗汉”，中国佛教有十六罗汉、十八罗汉以及五百罗汉之说。

佛教提出了动变无常的世界观，对之有“三法印”（“印”即标准）之论，一为“诸行无常”，一切都在流变之中；二为“诸法无我”，万事万物乃因缘和合，并无主宰；三为“寂静涅槃”，超脱生死轮回则得永恒清净。虽然这是关于一切皆空、绝对之无的消极说教，其中却以对“轮回”之路的相对肯定而转达了一定的积极构想和对人之今生积极作为的勉励或鼓励。佛教认为“轮回”有下述六路：天、人、阿修罗（魔鬼）、畜生、饿鬼、地狱，并进而指出人的今生行为若达到佛教之“法”，来世就能有理想的转生，否则就会每况愈下、堕入地狱。这就是佛教所强调的“佛法之威”。佛教既然意在超越时空和超脱生死轮回，就给现实苦难中的人生一种启迪和解脱，这种“通透”之境赋予中国知识阶层和普通民众一种信仰意义的洒脱，使之能有“水穷云起”的觉悟。所以，不少中国知识分子认为在这种“看破红尘”的“治心”上，佛教实际上提供了“放得下”的台阶，让人能以“佛”理心，作为“破恶之方”来去除各种欲望、杂念。在20世纪初，一度认为中国无宗教、不主张中国人信仰宗教的“新文化运动”代表梁启超、梁漱溟等人曾很快放弃了已见，反而去倡导中国人信仰佛教、研习佛教。佛教作为一个整体而成为今天中国最大的宗教，自然有其睿智和哲理的流通，也得力于其在中国文化土壤中的新生和弘扬。

三　中国伊斯兰教

伊斯兰教在中国旧称“回教”“回回教”“回回教门”“清真教”“天方教”等，最初则有大食法、大食殊俗、大食教度等称谓。伊斯兰教在中国的传播以在少数民族及相关地区为主，形成了在回族、维吾尔族、哈萨克族、塔塔尔族、塔吉克族、柯尔克孜族、乌孜别克族、东乡族、撒拉族、保安族这十个民族中的发展。伊斯兰教主要有逊尼派和什叶派这两大教派，逊尼派内部又因对伊斯兰教法理解不同而分为哈乃斐学派、马立克学派、沙斐仪学派和罕百里学派这四大教法学派。中国穆斯林大多属逊尼派，其教法学派则主要遵行哈乃斐学派；但塔吉克族穆斯林与伊朗什叶派有历史关联，故其传承属于什叶派中的伊斯玛仪派。

（一）伊斯兰教的传入

伊斯兰教在唐朝时由丝绸之路传入中国。当时的阿拉伯帝国被中国称为大食。“大食与中国正式通使，确自唐永徽二年（西六五一）始。广州北门外有斡歌思墓，回教人认为始至中国之人……此墓当亦为永徽三年所建。"[①] 至唐贞观年间的百余年中，来华大食使者有几十人之多，包括伍麦叶王朝的白衣大食使节和阿拔斯王朝的黑衣大食使节等。当时两地经济繁荣，商业往来频繁，阿拉伯与波斯商人由陆上丝绸之路从大食、波斯恒逻斯、龟兹、河西走廊而来长安，而以海上丝绸之路前来中国的则大多聚集在东南沿海的广州、泉州、扬州、杭州等，卖出其运来的香料、象牙、药材、珠宝，带回中国的丝绸、瓷器、茶叶等，故海上丝绸之路亦为海上香料之路、丝瓷之路。这些来华的商人被称为蕃客、商胡、胡贾，大多成为侨寓的"住唐"，并随之在华婚娶相通、娶妻生子，形成新的混血民族，而且这些民族多以伊斯兰教作为其民族信仰。

关于伊斯兰教具体何时传入中国，仍存有不同说法。据考证，陈垣所提及的斡歌思（斡葛思）来华约为隋朝开皇年间，故不可能是传教者；唐永徽二年是大食派使节来到长安而并不一定代表着伊斯兰教的传入；此外还有唐武德时（618—626年）穆罕默德四大门徒来广州、扬州、泉州等地传教之说，这"四圣"的传说还与泉州灵山圣墓遗址相关联，亦无充分的历史证据。但在唐、宋之间伊斯兰教传入中国则是完全可能的。

唐朝时伊斯兰教的传入主要是因为大食波斯的贡使及商人来华经商，唐朝的强盛和开放使之对各个民族、各种文化采取了"兼容并包"的政策，伊斯兰教则被视为"大食法"而被包容，得以留存。当时有不少来华外国人长期留居中国，成为"蕃客"，其后代则称为"土生蕃客"。而穆斯林的波斯语音译还衍生出"菩萨蛮"之称。最初伊斯兰教东传以陆上丝绸之路为主，但"安史之乱"（755—763年）之后因西域吐蕃之阻而使海上丝绸之路成为其交往的主要途径，港口城市广州、泉州、杭州等蕃客密居、蕃坊林立，呈现其双向交往的繁荣之景。据传广州怀圣光塔寺就可追溯到唐

① 陈垣：《陈垣学术论文集》第1集，中华书局1980年版，第545页。

代，从其留存的塔、寺遗址考察，唐时的怀圣寺可能就是中国最早的清真寺之一。而杭州清真寺、真教寺据称亦始于唐，因其建筑形似凤凰展翅故亦称凤凰寺。唐代的“蕃商胡贾”到五代时期发展为“蛮裔商贾”，这标志着其“外夷”的身份已经弱化，而其中华元素则在逐渐形成。

宋朝时伊斯兰教在中国有了明显发展，其称谓也从多具世俗意义的“大食法”逐渐变为彰显出宗教意义的“大食教度”。五代时“蛮裔商贾”之说也渐为“土生蕃客”所取代。唐宋之际中国穆斯林从“侨民”到“土生”的演变，为此后形成“回回”民族奠定了重要基础。北宋初在中国北方已有清真寺的建造，据传北京牛街清真寺的始建就可追溯到北宋初至道二年（996 年）伊斯兰教的传入。北宋真宗大中祥符二年（1009 年）泉州穆斯林修建了具有阿拉伯风格的大清净寺（亦称圣友寺），而南宋末年在扬州也建立有仙鹤寺。这样，唐宋间中国东南沿海四大著名清真寺即广州怀圣寺、杭州凤凰寺（真教寺）、泉州圣友寺（清净寺）和扬州仙鹤寺的建立，标志着伊斯兰教已在中国内地生根开花。至宋末，中国伊斯兰教的侨民宗教身份已逐渐消失，而其中国本土特点则在慢慢形成。

唐宋之际中国西域政治跌宕起伏、变化不断，给伊斯兰教在中国西部边疆的传播带来了重要历史机遇。唐朝末年，西迁回鹘的一支在汗族庞特勤率领下进入新疆西部和中亚地区，联合葛逻禄、样磨诸突厥语部族建立喀喇汗朝。该少数民族王朝从公元 9 世纪中叶延至 13 世纪初，在前后 370 多年之间历经中原地区从唐至南宋的改朝换代。喀喇汗王朝最初实行双汗制，大汗称“阿尔斯兰（狮）汗”，副汗称“布格拉（公驼）汗”。这些汗朝首领有着明显的中国意识，其头衔中具有“桃花石汗”（中国汗）、“东方和中国王”等称号。[①] 其第一可汗即大汗毗伽阙·卡迪尔汗以长幼子分东西两汗，东支由大汗亲自执掌，后由长子巴兹尔继位，首府在巴拉沙衮（今

① 参见李进新《新疆宗教演变史》，新疆人民出版社 2003 年版，第 193 页。

吉尔吉斯斯坦境内）；西支由次子奥古尔恰克担任副汗，首府最初在坦逻斯（今哈萨克斯坦境内）。起初喀喇汗朝统治者以信仰摩尼教、佛教为主，奥古尔恰克就是佛教徒，其臣民亦多信奉佛教，但同时还有祆教徒、摩尼教徒、景教徒和穆斯林并存。这一时期伊斯兰教的东扩已经发展到中亚地区，并先后建立起信奉伊斯兰教的塔希尔王朝（821—873 年）、萨法尔王朝（873—903 年）和萨曼王朝（874—999 年）。奥古尔恰克时期的喀喇汗朝常与萨曼王朝发生战争，893 年坦逻斯失陷，奥古尔恰克被迫迁往喀什噶尔（今新疆喀什）。据传此后萨曼王朝王子纳斯尔因宫廷政变而逃到喀什噶尔，并得到奥古尔恰克的信任而执掌阿图什城的统治权，在当地修建了新疆最早的清真寺。奥古尔恰克的侄子萨图克此间受纳斯尔王子的影响而皈依伊斯兰教，随后又在萨曼王朝穆斯林的支持下约于 915 年发动政变推翻奥古尔恰克，获得布格拉汗之位。萨图克执政后以伊斯兰教法来实施其统治，使喀什成为新疆最早传入伊斯兰教的地区，而喀喇汗朝则成为新疆地区历史上第一个信奉伊斯兰教的王朝。萨图克之子穆萨继位后约于 960 年宣布伊斯兰教为国教，所属 20 万帐（近百万人）突厥人皈依伊斯兰教。这一历史对伊斯兰教后来在新疆地区的发展起了极为关键的作用。

元朝时蒙古西征，将大批穆斯林带回中国，这些人被元朝官方统称为“色目”人或“回回”。与蒙古部落的崛起和扩张相关，元代官书称来自中亚、波斯和阿拉伯的人为“回回”，属当时“色目”人部分。北宋沈括（1030—1095 年）的《梦溪笔谈》以“回回”指唐人所言之“回纥”或“回鹘”，此乃汉文文献最早提及“回回”；《辽史》“回回国”指喀喇汗（黑汗）王朝；元代政府设有专管伊斯兰教事务的机构，称“回回掌教哈的所”，“哈的”是伊斯兰教法官“卡迪”的阿拉伯语音译。显然，伊斯兰教在元朝已经是与佛教、道教、也里可温等教并存的宗教，此时可能亦有“回回教”或“回回教门”之称，但尚未普遍流行或被正式采用。直至元末明初叶子奇的《草木子》始有“回回教”一名，从此回回教作为宗教表述而与全真教等并列，进入古代文献记载。其礼拜场所称“寺”亦始于元代，明中叶前后遂有“清真寺”专称，而其他宗教“则力避清真之说”。元朝时伊斯兰教在中国的形态、功能得以健全。“也只是到了元代，中国伊斯兰教才真正地出现了宗教职业者阶层。他们或者被称为‘答失蛮’，或者被称为‘哈的’（教法执行者），或者被称为‘回回大师’。此外，还有被称为‘迭里威失’的苏非派托钵僧。他们不事产业，流浪、云游、苦练内功，是神秘主义者。而一般信徒则被称为‘木速鲁蛮’（‘穆斯林’的波斯语音变）。”①

元时“回回”所属色目人地位较高，仅低于蒙古人而要高于汉人，这是因为蒙元军队西征、东伐、南侵时带来了大量西域穆斯林的东迁，是其扩展的重要力量和得力帮手。这些“回回人匠”“回回炮手”等“百工技艺极精，攻城之具尤精”，且“擅水陆利”，在蒙古族征战中发挥了巨大作用。而征战结束后他们留居中土，元朝政府对其安排自有优待，在权利分配等方面乃“罢诸路女真、汉人为达鲁花赤者。回回、畏兀、乃蛮、唐兀仍旧”②。这种政策加速了元时伊斯兰教在中国的发展，故“回回皆以中原为家，江南尤多”（周密：《癸辛杂识》），亦形成了西域回人向全国各地的移民扩散，其结果是回人东来“元时已盛”，曾形成“元时回回遍天下”③的壮观场景。

元时蒙古人的西进以东西相连的陆地丝绸之路为主，他们促成了沿途穆斯林民族的东迁，推动了中国境内民族、宗教的发展。元初蒙古人崛起时所信奉的是其传统宗教萨满教，成吉思汗在对外扩张的征程中意识到征

① 秦惠彬：《中国伊斯兰教与传统文化》，中国社会科学出版社1995年版，第33页。“所谓‘答失蛮’系波斯语音译，意为伊斯兰教的‘宗教职业者’。”同此书，第25页。

② 《元史·世祖本纪》。

③ 《明史·西域传》卷三二三。

服天下除了“武攻”还需“文治”，为此他一方面重用佛教信徒耶律楚材参与治国，另一方面则两次下诏请全真道教首领丘处机这位“天赐仙翁”来撒马尔罕面谈治世之道，“以寤朕志”。其博采众长之态使之制定了“优待一切宗教”“敬重一切宗教”的政策，这一宗教政策也被其继承者所基本保持。不过，统治者对诸种宗教中的偏好或首选也在一定程度上影响了元朝宗教的发展。成吉思汗生前曾将其征服的疆土及其政治权力分给其四子，包括长子术赤、次子察合台、三子窝阔台、四子拖雷，并指定窝阔台继位。其中察合台的领地为今新疆南疆地区，从畏兀儿境往西经伊犁河流域至河中的草原地区；窝阔台的领地则包括今新疆塔城、阿尔泰地区和蒙古本土西部。窝阔台支持各教平等，其子贵由继任后虽偏向基督宗教，却仍保持了各教自由发展。拖雷长子蒙哥继贵由之任后也表示要“谨守成吉思汗遗教，对于任何宗教，待遇同等，无所偏袒”①，但其态度已倾向佛教。他在哈喇和林于1255年和1256年组织了两次宗教辩论会，会上佛教与基督宗教、伊斯兰教联手而使道教辩者“义堕辞屈”，蒙哥则以“掌”“指”之喻来比较佛教与其他宗教的关系。忽必烈继位后也曾表示，“全世界所崇奉之预言人有四，基督教徒谓其天主是耶稣基督，回教徒谓是摩诃末，犹太教徒谓是摩西，偶像教徒谓其第一神是释加牟尼。我对于兹四人，皆致敬礼，由是其中在天居高位而最真实者受我崇奉，求其默佑”②。但他同样以佛教为本，基此才兼容各教。对于元朝统治者的这种态度，此后有抑道扬佛之书如此描述说：“今先生言，道门最高。秀才人言，儒门第一。迭屑人奉弥失诃，言得升天。达失蛮叫空，谢天赐与。细思根本，皆难与佛齐。帝时举手而喻之曰：譬如五指皆从掌出，佛门如掌，余皆如指。不观其本，各

---

① 多桑：《多桑蒙古史》上册，冯承钧译，中华书局1962年版，第264页。

② 《马可·波罗行纪》，A. J. H. Charignon 注释本，冯承钧译，党宝海新注，河北人民出版社1999年版，第293页。

自夸玄，皆是群盲摸象之说也。”[1] 不过，尽管元朝统治者最终选定佛教为其主要宗教信仰，但仍然不能避免伊斯兰教明显发展的现象。甚至忽必烈之孙安西王阿难答也成为虔诚的穆斯林，并影响到其统率的15万蒙古大军的信仰，他在元成宗、武宗之际曾遭监禁和改宗佛教的规劝，但他视死如归不曾改变自己的信仰。

与这些地区不同，察合台的封地则在新疆和中亚一带，主要为伊斯兰教的活动范围。蒙古的札撒（法律）与当地穆斯林所遵守的伊斯兰教法出现了明显冲突，由此引起了当地民众的起义反抗。随着时间的推移和与伊斯兰文化的融合，蒙古统治者内部出现分化，一些蒙古宗王皈依了伊斯兰教，如钦察汗别尔哥、察合台后裔木八剌沙、八剌等人。成吉思汗之孙、术赤之子别尔哥继其兄拔都之任掌管钦察汗国（亦称金帐汗国）之后，成为皈依伊斯兰教的第一位蒙古汗王。察合台汗国在其发展中将位于伊犁河谷地区的阿力麻里作为其首府，并随着城市的建立也引入了伊斯兰教。14世纪初，察合台汗国分裂，汗位更迭频繁，其中一些掌权者利用了伊斯兰教的势力，并皈依伊斯兰教。特别是1347年继位的察合台后王秃黑鲁·帖木儿汗宣布皈依伊斯兰教，伊犁地区的16万居民随其“剪掉长发归信伊斯兰教”。察合台汗国所在地区包括历史上喀喇汗王朝的辖区，故而本有较强的伊斯兰教信仰传统。这样，元朝后期活跃在西域的察合台汗国随之以武力不断扩张，对库车、沙雅等地的佛教势力加以打压，实现了其政治上和信仰上的双重征服，由此强力推动了伊斯兰教在中国西北边陲的发展，从而使新疆地区历史上原有的摩尼教、佛教、基督宗教等信仰逐渐消失。至16世纪，新疆全境的居民大多已改宗伊斯兰教，并基本形成这一宗教发展的近代格局。

在元朝时，信奉伊斯兰教的中国相关少数民族群体已基本形成，出现了中国伊斯兰教的两大系统。一是在中国内地，外来穆斯林随着与中华民

---

① 祥迈：《至元辨伪录》卷八，参见秦惠彬《中国伊斯兰教与传统文化》，中国社会科学出版社1995年版，第35—36页。

族长期融合所经历的唐代“蕃商胡贾”、五代“蛮裔商贾”、宋代“土生蕃客”、元代“色目人”的演变，到元时已经形成了代表中国穆斯林发展重要标志之一的“回回”民族，即信奉伊斯兰教的回族等民族的统称。元时把来自海道的穆斯林称为“南蕃回回”，来自西域的则称“西域回回”，对军队中的穆斯林有“诸道回回军”“西夏回回军”“回回炮手”之称，而退伍在各地屯田农垦的穆斯林则被直接称为“回回人”，在统计户口时也开始用“回回户”之专称，甚至在科技文化领域也有了“回回国子监学”“回回司天监”“回回药物院”等表述。可以说，“回回”作为今天习用的“回族”之别称，在元代时已经成为专门用来表达中原地区信仰伊斯兰教的穆斯林群体族籍的称谓。二是在中国西北边陲即今新疆地区，以维吾尔人为主的少数民族及元时留居当地的蒙古人等基于喀喇汗王朝和察合台汗国等中亚地区伊斯兰教的发展，则逐渐形成了维吾尔族等族的伊斯兰教信仰系统。这两大系统的伊斯兰教发展，初步奠立了中国穆斯林的分布格局和信仰特点，构成了中国伊斯兰教与这些少数民族发展的密切关联。

（二）明代以来伊斯兰教及其中国化发展

明代中国伊斯兰教的发展呈现出“大分散、小集中”的特点，明初京城南京曾是穆斯林集中之地，一度形成回族云集金陵城的局面。而随着明王朝海禁政策的实施，中国穆斯林同外界伊斯兰教世界的联系被隔断，东南沿海地区伊斯兰教的发展受到阻碍。此外，明王朝大修长城，“以墙固沙”、抵御“夷狄”的举措，则使其华夷之别的思想及闭关锁国的政策影响到与西域少数民族的联系。这实际上导致了海上丝绸之路与陆上丝绸之路的阻隔，为中国此后闭关锁国的封闭及其发展的滞后埋下了伏笔。不过，这种与外界伊斯兰教世界相隔离的处境，也迫使在华伊斯兰教加速了其中国化的进程，这在内地尤为突出。中国内地穆斯林以回族为主，其分布主要在西北地区，尤其在甘、陕所处之河西地区。这种局面在元代已基本形成，恰如史籍所载，“回人自陕、甘来，元时已盛”，“甘肃地近西域，多回回杂处”，“元时回回遍天下，及是居甘肃者尚多”①。可以说，这种在西北地区回族人数占全国回族总数绝大部分的格局在明代已基本完成，并且保持此状至今而无根本性变化。当时明王朝对在华伊斯兰教实行了“转相化导”的政策，在经济上则减弱了对外商贸的发展转而推进“重农抑商”的政策。为此，生活在中国大社会中的穆斯林小社会必须适应这种状态，促成其自觉从内部转换来有效融入中国社会及其文化。

明初统治者在社会恢复期曾对具有商业特色的穆斯林发展加以鼓励，并有着“厚往薄来”的主动外交。明王朝不仅表示要对这些“外族”采取“优免差役”的政策，使之“与中夏之民抚养无异”，而且还派信奉伊斯兰教的回族将领郑和（1371—1435 年）率领船队七下西洋，显示明王朝的强势和威力，“呈现出一幅中国人海上称雄的图景”（李约瑟语），其船队先后到过 30 多个国家和地区，从而开拓了其海上丝绸之路的疆域，促进了亚非众多国家和地区的政治、经济和文化交流，亦使这些区域的宗教，特别是伊斯兰教的发展有了明显提升。这一壮举使郑和有“环球航海第一人”之称，也使中国穆斯林在明王朝中的地位有所提高。虽然这只是明初短暂的海上丝绸之路的辉煌，却有着重要的历史意义和对当今发展的独特启迪。

明朝以来，元末形成的中国伊斯兰教发展的两大系统更为明显，而且使有其信仰的 10 个少数民族主体逐渐成熟，并相应有着对上述两大系统的归属。从其地域分布来看，信奉伊斯兰教的回族、撒拉族、东乡族和保安族这 4 个少数民族是主要生活在中国内地的穆斯林族群。其中回族为在中国分布最广的少数民族，归属于伊斯兰教逊尼派，遵行哈乃斐学派教法。回族的先辈为唐宋时期来华后定居的阿拉伯人和波斯人，通过其历史演变进

---

① 参见秦惠彬《中国伊斯兰教与传统文化》，中国社会科学出版社 1995 年版，第 26、48 页。

程中与汉人、蒙古人和维吾尔人的通婚融合而成，在语言、文化方面逐渐与汉族贴近，却保留了其伊斯兰教信仰及其礼俗。撒拉族也有“沙喇族”“撒拉回”“撒拉儿”等称呼，在元代时由居住在中亚撒马尔罕的西突厥乌古斯部落撒鲁克人的一支东迁而成，其演变亦包括与汉族、藏族等的联姻，最初只奉行逊尼派哈乃斐学派教法，后有临夏传入的苏菲主义华寺门宦和哲赫林耶门宦参入其内，故而有了教派纷争。东乡族的先辈乃中亚的撒尔塔人，13 世纪随成吉思汗西征军来到河州（今甘肃临夏）东乡定居而得名，其民族形成亦包括与当地汉族、蒙古族和回族等的通婚联姻，在发展过程中形成伊赫瓦尼、北庄门宦、胡门门宦、张门门宦等派系。保安族亦称“保安回”，由蒙古族中的穆斯林和中亚“回回人”与汉族、藏族、土族融合而成，因明朝所建保安营、保安堡发展为当地保安城、下庄和尕撒尔这著名“保安三宝”，此后则成为其民族之名，其信仰属伊斯兰教逊尼派，遵行哈乃斐学派教法。

而另一系统则包括维吾尔族、哈萨克族、柯尔克孜族、乌孜别克族、塔塔尔族、塔吉克族这 6 个少数民族族群，主要分布在西域即今新疆和中亚相关地区。“维吾尔”意喻“团结”“同盟”“联合”“结合”，其民族由唐代回纥人灭掉突厥汗国后所建回纥汗国及其后的高昌回鹘发展而来，曾用古突厥文、回鹘文，后以阿拉伯字母创立维吾尔文，在喀喇汗王朝时期引入伊斯兰教，于元朝时获其鼎盛发展。哈萨克族自两汉时期开始由匈奴、乌孙、阿兰等族所融合而至，15 世纪中叶脱离乌兹别克汗国，以建立哈萨克汗国为标志而形成其民族，同时亦将伊斯兰教作为其民族宗教。柯尔克孜族有“山地上的人”之说，最初由今南西伯利亚叶尼塞河上游地区迁徙而来，早在公元前 3 世纪就在漠北匈奴的压迫下迁至天山附近，840 年推翻回纥汗国建立柯尔克孜汗国，10 世纪以来逐渐引进了伊斯兰教。乌孜别克族原属 14 世纪蒙古钦察汗国的乌兹别克汗，主要信仰伊斯兰教，《元史》称“月即别”或“月祖别”，15 世纪末南下占领布哈拉、撒马尔罕、塔什干，与当地居民融合而形成乌兹别克人。“塔塔尔”即历史上“鞑靼”的译音，与“达旦”“达达”和“达靼”意同，13 世纪以来由钦察汗国统辖的喀山汗国发展而成，为钦察汗人、蒙古人等使用突厥语的部落相互融合的结果。塔吉克族本属欧罗巴人种，其民族历史可以追溯到远古在帕米尔高原生活、使用东伊朗语的粟特、吐火罗、巴克特里亚等部落，公元 1 世纪时其在塔什库尔干建立竭盘陀国，此乃塔吉克族之始，该族从 11 世纪起就信奉伊斯兰教什叶派的伊斯玛仪支派，从而与其他 9 个相关少数民族所信奉的伊斯兰教逊尼派明显不同。这 10 个少数民族的信仰传统基本上保持到当今，故而形成其与伊斯兰教已很难分割的历史文化。

明代以回族为主的中国穆斯林有意识地加强了对中国文化的认同、研习和运用。这一时期的最大特点就是伊斯兰教经堂教育的兴起及蓬勃发展。随着明王朝闭关锁国政策的推进，中国穆斯林与外面伊斯兰教世界的联系减少，而回族等穆斯林汉语的普及和阿拉伯文、波斯文的渐被遗忘，在明中叶已经开始显现伊斯兰教信仰存在及理解的危机。为此，一批回族穆斯林知识分子开始尝试新的途径来重新弘扬其信仰传统，扭转这一不利局面。其中的关键性突破，即超出传统的家庭教育之界限而发展出独具中国伊斯兰教特色的社会性和公共性经堂教育。这一经堂教育的开创者是陕西咸阳渭城人胡登洲（1522—1597 年），他深感当时“经文匮乏，学人寥落，既传译之不明，复阐扬之无自”，“遂慨然以发明正道为己任”，决心“设馆于家”、汉译经书，“以为斯土万世法”，从而率先兴起了中国穆斯林的经堂教育，形成其“陕西学派”。[①] 中国伊斯兰教经堂教育旨在宗教知识教育和培养经师阿訇，随之形成了各种学派，而胡登洲的弟子更是开创了中国清真寺兴办学校之风。这种经堂教育起初仅具有“私塾”教育的性质和规模，但在其不断发展中规模扩大，并具备了从小学、中学到大学的专业化、系

① 参见《中国五大宗教知识读本》，社会科学文献出版社 2007 年版，第 264 页。

统化全套教育课程。其中小学属基础教育，课程包括学习阿拉伯文字母、诵读“清真言”、日常宗教生活之用“都阿”、沐浴礼拜和斋戒常识以及《古兰经》选读《亥听》；中学为中等教育，或设于经堂小学作为其高级班，或设于经堂大学作为其初级班，具有过渡性质；大学乃高等教育，一般为专门培养阿訇的学校，学生有“海里凡”“满拉”之称。[①]

明末中国伊斯兰教经堂教育也开启了中国穆斯林学者汉文译经及著述活动，这一传统在清代亦得以延续，涌现出王岱舆、马注、刘智、马复初等“回而兼儒”的著名学者，他们“以儒诠经”，突出“忠君”“孝亲”“中道”思想，推动了伊斯兰教义与中国思想文化的深层次交流沟通。王岱舆（约1584—1670年）是金陵回族，因博览群书，潜心比较儒、佛、道与伊斯兰教而有“学通四教”之誉。他著译有《正教真诠》《清真大学》《希真正答》等书，提出真一、数一、体一的“三一”认主学，以及“忠于真主，更忠于君父，方为正道”的伊、儒结合之忠诚伦理观，故被视为中国回族穆斯林学者系统阐述伊斯兰教理的第一人。马注（1640—1711年）为云南金齿（今保山）回族，著译有《经权》《清真指南》《樗樵集》等，在解读伊斯兰教经典时自认已获“修齐治平”之“至理”。刘智（约1662—约1730年）为江宁府上元（今江苏南京）回族，亦以天方之学来会通诸家，读书万卷，著译百部，留有《天方性理》《天方典礼》《天方至圣实录》《五功释义》《天方字母解义》《天方三字经》《真境昭微》等，曾潜心关注天文、地理、人体生理的“三极之学”，既编译穆罕默德的实录之“天方至圣”，也承认儒家孔子亦为至圣之法，宣称“圣人之教，东西同，今古一”，将宋明理学与伊斯兰教理相结合来诠释天方性理，把中国传统道学与苏非主义相对照来体悟中阿神秘主义，指出伊斯兰教即“道有教而无像，教有法而无身”，使天道五功的理解与天人之究有机关联，从而在当时曾掀

① 参见米寿江、尤佳《中国伊斯兰教简史》，宗教文化出版社2000年版，第152—153页。

起伊、儒对话的高潮，并使汉文伊斯兰教译著活动得到有力推动。马复初（1794—1874年）属云南太和（今大理）回族，因感人到中年却“真传之未得，名师之罕遇”而于1841年赴麦加朝觐，随之周游中东各国，并游学东南亚，回国后设帐讲学，一时“四方从学之士，星列云集，可谓盛矣”。马复初著译有《大化总归》《四典要会》《性命宗旨》《祝天大赞》《醒世箴》《道行究竟》《醒迷要道》《据理质证》《天方豪引歌》等，所译《宝命真经直解》五卷乃《古兰经》的最早汉文节译本；此外，他还编纂了前人译著《真诠要录》《指南要言》《天方性理注释》《至圣实录宝训》等作为经堂教育的教材。① 在这四大著名回族著作家的带动下，明清伊斯兰教开始全面而深入地与中国传统思想文化对话、沟通，在其著译解读、清真寺建筑、地方风俗习惯等方面都体现出了中国元素的存在及中国风格的彰显。

（三）中国伊斯兰教派、门宦的兴起

清代是中国伊斯兰教发展趋于成熟的时期，也是其中国特色逐渐显现的历史阶段。“就中国伊斯兰教本身而言，清代有四件大事：一是中国伊斯兰教义学的形成；二是教派的出现；三是穆斯林的起义；四是经堂教育的发展。”② 中国伊斯兰教派、门宦的兴起，一方面表明其中国自我意识的萌生，另一方面也反映出中国传统文化及相关地方文化的一些特点，二者的有机共构就形成了其中国特色。

从与世界伊斯兰教的关联来看，中国伊斯兰教除了塔吉克族信仰什叶派和少数维吾尔族信仰十二伊玛目派之外，大多为逊尼派信徒；而在教法

① 参见《中国五大宗教知识读本》，社会科学文献出版社2007年版，第264—274页。

② 秦惠彬：《中国伊斯兰教与传统文化》，中国社会科学出版社1995年版，第50页。

教律的遵从上除了新疆有少数人遵从沙斐仪教法学派之外，大多属于哈乃斐教法学派。在伊斯兰教传入中国后所发展出的众多教派中，较有影响的包括格底木、伊赫瓦尼和西道堂这三大教派和新疆的依禅派，以及虎非耶、哲合林耶、嘎达林耶和库布林耶这四大门宦。“门宦”是指伊斯兰教苏非教团传入中国后结合中国宗族社会结构而形成的分支教派，最初本用其苏非教团原名或以其赞念特征命名，这一表述始于清中叶，源自乾隆年间甘肃临洮北乡穆夫提教派第六代教主马显忠（1736—1795 年）因改善回、汉关系等功而被清廷赐予“统领”头衔，其所统管的河州各教派被当地群众称为“七门八宦”，从此而有“门宦家”之称，并于光绪二十三年（1897 年）在河州知州杨增新《呈请裁革回教门宦》公文中正式出现，遂逐渐流传开来。

格底木亦有格底目、格迪目、阁的木等译称，意指“老教”“尊古派”或“古行”，因其历史久、信众多、传播广、影响大而被视为中国穆斯林的多数派或主流派别，以回族、撒拉族、东乡族、保安族和维吾尔族等族为主，流行在甘肃、青海、新疆一带。其特点在教义上属逊尼派思想，遵守“六大信仰”和“天命五功”，实行以清真寺为中心的教坊制度，由伊玛目、海推布和穆安津（清末改为开学阿訇、二阿訇和穆安津）“三掌教制”来管理清真寺，积极开展经堂教育，主张“以儒诠经”的求同融合发展。

伊赫瓦尼派亦称伊合瓦尼派，原意为“兄弟”，强调“穆斯林皆兄弟”，因晚至 19 世纪末才出现故被称为“新教”“新兴教”“新兴派”或“新行”，又称“艾赫勒·逊奈”，意即“遵经派”“圣行派”，主张“尊经革俗”“凭经行教”。该派于 1892 年由朝觐归国的甘肃河州（今甘肃临夏）东乡族阿訇马万福（1849—1934 年）创立，提出“一切回到《古兰经》去”的复古思想，甚至号召“打倒门宦，推翻拱北”，对苏非派的部分做法持反对态度，有着教义和礼仪改革上的十项主张，包括“不集体念《古兰经》，一人念众人听；不高声赞主赞圣；做功课时不多捧手念‘都哇’；不朝拜拱北或道堂；不请阿訇聚众做讨白（忏悔）；不提倡纪念死者忌日；不用《古兰经》为亡者赎罪；不鼓励五功以外的副功；处理教法问题以易行为原则；不能请人代念《古兰经》等”[①]。但该派主张“中阿并重”，鼓励用汉文来宣传教义，重视经堂教育。1937 年后该派分裂为苏派和白派，苏派即以尕苏个为首，人数较多，因主张礼拜中只抬手一次故称“一抬教派”；白派则以尕白庄为首，信徒较少，因主张礼拜中抬手三次而也有“三抬教派”之名。

西道堂初名金星堂，1903 年由马启西（1857—1914 年）创立于甘肃临潭，1909 年改名为西道堂；因受刘智影响而主张以汉文译著为其传教依据，故又有汉学派之称。西道堂是融合中华文化较为成功的中国伊斯兰教门宦，突出强调“本道堂根据清真教义，并祖述清真教正统，以宣扬金陵介廉氏学说，而以本国文化发扬清真教学理，务使本国同胞了解清真教义为宗旨”[②]。其将伊斯兰教理与中国文化道统有机结合，强调教乘与道乘并重，以求“修身以礼，明心以道，尽性复命，全体归真”。而其与众不同之处就是特别注重教育和人才培养，兴办学校，提高信众文化水平，并在道堂内推行集体生活，以群体之力来经商、务农、发展各业，从而达到一种宗教派别与经济社团风格独特的有机结合。

依禅派（波斯文 Ishan，意指“他们”，其首脑之称）亦称伊禅派、伊善派，因其具有伊斯兰教神秘主义特点而被泛称为“苏非派”“神秘派”“出世派”等。元时因苏非教团传入而产生于新疆，“约 13 世纪，被成吉思汗流放到哈剌和林的布哈拉长老大毛拉叔札乌丁的后代和大毛拉·和卓额西丁的祖辈来到了吐鲁番、于阗之间的罗布·怯台，开始传播依禅派教义。后额西丁协助秃黑鲁·帖木儿汗在天山北部推行伊斯兰教，额西丁家族被赋予世袭库车、阿克苏、乌什等地伊斯兰教长老的特权，成为天山南部地

① 《中国五大宗教知识读本》，社会科学文献出版社 2007 年版，第 258 页。

② 同上书，第 257 页。

区苏非派的世袭首领。从此，和卓—依禅势力不断发展”[①]。在此，“依禅”指宗教意义上的道统品位及道乘世袭，而“和卓”（波斯文 Khvaje，意指“显贵”“富有者”，对具有“圣裔”即穆罕默德或哈里发后裔身份者的尊称）则为世统身份及贵族特权。“和卓的具有依禅品位（道统品位）与依禅的具有和卓身份（世统身份），使得依禅主义、依禅派在新疆地区得到了充分的发展，并取得了更大的世俗权力，即更加封建化。”[②] 15—17 世纪，依禅派所占土地已经成为维吾尔地区农奴制的重要支撑。依禅派基于逊尼派而吸收什叶派思想，结合苏非神秘主义而推行禁欲断念等修道方式，并且加入了一些维吾尔族的习俗，还有着宗教与世俗权力融合、经济力量与军事武装的共构，曾在新疆形成巨大影响。依禅派后来分化为虎非耶、哲合林耶、苏赫拉瓦尔迪耶、拉希提耶这四大分支，其中虎非耶派又分出白山派、黑山派，苏赫拉瓦尔迪耶派也分出依纳克耶、达瓦尼耶、依西克耶等派。

在中国伊斯兰教四大门宦中，虎非耶亦称“低声派”或“低念派”，以其阿拉伯文音译为名，意即“隐藏”“低声”，以其低声念诵赞词为特征，即主张“闹中静”，能在“现世的繁华”中修持道乘，每日不断。虎非耶约于 16 世纪传入新疆，其在内地出现于清康熙年间，由马来迟（1681—1766 年）于雍正十二年（1734 年）始建花寺门宦，后发展为约 21 个分支门宦，以拱北为修道办教场所，教职分为穆尔西德、海里凡、穆里德三级，分布在甘肃临夏、兰州等地。

哲合林耶亦称“高念派”，与虎非耶相对，时称新教，以其阿拉伯文音译为名，意即“公开”“响亮”“高声”，主张“高声诵念迪克尔”。该门宦约 16 世纪经中亚传入新疆莎车、喀什等地，1744 年由马明心（1719—1781 年）传入甘肃、宁夏、青海等地。哲合林耶因与花寺门宦发生冲突而于

---

① 米寿江、尤佳：《中国伊斯兰教简史》，宗教文化出版社 2000 年版，第 134 页。
② 同上书，第 135 页。

1781 年爆发“苏四十三起义”，起义失败后马明心被杀害，该派于 1784 年再次爆发为其复仇的反清起义，遭镇压后于 1862 年再举起反清大旗，于 1870 年又以失败告终，此后开始与官府和地方势力妥协。该派虽屡遭镇压却仍为传播最广、影响最大、信众最多的门宦。其教义突出“敬主赞圣，遵经从训”，主张“教乘”为先，“道乘”其后，信众在五时礼拜中要集体高念“迪克尔”，其教权分道堂、教区、教坊三级，有教主、热依斯和开学阿訇三位一体的管理体系，教主由传贤制演变为世袭制，教众须听从教主“口唤”，有较强的“为主殉教”观念，尊崇拱北，在服饰上男子戴黑白六角帽、不留鬓须，女子不戴盖头。该派后分化出多个各自独立行教的分支门宦，共约 830 余教坊，分布在甘肃、宁夏、青海、新疆、陕西、云南、贵州等地。

嘎达林耶亦称戛迪林耶，为其阿拉伯文音译，源于 12 世纪其卡迪里教团创始人阿卜杜勒·卡迪尔·吉拉尼（1078—1166 年）名中“卡迪尔”一词，清康熙初年由自称穆罕默德后裔的和卓·阿卜杜拉传入甘肃、宁夏、青海一带，后分化为祁门、鲜门、马门（云南马）三派，并形成众多分支门宦，包括大拱北门宦、韭菜坪门宦等著名门宦。该派受佛道思想影响较大，主张“道”先、“教”后，认为“道中有教”，“教”由穆罕默德言行所成，“道”则超越自然及创造，乃永恒不变，因此强调道乘修持，主张精修悟道，认为仅靠遵守五功并不能“近主”“认主”，而“道”则是“本然”“真一”“独一”，只有修身养性、坐静参悟，才能返本还原，真正“近主”“认主”。其清真寺实行单一教坊制，教众选聘阿訇，以拱北、先贤精修地为活动中心，主要分布在甘肃、宁夏、青海、陕西、四川等地。

库布林耶亦为阿拉伯文音译，意指“至大者”，源自 13 世纪波斯苏非派纳吉姆丁·库布拉维所创立的库布拉维教团，约于清康熙年间由阿拉伯人穆呼引的尼传入中国，其三次来华传教，先后到过广东、广西、湖南、湖北、甘肃等地，后定居甘肃河州东乡大湾头，改姓张，成为东乡族成员，故有“张门，大湾头”门宦之称。该派基于《古兰经》和圣训，遵行五功，主张精修参悟修持，且多幽居山洞清修，少则要40天，多则达120天之久。其教众分布在甘肃临夏、东乡、康乐、兰州等地。

这种门宦组织一般以门宦谢赫作为其信众的最高精神领袖和世俗首领，由其委派的热依斯管理各地教务，由掌教阿訇负责基层教坊教务、主持宗教礼仪。这些门宦多有教主崇敬，并为其创始人、掌教人及其家族成员修建墓冢即拱北，由此使拱北成为门宦的宗教象征。而且，这些门宦的继承与发展有其传承世系制度的保障，构成其“道统”继承制。总之，中国伊斯兰教门宦制度经历了从中东、中亚一带伊斯兰教神秘主义苏非教团到中国基层社会伊斯兰教社团的复杂演变，其中增加了中国传统封建社会宗法制度的一些元素，因而使门宦制度既体现出伊斯兰教宗教崇拜的相关特点，又反映了中国封建宗法制的基本结构，并影响到中国伊斯兰教的现代发展。

（四）中国伊斯兰教的思想文化特点

伊斯兰教在中国发展的漫长过程中，既努力保持了其信仰传统的根本精神和《古兰经》《圣训》的基本原则，又通过吸收儒、佛、道等中华文化要义而形成了其鲜明的中国特色。

在教义上，王岱舆、刘智等人将伊斯兰教信仰的“认主独一”教义与儒家程朱理学的“太极说”有机结合，从万物统一于五行、五行统一于阴阳、阴阳统一于太极（无极），推出在太极和无极之先的“造化之原主”，此即伊斯兰教所指“真一”或“真宰”，其信仰所敬奉的“真主”，由此以中国哲学宗教观念维护并解读了伊斯兰教“一切非主、惟有真主”的基本信仰。

在道统上，中国伊斯兰教根据中国思想讲究“道统”的思想传统而提出了“三乘”或“三程”的概念体系，结合其苏非神秘主义修行特点而认为“近主”“认主”有三个过程或三个等级，即“教乘”“道乘”和“真乘”；“教乘”基于阿拉伯文“沙里亚”，亦称“礼乘”“常道”，即根据伊斯兰教法规定的六大信仰和念、礼、斋、课、朝五大天命功课等礼仪来“近主”“认主”；“道乘”基于阿拉伯文“塔里卡”，亦称“中道”，即通过清、廉、保、养、念等神秘主义功修来“近主”“认主”；“真乘”则基于阿拉伯文“哈基卡”，亦称“至道”，即通过修行养性、明心尽性来达到“浑然无我，心不纳物，唯独一主”的出世境界，实现性与天道合一、人主合一。对此，中国伊斯兰教有着不同层次、不同程度的解释，“达教乘者，可以涉世；达道乘者，仅能忘世；达真乘者，才能出世称为圣人”；而在相应的赞念真主之修功办道的“齐克尔”中，“教乘口念；道乘意念；真乘心念”；其关系恰如马注所言，“常道如人之身，中道如人之心，至道如人之命，有身无心谓之木偶，有心无命谓之行尸”；其逻辑推理即“‘礼’如舟，‘道’如海，‘真’如珠，造舟为下海，下海为寻珠”。[①] 不过，在其中不同门宦各有不同侧重，“虎非耶主张‘道（乘）教（乘）并重’，戛迪林耶主张‘道（乘）中有教（乘）’，库布林耶主张‘道（乘）教（乘）并举’，哲赫林耶主张‘先教（乘）而后道（乘）’”[②]。

在政教关系上，中国伊斯兰教如佛教那样认识到“不依国主，则法事难立”的中国政教处境，故而设法协调处理好儒家“三纲五常”秩序与伊斯兰教信仰“忠于真主”原则的统一共构，认为只忠于君父而不忠于真主乃非“真忠”，只忠于真主而不忠于君父则非“正道”，因此必须同时同样忠于主、忠于君、孝于亲，以完满实现“人生之三大正事”。

在伦理道德上，中国伊斯兰教将儒家伦理思想融入其《古兰经》及《圣训》的讲解、诠释之中，如刘智在其《天方典礼》中就以儒家“君臣、父子、夫妻、兄弟、朋友”这五个方面来重新建构基于伊斯兰教原则的

① 参见任继愈主编《宗教大辞典》，上海辞书出版社1998年版，第650页。

② 米寿江、尤佳：《中国伊斯兰教简史》，宗教文化出版社2000年版，第150页。

“五典”，以安拉创世并创立五伦（五典）来厘清家道、国道和人道、天道的关系，引入儒家“修身、齐家、治国平天下”的实践伦理及其人伦秩序。他以儒家“天理”“天道”的术语及思想，解读、阐释了伊斯兰教的信仰原则及伦理规范。

在文化习俗上，中国伊斯兰教将阿拉伯、波斯、中亚等文化风格引入中国社会的同时，亦注意到其中国元素的体现，如在其清真寺的建造上采用了中国传统殿宇式、四合院特色的中国建筑样式，其寺外有院围，门前有照壁，寺内则有各种中国图景的雕梁画栋、悬匾挂联、楹刻题赋、石栏砖塔，透出华夏气象。在宗教节日上，中国穆斯林在伊斯兰教传统节日中亦增添了中国意蕴，如对古尔邦节之“忠孝节”的理解、圣纪节中“圣忌”意义的延长、阿舒拉节中“稀饭节”之救度精神的添入、法蒂玛节中“姑太节”之母爱深情的潜藏等，都已有了中国节日的独特意趣和情景。而中国穆斯林的取名、衣着、婚丧嫁娶等，也多有与中国文化的有机结合及巧妙表达。这样，中国伊斯兰教在走向中国本土宗教的发展进程中，与中国社会的结合越来越密切，与中华文化的整合也越来越融洽。

（五）中国伊斯兰教的现代发展

自辛亥革命以来，中国伊斯兰教积极投身中华民族爱国救亡、文化更新的发展之中，为中国社会的现代复兴做出了重要贡献。在文化教育上，中国穆斯林创办的新式学校从 20 世纪初以来如雨后春笋般的涌现，实质性地参与了中国现代教育的发展。1906 年，江苏镇江穆斯林童琮创办了穆原学堂，马邻翼在湖南邵阳创办了偕进小学；1908 年，王宽在北京创办了京师第一两等小学堂；1918 年，马福祥在宁夏创办宁夏蒙回师范学校；1925 年，马松亭等人在济南创办成达师范学校；1927 年，马君国在晋城创办崇实中学；1928 年，达浦生等人在上海创办上海伊斯兰师范学校，周级三等人在万县创办万县伊斯兰师范学校，马云亭等人在北平创办西北公学，孙吉士在杭州创办穆兴中学；1931 年，李仁山等人在常德创办常德伊斯兰中学。1906—1949 年，中国穆斯林创办的各种学校有数十所之多，其中尤其是成达师范学校最具开拓性和前瞻性，该校取名突出“成德成才”之意，办学宗旨即“造就健全师资、启发回民智识、阐扬回教文化”，主要是培养校长、教长、会长，体现出其志向远大、慧眼独具。[①] 这些穆斯林学校成为中国现代教育发展的重要组成部分。

在社会发展上，中国穆斯林知识分子以“救国、救族、救教”为目的，成立社团组织，关注社会发展，参与救国图存。1912 年，王宽、侯德山等人在北平创立中国回教俱进会，旨在“联合国内回民，发扬回教教义，提高回民知识，增进回民福利”；“兴教育，固团体，回汉亲睦”[②]。这一团体曾发展了 200 多个分支，并办有《穆光》半月刊。此后，1920 年在常德成立了常德回教教育辅助会，1925 年在上海成立了中国回教学会，同年在广东成立了广东回教慎终会（后改为广东回教同益会），1928 年在北平创立了中国回民公会，1929 年在上海成立了中国回教公会，1931 年在南京成立了中国回教青年学会，1934 年在上海成立了中国回教文化协会，1935 年在乌鲁木齐成立了新疆回族促进会。随着抗日战争的爆发，中国穆斯林积极投入抗日救国之中，1937 年在河南成立了中国回民抗日救国协会，而在冀中则出现了冀中军区回民支队，即著名的马本斋回民支队，其驰骋疆场、杀敌报国的英勇事迹成为中国穆斯林积极参与抗战的生动写照。

中华人民共和国成立后，1952 年由包尔汉、刘格平、赛福鼎、达浦生、马坚、庞士谦、杨静仁、马玉槐、张杰等人在北京发起组建中国伊斯兰教协会筹备委员会，包尔汉任主任，达浦生、杨静仁为副主任。1953 年中国

---

① 参见米寿江、尤佳《中国伊斯兰教简史》，宗教文化出版社 2000 年版，第 180—182 页。

② 《中国五大宗教知识读本》，社会科学文献出版社 2007 年版，第 259 页。

伊斯兰教协会正式成立，从此包尔汉历任第一、二、三届主任，第四、五届名誉主任；1980 年张杰当选为第四届主任，此后沈遐熙于 1987 年担任第五届会长，安士伟于 1993 年担任第六届会长，陈广元自 2000 年起担任第七、八、九届会长。该协会的宗旨是："团结和带领全国各民族穆斯林拥护中国共产党的领导和社会主义制度，遵守国家法律法规，走伊斯兰教与社会主义社会相适应的道路。弘扬伊斯兰教爱国爱教优良传统，践行敬主爱人，倡导两世吉庆，秉持和平中道思想，坚持独立自主自办原则，维护宗教和睦、民族团结、社会稳定、祖国统一和世界和平，为促进经济社会发展、构建和谐社会做出贡献。"其会址设在北京，1955 年成立中国伊斯兰教经学院，自 1957 年创办用汉文和维吾尔文出版的双月刊《中国穆斯林》。目前中国穆斯林约 2000 万人。

四　中国古代景教

景教是基督宗教最早传入中国的教派，本为被古代天主教视为异端的聂斯脱利派（Nestorianism），因其遭天主教的排挤、打压而向东迁徙，在古代波斯及中亚一带形成新的发展，中国所接受的景教就是这种经过东方文化濡染的宗教形态，故此景教之称本身就显出了波斯宗教信仰的色彩，而作为其本原的基督宗教聂斯脱利派则正是经历了其在波斯的嬗变才传入中国的。景教在中国的发展大致经历了两个时期，一为唐代景教的存在与发展，二为元代景教随蒙古人入主中原而以"也里可温"之名的重新兴盛。但元代之后，景教在华不复存在，其代表着基督宗教在中国的第一次传入。

（一）唐代景教

尽管在唐之前已有基督宗教来华传教的各种传说，然而有确凿史料记载的基督宗教最早入华乃唐代景教。明天启三年（1623 年）《大秦景教流行中国碑》出土现身，揭开了这段尘封的历史。清光绪三十三年（1907 年），丹麦人何尔谟来到发现此碑的西安，出资三千两黄金将之购买，准备运往欧洲，幸被时任陕西巡抚曹鸿勋拦下，得以至今仍存于西安碑林。该碑以清晰的文字描述了唐贞观九年（635 年）波斯主教阿罗本沿丝绸之路来中国传教的经历。景教本意乃“光明之教”，“景”字由“日”“京”二字合并而成，古义即“日大”“光明”。李之藻在《读景教碑书后》中解释为“景者大也，炤也，光明也”。来华天主教传教士阳玛诺（Emmanuel Diaz）也在其《碑颂正颂》中认为“识景之义，圣教之妙明矣。景者光明广大之义”。“景”字本身亦与“火”“日”之意有着某种内在关联，让人联想到古代波斯的拜火信仰，故而景教在华之初曾被误传为火袄教。“景教即火教，丙丁属火，文言文则曰丙教，避唐讳曰景教”（《无邪堂答问》卷二）。唐时佛教密宗有“大日教”的名称，而道教经典中亦有《黄帝内经内景经》等表述，故“景”字易为世人所接受。在经历了由古代罗马到古代波斯的曲折及嬗变后，景教的本有内蕴对唐人而言非常模糊，甚至连《大秦景教流行中国碑》都自认为“真常之道，妙而难名，功用昭彰，强称景教”。因此，景教来华最初曾名“波斯教”，其寺初称“波斯寺”，反映出其与波斯文明的这段纠缠。

景教传入中国，与唐时丝绸之路的开通和各族的往来直接相关。陈垣认为其初传乃由海上丝绸之路而来，“彼时中华与波斯大食交通频繁，伊大约由海路来也，景教碑有‘望风律以驰艰险’句”[①]。但这也不能排除景教由陆路传入中国的可能性，朱谦之就曾指出，“在中国与波斯之间，密布着交通网，以与中国之重要国际贸易都市相连接”，“景教徒自叙利亚、波斯以至中国，一路上凡是景教徒所聚集的地方，大概都是东西往来贸易的通

① 陈垣：《陈垣学术论文集》第 1 集，中华书局 1980 年版，第 84 页。

路，例如安都（Antioch）、泰锡封（Seleucia-Ctesiphon）、驴分城（Edessa伊得萨）、木鹿（Merv）都是。这些地方或驻有景教的大主教或主教（如安都、驴分城），或即为景教之据点（如泰锡封、木鹿）"[①]。应该说，景教在当时是活跃在海陆丝绸之路、沟通中西的一大宗教。

阿罗本一行在635年到达唐都长安时，受到对宗教持开明态度的唐太宗的欢迎，据传他派宰相房玄龄亲率仪仗队到长安西郊接迎，并留下这些传教士在其藏书楼译经立说。阿罗本的译经可能是最早的中文《圣经》及基督宗教神学著述翻译，但未曾保留下来。唐太宗对这种"词无繁说，理有忘筌"的异域宗教颇为好奇，而在听其释经讲道后则生好感，允其传教。景教唐朝入华，与波斯火袄教、摩尼教几乎同时，对之故有"唐朝三夷教"之说，其知名度仅次于佛教、道教。[②] 由于这段渊源和交织，其初来唐时被称为"波斯教""波斯经教"或"经教"，其传教士被称为"波斯僧"，其教堂则为"波斯寺"。而景教乃其后有之名，与中国当时对"景"字的理解相关，故而不仅有"景教"之名，唐人还称其教主为"景日"、教会为"景门"、教堂为"景寺"、教士为"景士"、教徒为"景众"、教规为"景法"，其传播为"景风"，其影响为"景力""景福""景命"等。而随着对该教的了解加深，唐代后来也称为"大秦教""弥尸诃教"或"迷诗诃教"，即其信奉的救主"弥赛亚"之译音。

唐太宗曾诏令全国，允许景教传教建堂："道无常名，圣无常体，随方设教，密济群生，波斯僧阿罗本远将经教，来献上京。详其教旨，玄妙无为。观其元宗，生成立要。济物利人，宜行天下。所司即于义宁坊建寺一所，度僧廿一人。"（《唐会要》卷四九）在唐太宗支持下，景教当时曾有"法流十道，国富元休，寺满百城，家殷景福"的兴盛，此后唐高宗也延续了这一宽容政策，令"诸州各置景寺，仍崇阿罗本为镇国大法主"。但武则

① 朱谦之：《中国景教》，人民出版社1993年版，第61—62页。

② 参见林悟殊《唐代景教再研究》，中国社会科学出版社2003年版，第106页。

天“临朝称制”后独尊佛教，景教一度受到打压，直至唐玄宗继位后局势才逐渐好转。他曾让人修复破损的景教寺，在寺内设立神坛，令内侍大将军把高祖、太宗、高宗、中宗、睿宗画像安置于景教寺内，并且“赐绢百匹，奉庆睿图”。唐玄宗天宝四年（745年），景教“波斯寺”之名改为“大秦寺”，其间景教之名亦正式使用，取代了以往“波斯经教”等称谓。这说明此时对景教的理解已经加深，知道其与“大秦”（指东罗马帝国及其影响范围）之固有关联。玄宗诏令称“波斯经教，出自大秦，传习而来，久行中国。爰初建寺，因以为名。将欲示人，必修其本。其两京波斯寺宜改为大秦寺。天下诸府郡置者，亦准此”（《唐会要》卷四九）。唐肃宗继位后亦支持景教，他任命景教士伊斯（Yazedbouzid）为同朔方节度副使，“为公爪牙，作军耳目”。此后伊斯官至金紫光禄大夫，试殿中监，受肃宗赐予紫袈裟。唐代宗、德宗时期，景教仍被重视。唐德宗二年（建中二年，781年），《大秦景教流行中国碑》得以建立，当时的景教士景净（Adam）为之撰写了《大秦景教流行中国碑颂并序》，文中将阿罗本原来的“波斯僧”之称改为“大秦国大德”，而“景教”“大秦寺”“景寺”等表述也成为该教更为正式的说法。这段历史从该碑记载及周至大秦寺遗迹中仍可觅其蛛丝马迹。

景净等人还参与了景教文献的翻译，据敦煌景教文献中的《尊经》所载，唐时景教文献530余部，景净等人曾将其中30余部景教经典译成汉文。“谨案诸经目录，大秦本教经都五百卅部，并是贝叶梵音。唐太宗皇帝贞观九年，西域大德僧阿罗本届于中夏，并奏上本音。房玄龄、魏征宣译奏言。后召本教大德僧景净译得已上三十部卷，余大数具在贝皮夹，犹未翻译。”[①] 但其中景净所译也包括摩尼教、佛教等宗教经典，他参与了佛经翻译工作，亦受到道教文献的影响，故被指责有“滥涉”之嫌。

---

① 翁绍军注释：《汉语景教文典诠释》，汉语基督教文化研究所，卓越书楼，1995年，第203页。

今传敦煌景教文献中佛教、道教文献或表述之杂糅，反映了当时这种现象的存有。据传唐德宗时西明寺僧圆照曾记载，当时华严宗高僧般若“乃与大秦寺波斯僧景净，依胡本《大波罗蜜经》译成七卷。时为般若不闲胡语，复未解唐言，景净不识梵文，复未明释教，虽称传译，未获半珠，图窃虚名，匪为福利，录表闻奏，意望流行”，“且夫释氏伽蓝，大秦寺僧，居止既别，行法全乖，景净应传弥尸诃教，沙门释子弘阐佛经，欲使教法区分，人无滥涉，正邪异类，泾渭殊流，若网有纲，有条不紊，天人攸仰，四众知归”①。虽然有此非议，却说明唐时不同宗教已有接触，在中国出现了最早的耶佛对话或相关宗教的语言、文化及思想相遇与沟通。

唐会昌五年（845 年），唐武宗因憎恨佛教“僧尼耗蠹天下”而毁佛灭教，从西域传入的景教、祆教、摩尼教等“夷教”也“宜尽去之”。当时受到禁教令波及的至少有“大秦穆护、祆二千余人”（《新唐书》卷五二），景教在武宗“邪法不可独存”的打压下从此一蹶不振，在中原地区遭到灭顶之灾。不过，景教此时及唐朝之后也没有在中国完全消失，而是沿着丝绸之路的扩展继续在其西北边疆少数民族地区流传，成为这些民族的主要信仰。早在蒙古人统一大漠之前，景教已在这些游牧民族中传播发展，如居住在土拉河和鄂尔浑河流域的克烈部落、阿尔泰山附近的乃蛮部落、色楞格河流域的蔑里乞、阴山以北地区的汪古部落以及西部地区的畏兀儿和吉利吉思等民族中都已流行景教信仰。

（二）元代景教（也里可温）

景教发展经过约 200 年的沉寂，于元代重新活跃在中原地区。元时在“也里可温”名下的景教“复活”与天主教的东传，标志着基督宗教在中国

① 《贞元新定释教目录》，参见卓新平《基督教犹太教志》，上海人民出版社 1998 年版，第 281 页。

的第二次传播。唐之后在宋元之际景教的发展，亦不离与丝绸之路的密切关联，而且此间其影响的重点地区多在西域，处于中西文化交流的最前沿。景教在这些地区的存在与发展曾给远在欧洲的基督宗教国家带来种种传闻和希望，如12世纪的欧洲曾流传东方有一位“长老约翰王”（或称“祭司王约翰”）信奉景教，他在西方“十字军东征”受到挫折期间率军远征波斯和米底等地与穆斯林交战，并攻克了爱克巴塔那，只因底格里斯河涨水才阻止了其收复圣地耶路撒冷的行动。这一传说是欧洲天主教在12—14世纪派传教士东来中国传教的重要动因之一，由此也使中世纪的西欧通过丝绸之路而与中国有了更多的来往及关联。

从史料记载来看，景教之名在元朝被“也里可温”的表述所取代。“也里可温”一般被理解为蒙古语“有福缘之人”的音译，陈垣曾引证说：“元史国语解曰：也里可温，蒙古语，应作伊噜勒昆；伊噜勒，福分也，昆，人也，部名。（卷三）又曰：也里可温，有缘人也。（卷二十四）”[①] 不过，对之亦有不同解释。张星烺根据屠寄著《蒙兀儿史记·乃颜传》而认为“也里可温”是唐景教碑上“阿罗诃”的转音，其乃对叙利亚文“埃洛赫”（Eloh）的译音，即“上帝”之意。陈垣对此也表示“吾确信也里可温也者为蒙古人之音译阿剌比语，实即景教碑之阿罗诃也”[②]。此外，“也里可温”也被理解为对教士、司铎、修士的尊称，并非仅限于其教名之用。

尽管人们对“也里可温”的解诂颇多，其共识为基督宗教之称则无异议。陈垣曾考证说：“观大兴国寺记及元典章，均有也里可温教之词，则也里可温之为教，而非部族，已可断定。复有麻儿也里牙（马利亚）及也里可温十字寺等之名，则也里可温之为基督教，而非他教，更无疑义。元史

① 陈垣：《陈垣学术论文集》第1集，中华书局1980年版，第2页。

② 同上书，第6页。

国语解所释为福分人者，或指其为奉福音教人也。”[①] 自唐以来论及基督宗教及其信徒有多种表述，如“景教”、“迭屑”（tersa）、“达娑”（Tarsa）等。“也里可温”在元朝专指景教应无异议，元朝文献在论及也里可温时多提及聂斯脱利之名。不过，“也里可温”是否指元朝基督宗教的统称，尤其将元时入华的天主教也称为“也里可温”则尚无定论。陈垣在其《元也里可温教考》中大致承认“也里可温”包括天主教之说，他在引证时指出：“刘文淇至顺镇江志校勘记曰：此卷述侨寓之户口。所谓也里可温者，西洋人也。卷九大兴国寺条载梁相记云：薛迷思贤在中原西北十万余里，乃也里可温行教之地。教以礼东方为主。十字者取像人身，四方上下，以是为准。据此则薛迷思贤乃西洋之地，而也里可温即天主教矣。”[②]“谓也里可温为即天主教者，莫先于此。刘文淇道光间仪征人，阮元门下士。其说并非附会，较元史语解之解释为确切矣。”“洪钧元史译文证补，元世各教名考曰：也里可温之为天主教，有镇江北固山下残碑可证。”“多桑译著旭烈兀传，有蒙古人称天主教为阿勒可温一语……阿勒可温，即也里可温。”[③]“巴拉超士既谓也里可温是蒙古语之 Erkeun，是其初专指聂斯托尔派之僧侣，其后为基督教徒之总称也。”[④] 在该书第二章关于“也里可温教士之东来”的内容中，陈垣也开宗明义，直指西方教士之东来，并说：“元代与欧洲之通使，西籍言之綦详。今巴黎文库中，尚藏有元代宗王致法兰克王蒙文原书。”[⑤] 显然，陈垣等研究者在此对景教与天主教并没有细分，而历史上这两派却明显有别，且在元时有直接冲突，如元朝东来的天主教在华第一位主教孟德高维诺就曾在其信函中宣称：“景教徒名义上信奉基督，而实际远

---

① 陈垣：《陈垣学术论文集》第1集，中华书局1980年版，第3页。

② 同上书，第2—3页。

③ 同上书，第3页。

④ 同上书，第4页。

⑤ 同上书，第6页。

离基督教信仰。”他还进而指责：“景教徒自己或者收买他人惨酷迫害我……他们常常押我于法庭，以死相威胁。”① 实际上，元时镇江府大兴国寺碑文中论及的薛迷思贤按照穆尔的解释“即撒马尔罕”，② 此为聂斯脱利派活跃的中亚地区，而非以天主教为主的西欧。人们并没有清晰、明确地找到以“也里可温”来直述元代天主教的元朝汉语文献，而西文、蒙文文献只是经过翻译来间接地论及天主教在元朝的存在与发展。况且，汉语“天主教”这一表述本身乃明朝的用语，后人的翻译、转述不足以说明当时的真实处境。因此，深化丝绸之路上景教发展演变的研究，至少可以在景教来华的具体路线，以及元朝景教与天主教的异同上进一步发掘。

关于唐武宗“灭教”之后景教的命运，历史上有各种说法，宋元之际景教在中国西北边疆的继续流传乃不争之事实，其在克烈、汪古、乃蛮、蔑里乞、畏兀儿、吉利吉思等部族中都颇有影响，宋初使者在西域常见到景教信徒及僧侣，西方学术界甚至还有景教在元时传入西藏之说。11 世纪初，在土拉河及鄂尔浑河一带的克烈部落 20 万人在克烈王率领下集体皈依景教；此后因克烈部落与成吉思汗家族的联姻，景教亦逐渐传入蒙古各部落之中。这种联姻使蒙古王妃、部将和侍臣中多有人信奉景教。例如，成吉思汗之子拖雷的王妃唆鲁忽帖尼就是来自克烈部落的景教徒，史称睿宗庄圣皇后即别吉太后，乃蒙哥、忽必烈的生母。窝阔台之妻、定宗贵由的生母脱列哥那是克烈部酋长王罕的孙女，亦推动了景教在蒙古人中的传播。马可·波罗（Marco Polo）曾在其《游记》中把王罕称为欧洲传说的“长老约翰王”。此外，成吉思汗的侍臣镇海也是来自克烈部族的景教徒。由于汪古部落首领阿剌兀思与成吉思汗因联合对抗乃蛮部族而曾订有两家世代通婚之约，景教在蒙古人中的影响亦有着更广的范围。这种联姻关系包括阿

① ［英］阿·克·穆尔：《一五五〇年前的中国基督教史》，郝镇华译，中华书局 1984 年版，第 196 页。

② 同上书，第 168—169 页。

剌兀思之子孛要合娶成吉思汗女阿剌海公主，孛要合次子爱不花娶忽必烈女月烈公主，爱不花长子阔里吉思娶成宗女，阔里吉思之子术安娶泰定帝之姊等。尤其是景教徒阔里吉思作为成宗驸马被封为高唐王，驻守西北边境，曾被欧洲传为佐治王。

元朝的建立使景教得以重返中原，至元二十六年（1289 年）元世祖忽必烈设立崇福司专管也里可温教事务。“也里可温之在元，亦为一种有力之宗教，特置崇福司，秩从二品”①，其职能即“掌领马儿哈昔、列班也里可温十字寺祭享等事”②。此时景教在甘肃、宁夏、天德、西安、大都等地还设立了主教区，并成为中亚景教宗主教势力范围在远东的延伸。随着景教的发展演变，元朝管理景教的机构等级亦有相应变动，元仁宗延祐二年（1315 年），崇福司曾升级为院，“置领院事一员，省并天下也里可温掌教司七十二所，悉以其事归之”，但于延祐七年（1320 年）“复为司，后定置已上官员”③。元时景教的分布已达汗八里，直隶长芦镇，蒙古，河北河间，山西大同，黄河外套地区，甘肃沙州、肃州、甘州、凉州、鄯州和额里合牙，江苏常熟、扬州和镇江，浙江杭州和温州，福建福州和泉州，云南，以及新疆喀什噶尔、叶尔羌、赤斤塔拉思和伊犁等地。

元时社会不少知名人士亦为景教徒。元时著名文豪赵世延和马祖常均为景教徒，赵世延先祖属汪古部族，而马祖常的家族也本是西域的景教贵族。元代景教名人马薛里吉思的外祖撒必因给拖雷治病而成为成吉思汗的御医，他本人亦于 1268 年被忽必烈召入宫内为御医，以调制其祖传香果蜜丸舍里八治病为擅长。马薛里吉思于至元十四年（1277 年）“钦受宣命虎符怀远大将军、镇江府路总管府副达鲁花赤”④，次年抵达镇江后改授明威将

① 陈垣：《陈垣学术论文集》第 1 集，中华书局 1980 年版，第 30 页。

② 《元史·百官志》卷八九。

③ 同上。

④ （元）至顺：《镇江志》卷九。

军衔，据传他“虽登荣位，持教尤谨，常有志于推广教法。一夕，梦中天门开七重，二神人告云，汝当兴寺七所。赠以白物为记。觉而有感，遂休官务建寺”①。他自1279年至1282年共在镇江城内外建有景教寺六所，包括镇江大兴国寺、甘泉寺、云山寺、聚明山寺、丹徒县开沙四渎安寺、黄山高安寺，他还在杭州建有景教寺一所即荐侨门的大普兴寺，这七寺之建代表着元时景教在江南地区的传播发展。此外，忽必烈的侍从爱薛也出身景教世家，他从“命掌西域星历医药二司事”，经任秘书监卿之职掌历代图书及阴阳禁书、兼任崇福司使、授翰林学士承旨兼修国史，直至封爵秦国公，一直受到重用，其死后还被追封为太师开府仪同三司上柱国拂林王、谥忠献。而畏兀儿族景教徒列班扫马和雅八·阿罗诃元时西游巴格达、耶路撒冷，以及列班扫马出使东西罗马，游历君士坦丁堡、那不勒斯、罗马、巴黎等地，在巴格达担任景教要职的经历，已成为中西交通史上脍炙人口的趣闻。13世纪后期，景教发展在元朝达到鼎盛，其总主教驻所亦于1275年在汗八里设立。据载当时景教徒“居契丹国境内者，总数有三万余人”，而且“其派教堂皆整齐华丽”，“皆雄于资财”②。

不过，由于元朝统治者最终选择了佛教为其主要宗教，景教的发展仍逊于佛教，在二教之争中也处于下风。马薛里吉思在镇江为官时曾以其权势强将两所佛教寺庙改建为景教的云山寺和聚明山寺，当时就导致两教讼事。人们认为景教乃“倚势修盖十字寺”，对其“势甚张”颇为反感。至1311年，这两所景教寺在元朝当局的支持下被佛教没收并改为佛教的金山下院，为此元仁宗还专门降旨拆除景教塑像、毁其十字，让佛教在寺中“重作佛像，绘画寺壁，永以为金山寺院”，而且还让当时著名书法家赵孟頫立碑撰文，宣布“金山也里可温子子孙孙勿争，争者坐罚以重论”。景教

① （元）至顺：《镇江志》卷九。

② 参见江文汉《中国古代基督教及开封犹太人》，知识出版社1982年版，第140页。

只是在蒙古人或来自西域的民族及其后裔中流传，对汉族的影响则微乎其微，而随着元朝被明朝所取代，蒙古人撤回塞外，景教在华存在终于寿终正寝，不再出现。

五 中国天主教

天主教作为基督宗教的最大教派，于元代传入中国。随之其传教士的足迹覆盖了陆地及海上丝绸之路，并形成中西文化及宗教精神的深度交流。与经波斯来华传教的景教不同，天主教入华始于13世纪的东西文化碰撞与交流，而这基本上也是围绕着丝绸之路才生动地展开了其波澜壮阔的历史画卷。自1221年以来蒙古人的西征改变了当时世界的格局，蒙古人扩展的速度之快、面积之大，使欧洲人大为震惊，西欧人把这些来自东方的“鞑靼人”视为从“塌塌如斯”地狱冥府突然冒出来的“魔鬼”，惊呼他们给西方带来了“黄祸”。以往几乎没有直接相遇或深层交流的两大文明借此开始了真正的交往和对话。对此，张星烺曾描述说：“迄于元代，混一欧亚，东起太平洋，西至多瑙河、波罗的海、地中海，南至印度洋，北迄北冰洋，皆隶版图。幅员之广，古今未有……通蒙古语，即可由欧洲至中国，毫无阻障。驿站遍于全国，故交流尤为便捷……东罗马、西罗马及日耳曼之游历家、商贾、教士、工程师等，皆得东来，贸易内地，自由传教，挂名仕版。东西两大文明……以前皆独立发生，不相闻问，彼此无关者，至此乃实际接触。”① 但这种西进的势头在1242年戛然而止，拔都统帅的蒙古大军得到元太宗窝阔台病逝的消息后撤兵回返。获得喘息机会的欧洲贵族和宗教界上层于1245年由教宗英诺森四世主持在法国里昂召开欧洲主教会议，

---

① 张星烺：《中西交通史料汇编》第2册，北平，辅仁大学，1930年，第1—2页。

决定派传教士作为使者东行，以争取蒙古大汗信教，由此开始蒙古与教廷的通使来往，揭开了中世纪欧洲与中国广泛交往的序幕。

（一）元代天主教传教士的东来

1245 年，方济各会修士柏朗嘉宾（Giovanni de Piano Carpini）迈出了西方天主教东行的第一步。其长途跋涉、历经艰险来到元朝境内，在蒙都和林向定宗贵由呈交教宗致蒙古大汗书信，并得贵由复函而返。1247 年，多明我会修士安山伦（Anselme de Lombardie）亦受遣东来。此后，法王路易九世先后于 1249 年派多明我会修士龙如模（Andre de Longjumean）、1253 年派方济各会修士鲁布鲁克（Guillaume de Rubrouck）来华。他们虽然没有达到其沟通和传教的目的，但对丝绸之路风土人情的精彩描述却让西方人看到了一个神奇而迷人的东方。1255 年威尼斯商人波罗兄弟东来经商，1266 年在蒙古上都觐见蒙古大汗忽必烈，并受其之托回欧洲请教宗派学者东来，随之于 1271 年带着年轻的马可·波罗来华复命。波罗一家久居中国，直至 1291 年才返回欧洲。马可·波罗后来口述《马可·波罗游记》，传为古代丝绸之路的佳话。

1289 年方济各会修士孟德高维诺（Giovanni de Montecorvino）取道亚美尼亚、波斯和印度东来，于 1294 年从印度由海上丝绸之路抵达中国，随后于 1299 年在大都建成教堂，遂为天主教来华真正开教的第一人。天主教的东传成功丰富了中国人的宗教生活，亦使中国人有更多机会了解西方。孟德高维诺最初是在汪古部族传教，曾成功地使高唐王阔里吉思由景教改宗天主教，并一度使其部族皈依天主教。对此，孟德高维诺在其 1305 年的书信中曾记述道：“此间有佐治（George）王者，印度拍莱斯脱·约翰（Prester John）大王之苗裔。门阀显赫，昔信聂思脱里派教说。余抵此之第一年，即深与余结纳，从余之言，改奉正教（Catholic，即天主教）。列名僧级。每奠祭时，王亦盛装来至余处，参预典礼，聂思脱里派徒因谤王为弃教。王率其臣民大部来归正宗，捐资建教堂一所，雄壮宏丽，无异王侯之居。堂内供奉吾人所信仰之天主，三一妙身（Holy Trinity 译名见《景教碑》）及吾主教皇。王赐题额为‘罗马教堂’。”[①] 但阔里吉思死后，这支汪古族又回到其原有的景教信仰。当时景教与西传而来的天主教矛盾很大、冲突不断，有时须得皇帝亲自出面方得解决。孟德高维诺描述自己初到时受景教徒诽谤、虐待，被说成是“侦探匪徒”，或说他在印度“暗杀”教皇大使，且“窃其物也”、冒名而来，结果“尝受法庭传审，几受死刑”，幸得大汗明鉴方才洗清冤情、获得自由。

在元朝统治者的宽容下，天主教在华得以顺利发展。孟德高维诺于1299 年在元大都建成第一座天主教堂，他亦成为天主教在中国的第一位主教。在 1303—1305 年在华的德国传教士亚诺尔德·科洛尼（Arnold Cologne）以及伴随其东来的天主教商人彼得的帮助下，孟德高维诺于 1305 年在元帝皇宫前又建成一座教堂。颇有成就感的孟德高维诺在其 1306 年的书信中如此写道：“一千三百零五年，余在大汗宫门前，又建新教堂一所。堂与大汗宫仅一街之隔。两处相去不过一箭耳。鲁咯龙哥（Lucalongo）人彼得（Peter）者，笃信基督圣教。善营商，当余由讨来思启程时，彼即伴余东来。新教堂地基，即彼购置，捐助与余，以礼敬天主。”“城内居民以及他处之人，从未闻有教堂者，来见教堂屋宇奂新，红十字架高立房顶。又闻余在室内唱歌，皆讶异万分，不明何谓。当余等唱歌时，大汗陛下在宫内亦得闻之。”[②] 元成宗将他作为教皇专使来对待，他也乘能接近成宗之机多次试图劝说元帝皈依天主教，但未获成功，故使他颇为遗憾。当时信奉天主教者已达五六千人，而且来受洗者仍然陆续不绝。孟德高维诺估计，

---

① 参见江文汉《中国古代基督教及开封犹太人》，知识出版社 1982 年版，第 133 页。

② 同上书，第 135 页。

如果不受景教干扰，皈依天主教者可达三万余人，与景教相差不大。为传教之便，他还收养了150名幼童，在为其施洗后编为唱诗班，分为两队在两个教堂参加祭圣唱诗等礼仪活动。为此，他还用其地方言（蒙文）译出了30首《圣歌》、两篇《圣务日课》《一百五十章之祈祷文》等天主教文献，包括《新约》《旧约》的有关章节，尤其是《诗篇》的翻译等。

1307年，罗马教皇克雷芒五世又派出7位方济各修士来华，并将元大都汗八里主教区升级为总主教区。他们来华前被祝圣为主教，并代表教皇祝圣孟德高维诺为汗八里总主教，令其负责契丹（中国北部）与蛮子（中国南部）教务。此行7人仅有哲拉德（Gerardus Albuini）、裴莱格林（Peregrinano Castello）和安德鲁（Andreas de Perusia）3人到达中国。他们协助总主教管理大都教务，准备在全国其他地区的发展。元朝皇帝对远离其本土教会的这些传教士亦给予了经济上的帮助，不仅对之免役免税，而且还使之享受钦赐薪俸"阿拉发"。

孟德高维诺经印度通过海上丝绸之路来华时，曾到过江南泉州，当时其称为刺桐港，为东方第一大海港，那种"'涨海声中万国商'、'市井十洲人'的繁荣景象，以及穆斯林建立的一座座风格独特的清真寺"[①]之情景，对他有着巨大的刺激和吸引。所以，他派人建立起泉州主教区，并从1313年起先后派哲拉德、裴莱格林、安德鲁到泉州担任主教。在此期间，天主教亦在浙江杭州、江苏扬州等地得以传播。1318年，方济各会修士鄂多立克（Odorico da Pordenone，即真福和德理）从意大利来华，于1322年抵达广州，随之经泉州、福州、杭州、南京、扬州、临津、济宁沿大运河北行，于1325年到达大都。他于1328年经天德、山西、拉萨西行，穿越中亚、波斯回到欧洲，留下了《鄂多立克东游录》记载其沿途见闻。

1328年，孟德高维诺在华去世，此后再无总主教任职元大都。方济

① ［美］海斯·穆恩·韦兰：《世界史》中册，生活·读书·新知三联书店1975年版，第618页。

各会修士马黎诺里一行曾于1342年到过大都，以教皇名义献给元顺帝骏马一匹，留下“佛郎国献天马”之说，但并未久留，于1346年返回欧洲。随着罗马教廷内部分裂，无暇顾及东方教务，元末天主教走向衰落。大都总主教区在孟德高维诺死后已名存实亡，而刺桐教区在1362年第五任主教雅各伯（Jacobus）死后亦不复存在。虽然天主教在元时亦有约3万信徒，却以蒙古人及西域人为主，与景教状况相同，而汉人皈依者甚微。元朝灭亡后，明太祖朱元璋宣布禁止基督宗教在华传播，天主教与景教一样也逐渐消失。

（二）明清天主教

明末天主教再次来华与欧洲宗教改革后建立的耶稣会直接关联，其创始人之一西班牙人方济各·沙勿略（Francisco Xavier，1506—1552年）率先来东方传教，先后到印度、东南亚诸国和日本，因听日本人说其宗教、文化均来自中国而决心到中国宣教，但于1552年在中国广东上川岛去世，未能真正进入中国大陆。此后耶稣会士在澳门建堂办学，为入华传教做语言、文化准备。1582年年底，意大利耶稣会传教士罗明坚（Michaele Ruggieri）带人始入广东肇庆，留居东关天宁寺四月之久后又被迫退回澳门。1583年9月，罗明坚与另一位意大利耶稣会传教士利玛窦（Matteo Ricci，1552—1610年）真正实现了这种突破，他们再次来到肇庆并获准长期居住。1584年，利玛窦在肇庆知府王泮的授意下绘制出首幅世界地图，被王泮取名为《大瀛全图》，即后来所传之《山海舆地图》，从而开阔了中国人的世界视野，促进了传统“天圆地方”观念的改变。1588年罗明坚返欧，而利玛窦则坚持下来。受利玛窦等西方耶稣会传教士的影响，徐光启（1562—1633年）、李之藻（1565—1630年）、杨廷筠（1557—1627年）等中国名士先后皈依天主教，形成最早的汉族天主教徒。利玛窦与徐光启、李之藻等华人结合，将许多西方科学、哲学和神学名著译为中文，并向西方译介中国古代经典，由此使中西文化了解得以深化。从利玛窦开始，耶稣会基本上引领着17、18世纪欧洲的中国学研究，他们发现了西来宗教在华传播的蛛丝马迹及其信仰精神的弘扬，以着“儒服”、为“西儒”的方式来“学术传教”，学习并适应中国文化，并使中国的宗教文化传统对西方产生了影响。其对大秦景教碑的研究、对开封犹太人的“发现”、对《易经》的分析和索隐派思潮的形成以及对中国古代编年史的梳理和与《圣经》编年史的比较等，使丝绸之路在连接东西方文化上的意义得以具体化、形象化，以“西学东渐”“东学西传”而形成其文化交流的鼎盛时期。

1597年，天主教建立起以利玛窦为首任会长的中国耶稣会。此外，1632年西班牙多明我会传入中国福建；1633年西班牙方济各会亦传入福建，不久就使罗文藻（1617—1691年）等中国人受洗入教。1644年明灭清立，一些传教士随明室残余南迁，一些传教士则留了下来并供职清廷，如德国耶稣会士汤若望（Johann Adam Schall von Bell，1592—1666年）于1645年担任钦天监要职，1659年来华的比利时耶稣会士南怀仁（Ferdinand Verbiest，1623—1688年）后亦负责钦天监的工作。1684年，巴黎外方传教会传入福建，其创始人陆方济（Franciscus Pallu）乃罗马教廷派往中国本土的第一位主教。1699年，遣使会传入中国，并于1783年左右接替当时被解散的耶稣会中国教务。

在中国天主教会的建立中，罗文藻于1654年成为第一位中国籍神父，并于1674年被教皇克雷芒十世提名为主教，在1685年被正式祝圣为首任中国籍主教。1664年，郑维信成为第二位中国籍神父。1688年，罗文藻在南京祝圣中国耶稣会士吴渔山、万其渊和刘蕴德为神父，这是由中国主教擢升的最早三位中国神父。

自龙华民（Nicolaus Longobardi）继任中国耶稣会会长之后，该会对华态度出现分歧，他不赞成利玛窦容忍中国礼仪习俗，坚决反对中国教徒尊孔祭祖，并挑起了其修会内部关于中文是用“天主”“天”“上帝”还是音译“徒斯”（Deus）作为神名译名之争，由此形成“中国礼仪之争”的前兆。由于中西宗教传统的不同及这种相遇时的冲突，出现了反传教士的南京教案。南京礼部侍郎沈榷等人三次上疏，给传教士定罪并禁教，徐光启曾上书为传教士辩护，几经波折至1623年才使之平息。清顺治年间，杨光先又挑起历法之争，导致1664年汤若望、南怀仁等传教士被捕入狱，直至康熙亲政后才于1669年平反此冤案。康熙于1671年为天主教堂亲题“敬天”匾额，并表明“朕书敬天即敬天主也”。但他对天主教的好感因“中国礼仪之争”的兴起而终止，反而采取了严格禁教之态度。1635年之后，“中国礼仪之争”扩大为耶稣会与其他来华天主教修会之争，并闹到罗马教廷。罗马教皇自1645年开始干涉这一争论，其态度多有反复。1693年，巴黎外方传教会教士阎当（Charles Maigrot）以福建教区代牧身份颁布7条禁令，严禁中国天主教徒“敬天”、祀孔、祭祖，于是在华耶稣会士求助康熙支持，康熙表态“敬天及事君亲敬师长者，系天下通义”，从此争议升级为中国皇帝与罗马教皇的威权之争。1705年冬，教皇特使铎罗（Carlo Tommaso Maillard de Tournon）携带罗马教廷禁令到北京，并于1707年初在南京将之宣布，康熙遂正式开始禁教。1715年3月，教皇克雷芒十一世颁布被清廷视为“禁约”的《自登极之日》通谕，康熙随之在1717年4月下旨礼部全面禁教。1742年，教皇本笃十四世重申禁约。直至1939年12月，教皇庇护十二世才让传信部颁令解除关于中国礼仪的禁令。

“鸦片战争”之前，开始有少数天主教传教士重新回到中国传教，如遣使会1835年来华，巴黎外方传教会1838年来华，方济各会1839年来华，而1814年恢复的耶稣会也在1840年之前入华。随着1840年“鸦片战争”后各种“不平等条约”的签订，天主教重新大量涌入中国传教，先后建有澳门、南京、北京三个主教区，1846年后又在中国多处设立代牧主教区。至1879年，天主教在华已经划分有五大传教区。但这种在列强支持下的传教也引起中国民众的反抗，加之中西文化之间的误解，遂爆发了多起“教案”，尤其1900年的义和团运动给教会带来沉重打击。20世纪初中国各地兴起的反帝爱国运动对天主教会震动巨大，由此亦推动了中国教会自立、自治的发展。

（三）现代天主教

辛亥革命之后，天主教在华开始向“中国化”方向发展。当时在华比利时遣使会传教士雷鸣远（Vincent Lebbe，1877—1940年）主张“中国归中国人，中国人归基督”，希望能在“中国主教前，亲领祝福”。他意识到不平等条约的保教权导致中国人把教会与西方列强相等同，因此支持教会中国化的发展，并成立“传信会”组织中国教徒自行传教，此即“公教进行会”之始。他大力支持中国天主教徒英敛之（1866—1926年）创办的《大公报》，亦支持1912年中国天主教神职人员王近仁、成捷三、刘俊卿等人组建“中华教友联合会”来靠中国教士自己管理教会的举措。英敛之强调中国天主教徒必须爱国，他于1917年发表《劝学罪言》，批评西方传教士依附西方列强，“使其人竟如虎伥，使其教竟同罪薮”，并反对崇洋媚外，感慨“岂圣教道理，独于中国教民，当使之爱外国乎，真欲索解人而不得矣”[①]。英敛之致力于中国人主导的教育和慈善事业，先后创办静宜女中、辅仁社和公教大学（即后来的天主教辅仁大学），担任其首任校长。同样，中国天主教徒马相伯（1840—1939年）亦在南方推动天主教的中国化发展，先后在上海创办了震旦学院和复旦公学，担任《天民报》总主笔，并坚决主张中国人团结抗日。中国天主教的这种民族意识之觉悟，促使罗马教廷亦开始推行“中国化”举措，教皇本笃十五世于1919年五四运动后发布通谕对之加以具体推动，表示“天主教对任何国家来说都不是外国的，因此，

① 参见顾裕禄《中国天主教的过去和现在》，上海社会科学院出版社1989年版，第81页。

每一个国家应当培养它本国的神职人员”①。

在传教过程中，天主教注意了教育的兴办，尤其注重小学和中学教育。至1914年，天主教在华办校已达8034所，学生约13万人，其中上海的徐汇公学、圣芳济书院、崇德女校，天津的法汉学堂、诚正小学、淑贞女子小学、究真中学堂等都非常有名。此外，天主教还创办了几所大学，即1903年在上海创办的震旦大学，最初由马相伯负责，取名震旦学院，后被法国耶稣会掌控，马相伯于1905年离开震旦而另创复旦公学；1921年在天津创办的天津工商大学，1933年改称天津工商学院；1925年在北平创办的辅仁大学，最初称辅仁社，由美国本笃会创办，英敛之曾参与策划筹备，1933年被圣言会接管，后来聘请陈垣为校长；以及1937年在上海创办的震旦女子文理学院，由美国圣心修女会创建。

1922年，教皇庇护十一世派意大利主教刚恒毅（Celso Costantini，1876—1958年）来华担任首任宗座驻华代表。在刚恒毅建议下，由中国神职人员管理的第一个监牧区于1923年12月在湖北蒲圻建立，第二个监牧区于1924年4月在河北安国建立。1926年10月，教皇庇护十一世又在梵蒂冈圣彼得大教堂亲自将6名中国神父（孙德桢、赵怀义、朱开敏、胡若山、陈国砥、成和德）祝圣为主教。此间中国天主教徒还先后成立了上海公教进行会、主徒会等组织。1933年，于斌担任中华全国公教进行会总监。教皇庇护十二世于1945年任命青岛主教田耕莘为枢机主教并担任北平总主教职务，又于1946年颁布成立中国教会圣统体制诏书。此后中国天主教分为20个教省，设总主教20个，包括3位中国籍总主教田耕莘、于斌（南京）和周济世（南昌）；下设137个教区，教区主教中有中国人29位。1949年7月，皮漱石成为第4位中国籍总主教（沈阳）。至1949年，中国天主教徒人数约为300万人。

① 参见上海《圣教杂志》1920年4月号。

中华人民共和国成立后，四川广元天主教神父王良佐和500多名天主教徒于1950年11月底发表《自立革新宣言》，由此开始中国天主教爱国、自立运动。1951年1月，天津天主教徒吴克斋、聂国屏等人组织“天津市天主教革新运动促进会筹备会”，主张“实行中国天主教徒自治、自养、自传的方针”。同年3月，南京代主教李维光与793名天主教界人士签名支持“天主教在中国自养自治自传三大原则”。从1953年至1956年初，全国各地相继成立了约200个天主教爱国团体。1956年，皮漱石宣布支持“中国天主教友爱国会筹备委员会预备会议”的工作。1957年6月至8月，在北京召开了“中国天主教友第一次代表会议”，通过《中国天主教友爱国会章程》，选举皮漱石为新成立的中国天主教友爱国会第一届主席。会议还通过了《中国天主教友代表会议决议》，表明“为了祖国的利益，为了教会的前途，中国天主教会必须彻底改变旧中国时代帝国主义带给我们教会的殖民地半殖民地状态，实行独立自主，由中国神长教友自己来办，在不违反祖国利益和独立尊严的前提下同梵蒂冈教廷保持纯宗教的关系，在当信当行的教义教规上服从教宗。但必须彻底割断政治上、经济上和梵蒂冈教廷的关系，坚决反对梵蒂冈教廷利用宗教干涉我国内政、侵犯我国主权、破坏我们正义的反帝爱国运动的任何阴谋活动”。这一表述由此成为中国当代天主教会与梵蒂冈政教关系的基本原则。1957年12月，成都教区神父李熙亭被选为主教，此乃新中国自选主教之始。1958年3月，汉口与武昌分别选举董光清、袁文华为主教候选人，并电报罗马教廷等其批准。但罗马教廷没有批准，反而威胁有“开除教籍之罚”。1958年4月，董光清、袁文华在汉口被祝圣为主教，从而开始了中国天主教会教职人员自选自圣的发展。1962年，中国天主教友爱国会改名为中国天主教爱国会。“文化大革命”后，傅铁山于1979年年底在北京被祝圣为主教，从而恢复了中国天主教会自选自圣主教的举措。1980年，中国天主教主教团成立，随之担任其团长（主席）的中国主教先后有张家树、宗怀德、刘元仁、傅铁山、马英林等，金鲁贤曾任其名誉主席。同年还产生了中国天主教教务委员会，由张家树任主任，但该全国性教务委员会于1992年撤销。1982年，天主教上海佘山修院创办；1983年，中国天主教神哲学院成立。目前中国大陆天主教徒已超过500万人。自1949年之后，在台湾地区有于斌、单国玺等人被罗马教廷升为枢机主教；在香港地区则有胡振中、陈日君、汤汉等人被升为枢机主教。

六　中国东正教

中国东正教最初由俄罗斯东正教所传入，后经过本土化在1950年以后成为中国东正教。1643年以来，沙俄帝国军队频频侵入中国黑龙江流域，于1650年占据雅克萨，1654年侵犯松花江流域，1665年再占雅克萨。随俄罗斯军队同行的东正教修士在雅克萨建立起首座基督复活教堂，此乃东正教传入中国之始。

1685年和1686年，清军两次打败占领雅克萨的俄军，被俘的45个俄罗斯人被遣送来京，其中有东正教司祭马克西姆·列昂捷夫，他遂成为来北京传教的首位东正教神职人员。清廷将这批俄罗斯人安置在北京东直门内胡家圈胡同，并将其内一座关帝庙赐予他们改建为东正教堂，称圣尼古拉教堂，被北京民众习称为罗刹庙或北馆。这些俄俘在中俄《尼布楚条约》签订后仍不愿回国，而是“久留北京，归化满清，被视为旗人”，其后裔遂称为“阿尔巴津人”。1695年，俄罗斯托博尔斯克都主教伊格那提送来教会证书和宗教用品，并让列昂捷夫将此教堂改称为索菲亚教堂。1715年，伊拉里昂·列扎伊斯基率俄罗斯正教会北京传道团来京，此即俄罗斯正教驻北京第一届传教士团。从此，俄罗斯驻北京传教士团大约每十年一换。1732年，北京东江米巷俄罗斯馆内又建一奉献节教堂，习称南馆。自1807年起，沙俄外交部正式委派一名监护官随该团来华，从而使该传教士团又“起着俄国政府的官方代表的作用”，具有政教合一的外交使团性质。从1715年至1860年前，俄罗斯正教共有13届传教士团来华。1860年中俄签订《北京条约》后，俄罗斯驻北京传教士团专事传教工作，其外交职能转由俄罗斯驻华外交公使馆负责。1715—1956年，先后有20届俄罗斯正教驻北京传教士团来华。其在1924年改称中国东正教会北京总会，断绝了与莫斯科正教会的关系。1945年以后，北京传教士团和哈尔滨教区归属苏联境内的东正教管辖，而东正教上海和天津教区则依属在塞尔维亚的俄罗斯临时主教公会。至1949年，在华东正教徒已达30多万人。

1949年后大批俄侨离开中国，中国东正教徒人数明显下降。1955年，中苏两国东正教会通过上海会议而达成协议，从此中国东正教会完全独立，不再受莫斯科和全俄东正教会掌控，走上自主、自办之路。1956年，北京东正教会改称中华东正教会，由姚福安大主教负责。目前中国东正教主要分布在东北、内蒙古和新疆，其信徒已不足万人，主要为黑龙江等地的俄华混血儿及其后裔即“阿尔巴津人”，以及新疆的俄罗斯族等。

七　中国基督教

基督教在此指欧洲宗教改革运动之后所产生的新教，其传入中国后曾有基督教、耶稣教等称呼，1949年以后则用基督教作为其通称。一般以1807年作为其传入中国之始，但在此之前已有新教传教士入台湾传教。

（一）17世纪基督教在台湾的传播

早在1580年，西班牙耶稣会曾到台湾传教，但因收获不大而不久就退出了台湾。1624 年，荷兰商人入台湾经商，由此荷兰基督教传教士亦到台湾传教，被视为新教最早传入中国的明证。此后西班牙军队于 1626 年从菲律宾入台，西班牙多明我传教士随之跟来传教，一度与荷兰新教发生冲突。1634 年，荷兰人在台湾西南部建立商业中心和军事基地，将盘踞北部的西班牙人逐回菲律宾。最早入台的荷兰新教传教士甘德乌斯（George Candiduis）于 1627 年由荷兰东印度公司派出，同年来台湾传教的还有新教牧师约尼乌斯（Robert Junius）。1627—1664 年，先后来台湾传教的新教传教士共约 37 人。在 1660 年之前，台湾南部和中部的高山族人之 60% 已经受洗入教。1662 年郑成功退守台湾，旨在抗清复明，于是将荷兰人赶出台湾，其基督教传教活动在 1664 年终止。1683 年清廷收复台湾后严格禁教，将最后留台的基督教传教士也驱逐出境。1859 年《天津条约》签订之后，西方基督教重新传入台湾。

（二）“鸦片战争”之前基督教在中国的传播

1807 年 9 月，英国人马礼逊（Robert Morrison，1782—1834 年）受英国伦敦布道会派遣来到澳门、广州，成为新教进入中国大陆传教的第一位牧师。他以东印度公司雇员的身份为掩护而汉译《圣经》，秘密传教。1814 年 9 月，广东人蔡高在澳门由马礼逊施洗入教，成为中国大陆第一个新教徒。1813 年，英国新教传教士米怜（William Milne）到南洋马六甲建立传教基地，筹建英华书院，吸引中国人就读。1816 年 11 月，梁发（1789—1855 年）在马六甲经米怜施洗入教，成为第二个中国新教徒。梁发 1819 年回到广东后在马礼逊手下工作，于 1823 年在澳门被马礼逊按立为伦敦会宣教士，又于 1827 年被马礼逊特别按立而获得讲道职位，从而有第一位中国新教牧师之称。1813 年，马礼逊在华人帮助下汉译《新约》完成，在广州首印 2000 册。1819 年，马礼逊与米怜合作的汉译《旧约》完成，其《圣经》全译本取名《神天圣书》，于1823年在马六甲出版。此外，马礼逊还编译了《英华字典》，出版了众多向中国人介绍基督教、向西方人介绍中国文化的著作。

梁发自1823年开始传教，先是组织起最早的华人新教家庭教会，然后向外传教，于1828年在故乡与其发展的信徒古天青一道创办了中国内地第一所新教学校。其在广东的华人教会曾利用各府县秀才来省城乡试的机会传教，梁发所写传道小册子《劝世良言》曾对1836年来广州贡院应试的花县秀才洪秀全产生巨大影响，洪秀全后来据此而标新立异，创立拜上帝会，发展出太平天国运动。但梁发的传教效果在当时不佳，其广州教会仅有14人的规模。

“鸦片战争”之前来华的新教传教士还有美国美部会1830年到达广州的传教士裨治文（Elijah C. Bridgeman）和雅裨理（David Abeel），1833年来华的卫三畏（Samuel Wells Williams）和1834年来华的伯驾（Peter Parker）等人，伯驾于1855年任美国驻华公使，开创了美国来华传教士担任美国驻华高级外交官的先例，这一传统并得以延续；荷兰传教会派遣的德国传教士郭士立（Karl F. A. Gutzlaff，又译郭实腊）先后于1831年和1832年在中国沿海搜集信息、尝试传教，于1833年到澳门，1834年进广州；美国浸会牧师叔未士（John Lewis Shuck）1836年到澳门、广州一带传教，罗孝全（Issachar Jacob Roberts）则于1835年成立“罗孝全基金与中国传教会”，并以此名义于1837年入华传教；英国伦敦会传教士麦都思（Walter Henry Medhurst）于1835年到达上海，他于1837年为广东人朱德郎施洗，此后于1843年在上海创立了中国近代第一个印刷所墨海书馆。此外，大英圣书公会传教士杜勒特甘特莱（Tradescant Lay）于1836年被派往澳门，英国行教会传教士施爱华（Edward B. Squire）夫妇于1838年到澳门传教，美国长老会教士布朗（Samuel Robbins Brown）于1839年到澳门创办马礼逊学校，其回国时带该校学生容闳、黄宽、黄胜赴美留学，使他们成为中国近代第一批留学生；此外还有美国圣公会传教士文惠廉（William Jones Boone）于1840年进入澳门。但这些传教士的收获并不大，当时来华的西方新教传教士约50人，其中真正能在中国本土传教的仅20余人，只有150个左右中国人在鸦片战争之前受洗成为基督徒。

（三）"鸦片战争"之后基督教在中国的传播

1840年，鸦片战争爆发；1842年，中英《南京条约》签订。从此，封闭的中国被强力撕开了大口，随着西方列强的势力传教士也蜂拥而入，天主教、东正教和基督教（新教）都开始在中国各地建堂开教，中国信徒人数遂直线增长。1843年11月，设在马六甲的英华书院迁到香港，改称英华神学院，由英国伦敦会于1839年派到英华书院担任校长的理雅各（James Legge）亦来到香港继续担任英华神学院院长，并带来了华人信徒梁发、屈昂、何亚新及其子何进善、吴文秀、宋佛俭、李金麟等人。理雅各后来因为系统英译了《四书》《五经》等中国经典而成为西方著名汉学家。

在这一时期来华的众多传教士中，形成了不同的地域及文化特色，其中以英国浸礼会教士李提摩太（Timothy Richard）和英国新教的中国布道会传教士戴德生（James Hudson Taylor）最为典型。李提摩太在1870年来华后主张走上层路线，善于结交上流社会的达官贵人和知识精英，关心时事政治并注重学术和文化交流，曾任天津《时报》主编、创办广文书院、担任同文书会总干事，并将之改名为广学会。他曾对中国近代维新运动产生了一定影响，并结识李鸿章、左宗棠、张之洞、恭亲王、翁同龢、康有为、梁启超、孙中山等社会名流。戴德生自1854年入华后则主张走下层路线，强调要深入内地和基层传教，为此而脱离中国布道会，并于1865年创立内地会。他还特别注意在少数民族地区传教，曾影响到苗族等少数民族的文化生活发展。

基督教的传入也给一些不甘于现状的中国人革新社会的启迪，洪秀全等人就是吸取了其教义思想、结合自己的社会政治主张而在鸦片战争结束后不久就创建了其宗教及政治组织拜上帝会，并于1851年发起了太平天国运动。洪秀全曾反复研读梁发的《劝世良言》，1847年春又到广州在罗孝全那里“研究《圣经》，听受功课”，有两个月的“学道”经历。但罗孝全拒绝了洪秀全让其施洗入教的要求，这也促使洪秀全自创体系，在基督教思想中融入了自己的社会政治观和中国传统信仰因素，形成“拜上帝会”这一新兴宗教模式。拜上帝会的另一创始人冯云山也曾于1848年在广州拜访过郭士立，并经其施洗而入教。而同样是拜上帝会创始人之一的洪仁玕因没赶上金田起义而于1852年逃往香港，1853年底在香港经新教巴色会牧师韩山文（Theodore Hamberg）施洗入教，后于1860年成为洪秀全的军师，封为干王。甚至罗孝全也于1860年被洪秀全邀请到太平天国的天京，担任外务大臣和天王的宗教师。与太平天国交往的传教士在劝说洪秀全无效之后指责拜上帝会是离经叛道的异端邪教，随之纷纷脱离了太平天国。而洪秀全对传教士的教义修改意见则“坚决地加以反驳”，并认为太平天国的失败是因为“洋人助妖”乃天朝“祸害之源”。

不平等条约支持下的强行传教，经常引起中国人的反感和愤怒，由此也导致了各种殴打有民愤及劣迹的传教士或教徒、摧毁教堂的“教案”发生，如青浦教案（1848年由麦都思等强行闯入青浦传教而引起）、扬州教案（1868年因戴德生在扬州强租民房设堂传教而引发）、济南教案（1881年美国长老会在济南强买房屋改建教堂而导致）等。而西方列强利用教案向清政府施压，清政府的妥协退缩更使矛盾激化、教案扩大，至1900年爆发了影响全国的义和团运动，其“扶清灭洋”的激烈反抗最终遭到八国联军的镇压，中国陷入更为苦难的处境。

义和团运动之后，基督教来华各差会开始联合，形成全国性合作组织机构。1907年，在华新教各差会在上海召开的基督教在华传教百年纪念大会上成立了福音委员会。1913 年，中华续行委办会在上海召开第一次全国代表大会，史称第一次基督教全国大会，由美国新教传教士、世界基督教青年会领袖穆德（John R. Mott）任主席，诚静怡任总干事，形成中国基督教的核心机构。在穆德多次来华布道宣教的影响下，这些联合形成高潮，1914 年基督教布道促进特委会成立，1918 年中华国内布道会成立，1919 年出现“中华归主”运动，1930 年出现复兴教会的“五年运动”，1938 年出现“道德重整运动”等。此间这些差会还成立了中华基督教教育会、中华博医会等联合组织。

自 1817 年马礼逊等人在马六甲创办英华书院，就形成了基督教在华办校的传统。至 1914 年，其在华共办学校 4100 余所，学生总数超 11 万人。此外，基督教在华共办有十多所大学，包括 1901 年美国监理会创办的苏州东吴大学；1905 年美国圣公会创办的上海圣约翰大学；1910 年美北长老会和南长老会合办的杭州之江大学，美国浸礼会、美以美会、英国圣公会、公信会、加拿大联合会共办的成都华西协和大学，美国圣公会、复初会、雅礼会与英国伦敦会、循道公会合办的武昌华中大学；1911 年美国浸礼会、美以美会、长老会、基督会合办的南京金陵大学；1914 年美以美会创办的福州华南女子文理学院，美国新教会创办的长沙湘雅医学专门学校（1924 年改称湘雅医科大学，1935 年改为湘雅医学院）；1915 年英国伦敦会和美国浸礼会、监理会等联合创办的南京金陵女子文理学院，美国南北浸礼会合办的上海沪江大学；1916 年美国长老会和美国基金委员会合办的广州岭南大学；1916 年美国长老会、美以美会等和英国伦敦会，以及美国洛克菲勒财团、普林斯顿财团、纽约信托部、哈佛燕京学社联合创办的北京燕京大学，由美国南长老会传教士、后担任美国驻华大使的司徒雷登（John Leighton Stuart）担任校长；1917 年美国公理会、美以美会等与英国伦敦会、大英浸礼会等，以及加拿大联合会共办的山东齐鲁大学；1918 年美国公理会、美以美会、归正会和英国圣公会合办的福建协和大学；以及 1906 年美国新教创办的北京协和医学院；1927 年美国基督复临安息日会在江苏句容重建的（上海）三育大学等。

（四）中国基督教会自立及本色化发展

面对西方列强的肆虐和中西思想文化冲突，中国基督徒逐渐意识到摆脱西方教会控制、独立发展的重要，由此兴起中国教会的自立和本色化运动。1872 年，广东教徒陈梦南自己租房传教，随之在 1873 年成立粤东广肇华人宣道会，为华人自办教会的开创之举。1881 年，山西教徒席胜魔在邓村自办福音堂，倡导自理、自养、自传思想。1903 年，上海长老会牧师俞国桢把“保教”视为不平等条款而加以反对，并于 1906 年在上海成立中国耶稣教自立会。1903 年，中国信徒高凤池、谢洪赉等人也在上海成立了中国基督徒会，并在全国多处发展出支会。这样，中国教会“自立、自养、自传”的主旨得以呈现。1910 年以后，中国耶稣教自立会总会在上海成立，由俞国桢担任会长，以闸北教堂为总堂，并于 1920 年召开了该会第一次全国大会。但这种自立运动因为过于排外和坚决不与外国差会合作而陷入孤立之境，不能持久发展，到 1933 年，中国耶稣教自立会就不得不放弃其独立自办的思想。

1922 年 3 月，因抵制世界基督教学生同盟在北京清华学校召开大会而在上海、北京等地出现“非基督教运动”，并迅速蔓延到全国各地，形成更为广泛的“非宗教运动”。这一运动及其反映出的中国社会对基督教乃至整个宗教的态度给中国教会带来巨大震撼。中国教徒深感“中国基督教之船”已经驶入了茫茫雾海，遭遇到狂风巨浪的冲击，其对中国基督教发展前景的观察也罩上了一层“朦胧的色彩”。① 为了应对这一运动的批评，简又文、

① 《教务杂志》第 58 卷 7 号社论，第 1 页。

范子美、杨益惠、应元道、邬志坚5位中国信徒发表了《对于非宗教运动宣言》，在反驳非基督教观点的同时也强调“要这样的基督教，变成中国化，乃实用之以为发展生命和服务社会的工具和指南”①。在这些中国基督徒看来，中国教会的本色化发展已经迫在眉睫、时不我待。1922年5月，第二次基督教全国大会在上海召开，出席大会的1180位代表中华人占有半数，会议重点讨论了中国教会的自立问题，公开提出“中国本色的教会”之主张。这次大会决定将中华续行委办会改名为中华基督教协进会，并选举诚静怡为会长。会议强调要“使教会与中国文化结婚，洗刷去西洋的色彩”②，并且发表《教会的宣言》，提出中国教会“自养、自治、自传”的“三自”原则：“我们请求国内耶稣基督的门徒，通力合作，用有系统的捐输，达到自养的目的；由果决的实习，不怕试验，不惧失败，而达到自治的正鹄；更由充分的宗教教育、领袖的栽培及挚切的个人传道，而达到自传的目的。”③ 中国“本色教会”及其“三自”原则在思想上促进了基督教与中国文化的对话，涌现出吴雷川、赵紫宸（1888—1979年）、王治心、徐宝谦、谢扶雅等中国本色神学家；在组织上推动了中国各派教会的联合，以及自立教会或自创教会的发展；在政治上则鼓励了中国基督教脱离不平等条约的行动，如1925年王治心等人组成了“中华基督徒废除不平等条约促成会”，中国教会学校亦发起了收回“教育权”、让中国人管理学校的运动。中国“本色教会”运动使中国基督徒真正开始关注中国的社会政治命运及文化发展，不少基督教思想家在中国教会的“本土化”“本色化”问题上认真思考、著书立说，促进了中国本土神学的萌生。抗日战争爆发后，不少基督徒积极参与救国图存的奋斗，表现出极大的爱国热情。以往主张

① 张钦士：《国内近十年来之宗教思潮》，燕京华文学校华北公理会出版社1927年版，第210—211页。

② 王治心：《中国基督教史纲》，青年协会书局1940年版，第268页。

③ 《基督教全国大会报告书（1922年）》。

唯爱主义的吴耀宗（1893—1979 年）也改变了观念，积极投入抗日救亡运动。沪江大学校长刘湛恩因拒绝出任日伪操纵的教育部部长而惨遭杀害，燕京大学负责人司徒雷登和该校宗教学院院长赵紫宸等人被捕入狱，威武不屈，表现出基督徒反对法西斯的气节及勇敢。抗战结束后，司徒雷登被美国任命为驻华大使，成为美国“扶蒋反共”政策的执行者，他在 1949 年南京解放时曾试图与中国共产党领导接触，但因美国政府反对未果。当时来华传教士大多站在西方国家的政治立场一边，但也有人同情和支持中国革命，如加拿大新教联合教会传教士文幼章（James Gareth Endicott）就支持学生爱国运动，理解中国革命的发展。1948 年，赵紫宸当选为世界基督教协进会副主席。至 1949 年，中国基督徒已大约有 80 万人。

（五）中国基督教的当代发展

中华人民共和国成立后，中国基督教真正开始了独立自办的全新发展。1950 年 7 月底，以中国基督教青年会全国协会出版部主任吴耀宗为首的 40 名教会知名人士联合发表了题为《中国基督教在新中国建设中努力的途径》之宣言（简称《三自宣言》），得到中国基督徒的积极响应，由此开始中国基督教三自爱国运动。1950 年中国开始抗美援朝运动，此间参加世界基督教协进会的赵紫宸知道该会声明支持以美国为首的西方立场后毅然退会回国，并宣布辞去该会副主席一职。1950 年底美国冻结在美中国财产，1951 年 1 月中华基督教全国总会即召开常务委员会，做出“完全拒绝任何外国的任何项目之各种捐款”的决议，其他教派全国组织亦纷纷响应，积极表态。各教派团体于 1951 年 4 月联合开会，通过了《中国基督教各团体代表联合宣言》，并筹建“中国基督教抗美援朝三自革新运动委员会（筹备委员会）”，由吴耀宗任主席。1952 年 11 月，金陵协和神学院在南京成立，由丁光训（1915—2012 年）主教担任院长，该院办有《金陵神学志》，现任院长为高峰（2010 年起担任）。

1954 年 7、8 月，中国基督教在北京召开全国会议，正式成立“中国基督教三自爱国运动委员会”，取代此前的“三自革新运动委员会（筹备委员会）”，会议选举吴耀宗为其首届主席，并决定其会址设在上海。1956 年，中国教会开展了神学大讨论，研讨了中国神学如何与社会主义社会相认同的问题。这一运动在很大程度上加速了宗派意识的减少，从而促使中国教会于 1958 年实现了大联合，组织起联合礼拜，由此进入“后宗派时期”。1961 年，中国基督教第二届全国会议在上海召开，吴耀宗连任主席。1980 年，中国基督教第三届全国会议在南京召开，选举丁光训主教为中国基督教三自爱国运动委员会主席，会上还成立了全国性教务机构中国基督教协会，由丁光训主教任会长。此后担任中国基督教三自爱国运动委员会主席的还有罗冠宗（1998—2001 年在任）、季剑虹（2002—2008 年在任）、傅先伟（2008 年起担任）。担任中国基督教协会会长的则有韩文藻（1998—2001 年担任）、曹圣洁（2002—2008 年担任）、高峰（2008 年起担任）。1988 年，中国基督教协会正式加入世界基督教协进会，恢复了与之中断近 40 年的联系。

1998 年 11 月，中国基督教三自爱国运动委员会召开济南会议，做出《纪念中国基督教三自爱国运动五十周年的决议》和《关于加强神学思想建设的决议》，由此积极推动中国教会的神学建设。2014 年，中国基督教在上海召开纪念中国基督教三自爱国运动委员会成立六十周年大会，并积极推动基督教的“中国化”发展，明确表示基督教在中国的“在地化”就是“中国化”，就应该积极适应中国社会和文化。目前，中国基督徒约 3000 万人。

第 五 章

中国人的宗教文化

◇◇ 一 宗教文化精神

中国宗教是多元发展的汇聚，包含着多种来源和多种因素，即乃海纳百川的结果。因此，中国宗教精神亦反映出多元整合的特点，并不可能是纯粹的“国货”、封闭的产物。不过，作为一个有着悠久传统的文化，作为一种经历了多种融合的历史，中国宗教精神也体现出其独特的魅力，让人玩味和遐思。其中我们可以体会或体悟其多元中的共构、开放中的统一、传承中的创新。与世界其他民族或文明的宗教精神相比，虽然中国宗教文化精神也能体现出其个我性、独立性，却更多反映出其整合性、集体性和共同性。中国宗教在其文化的浸润、熏陶和培育中，乃与中华民族的整体性格同行共进，表达着对其共在秩序的维系、完善。可以说，中华文化不是那种个我特性突出的类型，而折射出其复杂的集体意识，这在中国宗教的磨合、演进中也被渗入；无论是本土宗教还是外来宗教，都会在这种氛围中重铸。

中国宗教文化精神首先表现为一种“和谐”精神。中国文化自古至今所真正追求的乃一种“和谐”文化，这已成为中华民族之魂；回溯远古，静观当下，展望未来，这种“和谐”的理念乃“一以贯之”，穿越时空，成为中国人最为典型的精神标志。“和谐”之思源远流长，中国远古的经典就已经表达了这种“和”的精神，有着“和合”“和睦”“和谐”“和平”“和气”“和尚”“太和”“中和”“颐和”“保和”等相关论说。“和”之象征符号则为“圆”，圆则完善、饱满，可容纳一切、消解一切、包容一切、补充一切。中国社会秩序观念为圆融，中国人的宇宙观构设亦为“天圆地方”，圆乃最大，代表着整体的涵容、涵括。所以，这种宗教精神说明中国文化乃“圆的文化”，是“圆融文化”。

与这种“和谐”相关联的，则是中国宗教文化所体现的“中庸”精神，孔子“敬神如神在”“敬鬼神而远之”，却又表示“子不语怪、力、乱、神”，非常典型地展示出其中庸之态，游刃有余。这些表述把中国人置于“有神”“无神”之间，颇为适中。于此，中国信仰文化的关键词就是“中”，中国乃“中”之“国”，既为“中心”之核，又有“中庸”之术。这种“中庸”化解了矛盾、对立和冲突，使中国人处于有无“信仰”之间、有无“宗教”之间、有无“鬼神”之间。

作为中华社会秩序信守的基础，中华宗教文化的一大奥秘就是追求一种“一统”精神，强调并维系其国（家）、民（族）的“统一”，在全球视域意义上则是追求一个“大同”世界。要争取“一统”、维系“统一”，就必须“团结”，故此才有“国家的统一，民族的团结”之告诫，这是我们民族兴与存的根本保障。由于这种精神的隐现，中华文化遂追求一种“团结”文化，将之视为“绝对命令”。中国宗教精神追求的是“整体一元”，有异于西方所信守的“二元分殊”，中国的思辨虽然有“一分为二”，追求的却是“合二为一”；虽然强调“团结”“斗争”，却以“团结”为目的；这与“和为贵”是相吻合的。虽然承认“合久必分”“分久必合”，所追求及维系的却总是“合”。这种“合”还在宇宙观上体现为“天人合一”，而区别于西方宗教观中的“神人分离”；在实践观上则强调“知行合一”，而非西方哲学那种“纯粹理性”与“实践理性”之不同。

由于“统一”并非铁板一块、只有单色，那么“共构”精神就显得格外重要。中国的“统一”乃“多元整合”“多族共构”，中国的宗教文化则需要提供相应的“共和”精神、“共融”理念，达到并保障一种“共同体”的存在。在此，中国宗教精神所推崇的是“文明的共和”，点赞的是“共同体信仰”。

有一种见解认为中国宗教缺乏“超越”精神，其实此乃一种误解。实际上，中国宗教文化所倡导的既有“独善其身”“不为己悲”的“内在超越”，同样也有“道通千古”“道法自然”的“外在超越”。中国人的宗教审视中关于“冥冥之中”的命运安排、神意体现，不只是一种宿命论那样简单，其中实有超越感悟之深意。而老百姓所言“举头三尺有神明”“人在做，天在看”，实质上也是中国信仰文化之超越精神的通俗表达。

与这种“超越”精神相关联，在中国宗教文化中还展示出其独有的“洒脱”或“超脱”，看透大千世界、识破人间万象，从而有着自由任运、水穷云起的潇洒或解脱。中国宗教在安定人心时以此而给人提供了“精神安慰”或“心灵鸡汤”，让人不走绝路、不钻死胡同，在“山穷水尽”时能够找到“柳暗花明”的全新景观，从而获得“生”的希望，甚至是一种“向死而生”的境界。这种“超然”之态正是中国人在其宗教信仰追求中的“禅意道境”，乃其“生命之诗”。

除了这种外向之寻的超脱，中国宗教精神同样有内向之寻的人间关怀、社会“仁爱”。“克己复礼为仁”“仁者爱人”，这里至少表达了三个层面的意蕴：一是社会关爱必须守序，维系、维护社会共有的公共秩序和共守准则；二是人类共在必须爱人，爱是人间和谐的黏合剂，只有关爱他者才能共存；三是为了社会共在还需要有自我牺牲精神，“克己”“忘我”才是仁爱的最高境界和为人的最难要求。仁爱只有通过自我奉献才能顺利达到、真正实现。

为此，中国宗教精神要求其践行者在社会上要有“担当”，由此形成中国文化中“士”的精神和传统。这种“士”之精神自然有着宗教意境的体现和支撑，依此可以使其在承担社会责任上“锋芒毕露”、敢为人先、毫不示弱；在思想探寻上有着“天问”的气魄、宇宙的气象，天马行空、无拘无束、不受羁绊；在追求理想上可以“殉道”，献出热血和生命都心甘情愿，在所不辞。例如，从屈原到谭嗣同，这种充满宗教气氛的“楚文化”就为“士”的孕育提供了土壤和空气。人在天地之间获其生存，亦可化入天地之中。没有这种宗教境界和抱负，则很难重建“士的精神”。

与之相对应，中国宗教对个我本身则倡导一种“隐忍”，具有“克己”“律己”的“自律”精神，在市、政之中做到“大隐”，“不敢为天下先”，要求信者反省、内修、谨言慎行，提出“信者记过不记功”的苛求。这里，“仁者”亦成为“忍者”，必须忍辱负重、卧薪尝胆，表现出谦卑、低调、退让。当然，这种心境的形成既有其可取之处，无疑也有其负面影响。

此外，也必须承认中国宗教的确有其“虚玄”精神，表现出各种神秘意向，枕于梦境、认知模糊，而且还满足于“难得糊涂”，形成其麻木、冷淡之态，导致其面对社会时的消极、回避、漠然之态。所以，对待中国宗教文化所体现出的各种精神也需要甄别、舍取，有所“扬”，亦必须有所“弃”，从而使之能不断革新、适应社会、与时俱进。

二　宗教文学发展

中国的宗教文学可以追溯到先秦时期，《诗经》即相对成熟的宗教文学之肇端。其所涵括的“风”“雅”“颂”三大内容有着浓厚的宗教色彩，尤其是“颂”诗多为祭祀宗庙时所用，与宗教活动有着直接关联。《诗经》对中国原始宗教自然崇拜的对象“天”有着精彩的描述，表达了人们对“天”的想象和敬畏。此外，《诗经》还对古人祭祀祖灵的场景有着生动反映。古代中国人就认为在天人之间有着神秘关联，习惯将“天”与其民族之“祖”

密切地联系在一起加以歌颂，如《诗经·商颂·玄鸟》中就有着“天命玄鸟，降而生商，宅殷土芒芒。古帝命武汤，正域彼四方”的经典表达。

这一时期宗教文化的另一重要发展则是“楚辞”，以屈原和他的学生宋玉为代表，历史上有“屈宋”之称。屈原作为伟大的爱国主义诗人，其创作在湘楚浓郁的巫祝文化中也体现出独特的宗教浪漫主义，其作品《离骚》《天问》《九歌》《招魂》等篇章中既有政治抒情，又有宗教超越，因而“喜读之可以佐歌，悲读之可以当哭”（陈本礼：《屈辞精义》）。尤其是在《九歌》这一反映远古时代巫术祭祀等宗教活动场景的作品中，我们似乎听到了天堂之音，看到了栩栩如生的动人神灵：“东皇太一‘抚长剑兮玉珥，璆锵鸣兮琳琅’、‘灵偃蹇兮姣服，芳菲菲兮满堂’，真是气势雄伟的上帝形象！云中君‘浴兰汤兮沐芳，华采衣兮若英’、‘蹇将憺兮寿宫，与日月兮齐光’，确为绚丽多姿的云神风采！河伯‘乘水车兮荷盖，驾两龙兮骖螭’、‘登昆仑兮四望，心飞扬兮浩荡’，显出潇洒飘逸的河神气派！东君‘暾将出兮东方，照吾槛兮扶桑’、‘青云衣兮白霓裳，举长矢兮射天狼’，多么生气盎然的春神姿色！湘君‘令沅湘分无波，使江水兮安流’、‘驾飞龙兮北征，邅吾道兮洞庭’，可谓英武贤明的湘水神君！湘夫人‘帝子降兮北渚，目眇眇兮愁予’、‘九疑缤兮并迎，灵之来兮如云’，不愧柔情似水的霞衣女神！少司命‘荷衣兮蕙带，倏而来兮忽而逝’、‘孔盖兮翠旍，登九天兮抚彗星’，一副轻灵敏捷的秋神姿态！大司命‘纷总总兮九州，何寿夭兮在予’、‘壹阴兮壹阳，众草知兮余所为’，俨如生死与夺的命运主宰！山鬼‘既含睇兮又宜笑，子慕予兮善窈窕’、‘乘赤豹兮从文狸，辛夷车兮结桂旗’，地道魂荡山野的巫山神女！国殇‘诚既勇兮又以武，终刚强兮不可凌’、‘身既死兮神以灵，子魂魄兮为鬼雄’，全然悲壮惨烈的英杰神灵！”①这些惟妙惟肖的神灵造型令人遐想那远古宗教崇拜的超凡之境，屈原的描

① 卓新平：《宗教与文化》，人民出版社1988年版，第218—219页。

述产生了巨大的文学感染力。

此外，先秦时期的宗教文学还包括具有神话小说特点的《古文琐语》《穆天子传》和展示出中国原始宗教万神形态的《山海经》等，随之在秦汉时期则出现了对《山海经》等的各种补作或仿作。先秦时期的《尚书》《左传》等亦有宗教文学色彩的天帝及祖灵崇拜描绘，以及祈禳巫术活动的记述。而孔子的《论语》之道德故事和老子的《道德经》之哲理散文，也与当时的宗教氛围有着不解之缘。秦汉时期的郊庙歌和郊祀歌构成了当时主要的宗教诗赋，《淮南子》对仙道思想的形象勾勒则成为道教文学的重要之源。脍炙人口的《史记》同样也充满具有宗教韵味的散文表述。

魏晋南北朝时期佛教广传、道教兴盛，其宗教文学领域遂以佛、道文学为主流。曹操、曹丕的诗作有着明显的仙道思想，寻找着那神仙般的浪漫潇洒。嵇康等竹林七贤的作品同样流露出避世求仙的愿望，有着老庄思想的底蕴。但谢灵运的山水诗却开始体现出禅意禅韵，其“禅室栖空观，讲宇析妙理”给人展示出另一种景观。著名僧人慧远则以“端居运虚轮，转彼玄中经。神仙同物化，未若两俱冥”来借道表佛，以玄补佛，更好地完成佛教的“中国化”。道士陶弘景以诗歌表达其隐居、脱俗之意，甚至对待封建君王的诏征亦不卑不亢，明示其志向在山水之间，以“岭上多白云”“只可自怡悦”来笑对。此间流行神鬼、志怪小说，民间有着各种《列仙传》《神仙传》《灵鬼志》《列异传》《玄中记》《搜神记》《幽明录》等，以丰富的想象力、非凡的构思来描述人鬼转化、悲欢离合，人世绝望或希望，给人带来极大的感染。其杰出的传记文学以慧皎所撰佛教的《高僧传》为代表，而宗教散文则以杨衔之写的《洛阳伽蓝记》最为出名。佛教在这一时期的兴盛，自然迎来了佛教经典的汉译高潮，亦使佛经文学油然而生。随着宗教文学的蓬勃发展，遂产生了最早的文学评论著作，此即刘勰的名著《文心雕龙》，其中充满了儒佛交融、信仰互补的思想观念。

隋唐时期及随后的五代十国，是中国文学发展的一个高峰阶段，宗教文学亦不例外。在诗歌创作方面出现了具有强烈儒教意识的诗圣杜甫，亦产生了具有道教浪漫逍遥气质的诗仙李白，还有着以禅宗意境脱颖而出的王维等人，他们留下了大量千古流行的诗歌作品，如表明杜甫社会志向的“非无江海志，潇洒送日月”，及其人道关怀的“朱门酒肉臭，路有冻死骨”等；表达李白道法自然之清新的“清水出芙蓉，天然去雕饰”，及其游仙思想的“客有鹤上仙，飞飞凌太清”等；而王维的禅意玄境则是“以禅入诗”“以禅喻诗”的经典表达，其“行到水穷处，坐看云起时”的超脱、“明月松间照，清泉石上流”的清新以及“谷静泉愈响，山深日易斜”的灵动给人带来了“诗中有画、画中有诗”（苏东坡语），静中有动、动中有静的无限美感。当然，在那儒、佛、道交融的年代，这些诗人并非完全倾向于某一宗教，而是有着纠结、穿插或打通，如其作品显示儒佛共构的诗人还包括刘禹锡、柳宗元、贾岛等，而儒道结合的诗人有陈子昂、李颀等，从道转佛的诗人有李商隐等，此外还有儒佛道兼容的诗人如李白、顾况、韦应物、白居易等人。此外，这一时代还产生了许多僧侣诗人和道士诗人。随着19世纪末敦煌文献重见天日，人们发现其中也有许多隋唐前后的宗教文学作品。此间传奇小说中的神鬼传奇，亦是当时宗教文学一道亮丽的风景线。

宋代诗词不逊唐风，儒佛道的立意也非常明显。其中出类拔萃之辈有苏东坡等人，留有众多外儒内佛、僧道共谊的作品。而王安石、黄庭坚等人的创作同样流露出宗教文学的意境或情趣。南宋诗人陆游与道教有着不解之缘，辛弃疾的创作意念则佛道并存。宋代理学集大成者朱熹，其创作明显有着儒佛道三教的共构。宋代延续了魏晋以来的笔记体志怪小说传统，汇集神人奇闻、宗教神话、鬼神故事，较为典型的包括《太平广记》《稽神录》《江淮异人录》《夷坚志》《睽车志》等。这一时期儒佛道三教发展也反映在具有民俗色彩的各种话本小说中，形成儒教话本、道教话本、佛教话本等，其中尤以描述唐朝玄奘西天取经的话本《大唐三藏取经诗话》有着重要影响，是后来明代小说《西游记》素材的基本来源或创作思路的相关启迪。

元代是戏曲崛起的时代，关汉卿、马致远、王实甫等人的戏曲作品闻名遐迩，其中马致远受全真道影响而编写的神仙道化剧是此间宗教戏曲的经典表达。元杂剧深受儒佛道思想的影响，但也有反对儒佛道价值观念的作品。在诗词创作中，著名道士丘处机将美景与道意有机结合，留有“梅蕊绽时泉脉动，霜花飞处雁书空，一醉待春风”等佳句。儒家诗人元好问贬佛斥道，以“尘埃风雨过平生”的入世担当而反对“行云孤鹤万缘轻”的出世潇洒。元代散曲作家多有退隐情怀，故而颇为推崇道教神仙思想和佛教出家意趣，追求一种隐士加道士的人生，希望由急流勇退而达神仙超脱之境。

明代文学以小说闻名，其中多为神话章回小说。而明代理学则促进了三教合一，这在当时的文学作品中亦多有体现。这种多教合流典型反映在“四游记”的宗教神话内容上，其中《东游记》以道教为主，抒写的是道教八仙成道后共渡东海的故事；《南游记》虽侧重佛教却也有三教合流的开明；《西游记》即玄奘西天取经的故事，以佛为主，兼及儒道；《北游记》则突出道教，同时三教涵容。这种宗教神话小说还有道教题材的《韩湘子》，佛教题材的《二十四尊罗汉全集》《南海观音全传》，民间妈祖信仰题材的《天妃林娘娘传》等。其中影响最大、流传最广、保持最久的即吴承恩撰写的《西游记》，已成为中华文学瑰宝。据传为明道士陆西星所作的《封神演义》也是明代著名的宗教文学作品。此外，在明后期的话本小说“三言”（《喻世明言》《警世通言》和《醒世恒言》）、“二拍”（《初刻拍案惊奇》《二刻拍案惊奇》）等作品中，亦有着明显的宗教意趣。随着民间信仰在明代的兴盛，源自佛教寺院“俗讲”的民间说唱文学“宝卷”也得以扩展、流行，从而构成民间宗教文学的丰富史料。

清代最为著名的宗教文学作品之一，就是蒲松龄创作的《聊斋志异》，其对狐精鬼灵故事的描述以人鬼之恋、人狐相爱而标新立异，独辟蹊径。而20世纪之初的佛道神话剧《雷峰塔》《长生殿》等亦独具匠心、感人至深。值得一提的是，清代中西文化交流有了明显进展，基督教的思想亦渗透到中国宗教文学之中，如洪秀全在其诗歌中就有“天神之外更无神，何故愚顽假作真”这种宣扬基督教绝对一神观念的诗句，以及“虎啸龙吟光世界，太平一统乐如何”这种政教合一的思想。而谭嗣同也有“死生流转不相值，天地翻时忽一逢”这种与基督教有缘的，看透生死、望穿时空的境界。清代才子李叔同出家而为弘一法师，亦为宗教文学增光添彩。

民国以来中国基督教文学异军突起，成为宗教文学之园的一朵奇葩。《圣经》的中文翻译参与了20世纪初中国“白话文”运动和五四运动前后的文化启蒙努力，此后“基督教与文学”是中国文人非常关注的表述。在鲁迅、周作人、闻一多、许地山、冰心、巴金、老舍、苏雪林、庐隐、张资平、萧乾、郭沫若、曹禺、郁达夫、徐志摩、徐訏、陈梦家、艾青等著名作家、诗人的作品中，明显可以感到一种基督教精神的感染或探索。基督教在这些20世纪的前卫文学家中有着其境界的表露、其审美情趣的渗透、其创意的吸纳以及其题材的创新运用。此后，新一代文学家中亦有人延续了这种传统，使基督教精神意趣直接或间接地体现在其作品中，除了台湾作家如张晓风、蓉子、王鼎钧、杏林子、陈映真、张文亮、陈韵琳，以及香港作家苏恩佩、梁锡华、思果、胡燕青、谷颖、罗菁、文兰芳、小麦子等人基督教文学的创作实践及其影响之外，大陆新生代作家如北村、丹羽、鲁西西、沙光、于贞志、杜商、庞清明、黄礼孩、谭延桐、杨静（老酷）、江登兴、傅翔、朱必圣、萧潇、汪维藩、齐宏伟、吴尔芬、林鹿、空夏、那岛等人形成了具有基督教意境或追求的当代作家群，而海外留学及移民之潮也促成了海外华人基督徒作家的诞生，如施玮、宁子、范学德、海平、叶子、天婴、姚张心洁、樊松坪、汪文勤等人，他们的作品在海内外华人中已广为流传。在这类创作中，尤其是中国圣经文学异军突起，占有很大比重，甚至在舒婷、海子等人的诗歌中，也留下了这种圣经文学的深深印痕。

三　宗教艺术创作

宗教艺术创作不同于宗教神学及哲学的抽象思维，是以形象思维的方式来表达对神圣存在的理解及追求。宗教与艺术在此相互渗透和融合共构，宗教艺术创作既有对宗教的艺术表达，也有对艺术的宗教包装或解读，但以宗教题材来表达艺术意趣及创新并非严格意义上的宗教艺术，真正的宗教艺术乃指以艺术表现形式来为宗教目的服务之创作。当然，一件具体的宗教艺术作品如果剥离其时空背景和具体关联，则很难判断其是否是真正的宗教艺术作品，因为在现实世界中宗教艺术作品往往具备上述两种功能或特色，两者的糅合使之难以简单分开，因此对其判断不能抽象而论，必须进行时空之间、主客观之间的结合性考量分析。宗教艺术创作包括其空间的艺术如宗教绘画（平面空间）、宗教雕塑和宗教建筑（立体空间），其时间的艺术如宗教音乐、史诗及诗歌，以及其时空结合的艺术如宗教舞蹈、宗教戏剧等，还包括一些相关的宗教仪式活动。宗教艺术以宗教为目的、艺术为手段，由此表达其宗教真谛，反映其审美价值。前者包括宗教经典的载体、宗教教义的表达、宗教场景的提供、宗教活动的实现等；而后者则为其生命意识及生活意义的体现，宗教意象及形象的现实性和世俗性的存在与表现，其想象及象征的创造性和影响力，其时空中的装饰性、娱乐性、心理抚慰性贡献等。

中国宗教艺术的空间展现包括古今宗教绘画、碑刻和各种雕刻及雕塑、书法，藏传佛教的唐卡，各种宗教摆件，宗教活动景点的建筑如儒佛庙宇、寺院，石窟，道教宫观，基督宗教的教堂，伊斯兰教清真寺及中国特有的拱北建筑等。中国古代早有宗教绘画传统，绘画种类包括壁画、帛画、石刻画等，尤其是墓葬壁画多为宗教题材的绘画，充满神话想象，如长沙楚墓及多地发现的汉墓壁画都表现了宗教绘画主题。

中国佛教绘画始于佛画的创作，《魏书·释老志》有“明帝令画工图佛像，置清凉台及节陵上”的记载，一般把三国吴人曹不兴视为中国佛画之祖，他临摹天竺僧人康僧会所带来的印度佛画像，故此有中国佛画的诞生。此后西晋卫协按照曹不兴的画法而作《七佛国》，颇受人们的喜欢。宗教绘画讲究“遗貌取神”，不注重人的比例而突出整个画面的效果，一度也成为佛画的特色。古代佛教人物画的杰出作品包括留下《洛神赋图》绢本着色画卷的著名画家顾恺之的《维摩诘像》、被视为“画圣”及塑绘艺人“祖师”的吴道子之《地域变相》和《送子天王图》（即《释迦降生图》）、西域画家尉迟乙僧的《降魔图》、北宋画家李公麟的《维摩演教图》等。中国佛教绘画的另一大特点是禅画的流行，其始于禅宗的兴起，迄今仍有禅意书画之风。禅画画家包括禅僧画家和文人画家两大类，其绘画题材也主要为人物画和山水画两种，都体现出神貌重于外貌、境意超出写真的禅艺韵致。禅僧画家人物画的代表作有唐末五代画僧贯休的《十六罗汉图》，以其“奇形怪状，人不像人”的心性表现而惊世骇俗。文人画家山水画的绝妙创作则是诗画交融的文人画宗师王维的水墨山水画作。“王维是最早将禅宗意境融进山水画的画家，他运用禅宗澄心关照的审美方法，将禅的意境、画境、诗境融为一体，被看成是文人画的鼻祖。”他“把禅宗美学思想吸收到绘画中，突破传统的创作思想和艺术表现手法，开拓了高远淡泊、以意境相尚的绘画”①，从而创立了风格独具的文人画。王维从以色晕染的画法转为水墨着色，旨在体现“气韵清高”的禅宗意境，形成其画意与诗情的交融，他的代表作《辋川图》以婉丽笔墨来描绘“山谷郁盘，云飞水动”之

① 张育英：《中国佛道艺术》，宗教文化出版社2000年版，第23—24页。

景，其神韵、灵妙让人惊讶、赞叹不已。此外，明清之际的禅画还包括髡残的《幽栖图》《兰亭图》《仿米氏山水画》和《山水册页》等，以及石涛的《石竹轴》《黄山图》《梅竹双清》《梅花》《溪水秋雨》和《淮扬洁秋图》等。佛教绘画还有各种壁画闻名遐迩，包括寺院壁画和石窟壁画，其中最为著名的则是敦煌莫高窟壁画。

中国佛画还有颇为耀眼的艺术奇葩，此即藏传佛教唐卡的创作。“唐卡”在藏语中意指用彩缎织物等装裱成的卷轴画，即藏族独特的一种绘制或刺绣在布、绸或纸上，表达佛教信仰崇拜的彩色卷轴画。除彩绘唐卡与印刷唐卡外，还有刺绣、织锦（堆绣）、缂丝、贴花、珍珠唐卡及宝石缀制唐卡等十余种。其所用颜料以金粉、银粉、朱砂、雄黄等矿物颜料为主，辅以植物颜料相配。除了彩唐之外，还有金唐、黑唐、朱红唐等色彩类型。其题材绝大部分反映的是佛教内容，也有少量取材于印度文化传统、西藏社会历史、世俗生活，以及医学、天文等内容，包括佛像，如佛祖释迦牟尼的各种造像及其他佛像，菩萨像，尤其是观世音及其各种化身如白度母、绿度母等度母化身，女性尊者（多为佛母），罗汉像，密宗护法神，包括各种财神形象，教派祖师造像，历史精英人物像，教理、教规图像，各种神话传说，涉及自然科学范畴的各种历算或医药图，历史故事图画，古寺建筑图，各种宗教修行图案，如表达藏传佛教神秘主义的坛城沙画图像（亦称“彩粉之曼陀罗”）也成为唐卡彩绘题材等。唐卡在历史上一般被供奉在寺院、佛堂、僧舍或藏传佛教信徒家里，但现在作为宗教艺术品已经广泛流入世俗社会。

在体现中国文化特色的书法艺术上，书圣王羲之后裔智永禅师留有《真草千字文》书法杰作，形成此后历代书法家习写《千字文》的风气，他还承袭蔡邕、王羲之书法传统而发明了“永字八法”。著名僧人怀素亦是书法大家，其楷书精严、草书狂放，传世之作有《自叙帖》《苦笋帖》《论书帖》《小千字文》等。近现代奇才李叔同出家而为弘一法师，在其诸多成就中也包括书法创作，与其人生巨变所带来的精神境界之不同，其在书法上则表达为从凝重遒劲之气势转向疏朗空灵之韵致，1990 年在天津落成的“李叔同书法碑林”留有反映出这一气韵的 74 件书法作品。

中国佛教雕刻艺术在起源上受到印度雕刻的影响，并可追溯到古印度雅利安人文明、犍陀罗文明与古希腊文明及地中海和西亚相关文化的关联，因而在中国佛教艺术尤其是雕塑等造像艺术中展示出中西合璧之美，既有东方神韵，亦折射出希腊风采。佛造像中国化的一个典型特点则是以菩萨造像为突破口的佛造像女性化倾向，从而一改印度佛、菩萨造像均为男性的传统，特别是观音菩萨女性造像的创造，呈现出温雅端庄、别有韵致的“东方维纳斯”之美。此外，中国人物形象的佛教雕刻作品随着佛教中国化的进程也不断涌现。佛教雕刻艺术作品较为集中地体现在各种佛像、菩萨像的雕刻上，其石窟摩崖雕刻如敦煌莫高窟塑像、云冈石窟雕像、龙门石窟雕像、麦积山石窟雕像、天龙山石窟雕像、大足石窟雕像、炳灵寺石窟雕像等都留下了众多传世杰作；其寺内佛像如西藏日喀则札什伦布寺强巴佛镀金铜佛像（26 米多高）等亦非常著名；其巨型佛陀、菩萨雕像古代留下的包括四川乐山大佛、大足大佛湾巨型石雕卧佛，现代创建的则有香港大屿山天坛大佛（1993 年落成，34 米高青铜坐佛）、广东番禺莲花山望海观音（1994 年落成，40.88 米高箔金铜观音立像）、江苏无锡灵山大佛（1997 年落成，88 米高青铜立佛）、浙江普陀山南海观音菩萨立像（1997 年落成，33 米高）、广东佛山西樵山南海观音坐像（1998 年落成，61.9 米高）、山东烟台南山大佛（2004 年落成，38.66 米高青铜铸坐佛）、海南三亚南山海上观音像（2005 年落成，108 米高立像）、四川峨眉山金顶十方普贤菩萨坐像（2006 年落成，48 米高）、河南鲁山中原大佛（2008 年落成，108 米高立像）、浙江雪窦山弥勒大佛（2008 年落成，33 米高铜镀金坐像）、湖南宁乡沩山千手千眼观音菩萨立像（2009 年完工，99.19 米高）、吉林敦化金鼎大佛（2011 年落成，48 米高坐佛）、江西九江庐山东林大佛（2013

年落成，48 米高立像）、安徽九华山地藏菩萨像（2013 年落成，76 米高铜立像），此外河北秦皇岛长寿山亦在凿刻 81 米高的五佛山大佛石雕佛像等；而木雕佛像还有河北承德普宁寺的观音佛像和北京雍和宫万福阁的旃檀木雕弥勒立佛像等。此外，各个寺庙中栩栩如生的罗汉雕像，也有许多艺术精品。1996 年，中国佛教协会曾为海南监制 2.56 米高的金玉大佛；2002 年辽宁鞍山曾雕刻了重 260 多吨的岫玉大佛坐像；2015 年 4 月，台湾艺术家杨惠姗完成了 2 米高的琉璃千手千眼观音立像。自改革开放以来，中国各地创作了许多佛像、菩萨像等，其中虽有不少是艺术价值不大的“行活”作品，却也有一批将来在历史上可以传世的珍品。

道教绘画始于汉代，长沙马王堆出土的帛画就是典型的汉代道教帛画。其早期绘画内容大致包括道教神仙、人物、修炼场景、山水等。如其“天尊、仙人图”，旨在弘扬道教教义，形成《乘云驾龙图》《东壁图》《西壁图》等题材，其中《东壁图》的主题为扬善，多为修真得道之景，故称“为善图像”，而《西壁图》的主题则为避恶，多有格斗杀戮之状，故为警世之“恶图像”。其关涉道教修炼的绘画多为旨在“入静”的“存想图”，如《上清太玄九阳图》《三才定位图》《上清大洞真经》和《大洞玉经》中所载各种仙人空中遨游等绘画。而其山水画最初也多为对神仙之境的描述，经历了由“虚”而入“实”的演变。前述顾恺之亦有道画留世，其代表作为《云台山》，此外还有《列仙图》《三天女像》等。“画圣”吴道子曾据唐明皇对其梦中所见的描绘而画有《钟馗图》，使这一题材成为道教绘画的传统保留项目，历代画过钟馗的画家包括黄筌、石恪、龚开、颜辉、戴进、文徵明、钱谷、顾见龙、金农、任雄、任颐、赵之谦、高其佩等人，其中以高其佩创作的《钟馗降魔图》《怒容钟馗图》《钟馗变相画册》等最为闻名。为此，当代画家任伯年等亦以钟馗形象为题材而创作了不少艺术杰作。在道教壁画领域，宋代武宗元创作过大量道教壁画，据传其在洛阳上清宫画有三十六天帝，其中“赤明和阳天帝”酷似宋太宗赵光义，让其子宋真宗观之激动不已；他留世有道教神话图《朝元仙仗图》，启迪了后世类似神仙画卷的创作。道观庙宇建筑中留存的著名道教壁画还包括山东泰安岱庙壁画、山西永济永乐宫壁画等。在这些壁画中，各种神仙、道士，尤其是八仙形象等都有栩栩如生的展现。

道教书法源于道教符箓，形成了极为独特的道教书法艺术。这种体现出抽象意义的道教符箓书法艺术形成于隶书、完成于草书，尤以狂草为特色。明代陈继儒在《记道家书》中宣称，“道家书学详见于三洞经教部”，包括“本文”“云篆”“八体六书”“符号”“八显”“玉字诀”“皇文帝书”“天书”“龙章”“凤文”“玉牒金书”“石字”“题素”“玉字”“玉箓”“玉篇”“文生東”“玉札”“丹书”“玉策”“福运之书”“白银之编”“赤书”“火炼真文”“金壶墨汁字”“琼札”“紫字”“自然之字”“会成字”“琅简芯书”“石硕”“琅简蕊书”等。[①] 著名书法家苏轼曾感叹这种道教书法“笔势奇妙，而字不可识”。历史上的道教书法家包括陶弘景、王羲之等人，而道教的草书则以张旭的狂草为代表，他基于王羲之“啸法”的传统而推陈出新，创造出“狂醉宣泄的书法艺术”，故被尊为“草圣”。此外，苏轼曾佛道共进，在书法上亦多显道教风格，留下了众多墨宝。

道教雕塑受佛教造像的影响，虽在神像造型上对佛教多有模仿，却有其道家精神的独特神韵，刻意表现其道骨仙风的飘逸、潇洒之境，从而既借鉴吸纳了印度佛风西韵，又继承弘扬了中国青铜艺术、秦篆汉画的清秀传统，另辟蹊径、独兴一派。留存下来的道教雕刻作品中较为经典的，包括四川剑阁鹤鸣山道教石窟造像、四川大足道教石刻造像、山西龙山道教石窟造像，以及四川白羊山摩崖造像、青城山和峨眉山的道教石刻雕像等。而福建泉州高过 5 米的老君石像乃由整块巨石雕刻而成，已为道教石雕艺术的著名传世之作。道教雕刻艺术还表现在道教宫观中的各种造像，如山西

---

① 转引自张育英《中国佛道艺术》，宗教文化出版社 2000 年版，第 85 页。

晋祠圣母殿雕像、晋城玉皇庙泥塑等。在道教雕刻的题材上，包括“三清”（玉清原始天尊、上清灵宝天尊、太清道德天尊）神像，“四御”（玉皇大帝、勾陈南极大帝、紫微北极大帝、后土皇地祇，其中玉皇大帝最为出名）尊神，东华帝君（东王公）、王母娘娘（西王母），九天玄女，五岳大帝（东岳大帝、中岳大帝、西岳大帝、南岳大帝、北岳大帝），五帝（青帝、赤帝、黄帝、白帝、黑帝），碧霞元君，骊山老母，斗姆，太一，太岁，雷神、电母、雨师、风伯，三官（天官、地官、水官），二十八宿神，三十六天将，七十二地煞，文昌，魁星，龙王，四方四神（青龙、白虎、玄武、朱雀），赤松子，广成子，赵公元帅，关圣帝君，岳元帅，八仙（李铁拐、钟离权、张果老、何仙姑、蓝采和、吕洞宾、韩湘子、曹国舅），黄大仙，妈祖，城隍，药王，门神，钟馗，二郎神，以及道教众多历史人物等。此外，道教造像艺术还体现在各种神道雕刻上，尤其是明代皇陵、孝陵、祖陵、长陵的神道雕刻最为典型，包括各种人物和动物造型，其中人物为文臣、武将，动物则多为狮、獬豸、骆驼、象、麒麟、马这六种石兽形象。

中国伊斯兰教艺术包括其装饰艺术，道堂、拱北、麻扎与王陵的建筑及雕刻艺术，书法，经书与瓷器造型设计艺术等。伊斯兰教严禁偶像崇拜，因而没有人物图像绘画，相关画面多为花、草、叶片、风景及建筑图案。中国伊斯兰教书法艺术基于其阿拉伯文书法传统，亦受波斯文书写的影响，主要表现为几何风格和行草风格，其中几何风格以库法体为主，其字里行间一般会添加花、叶等装饰；而行草风格则涵括誊抄体、苏鲁斯体、公文体、学者体、雷哈尼体、波斯体等，尤其是回族穆斯林在中国文化的浸润中亦多有创新，在其书法中也会借鉴汉字书法之行、草、楷、隶、篆的书写特色来与阿拉伯文、波斯文书法相糅合，使用草茎笔、麻杆笔甚至毛笔来创作，而且还会用阿拉伯字母作画，组合成忠、孝、节、义、宁、寿、信等汉字形体或花、船、盆景等图案。这些特色鲜明的整体书法作品通常被称为“经字画”，通过其纸上装裱而作为中堂、对联等书法作品来展示。

其著名书法家包括哈吉·努伦丁·米广江等人。此外，中国穆斯林的纺织、刺绣、壁毯艺术也非常出名，有不少精美的作品传世。

中国伊斯兰教雕刻以砖雕最为著名。这也是回族最有民族特色的雕刻艺术，其中以河州（今甘肃临夏）和天津的砖雕创作影响最大。临夏古称河州，当地砖雕作品故有“河州砖雕”之名。其特点包括捏活、刻活两种创作方法。捏活即先把黏土泥巴用手和模具捏制成各种动物或植物图案再入窑焙烧成砖；刻活则是在青砖上用刀刻制成各种浮雕图案，凸显其雕刻之功力。这种砖雕主要用于清真寺和其他宗教建筑的装饰，题材多为松柏、荷花等植物或仙鹤、鹿等动物造型，以及汉字或阿拉伯文书法与各种几何图案的巧妙共构。临夏砖雕的杰作多在红园、大拱北和东公馆，为周声普等人创作。红园一字亭南侧照壁上的砖雕《泰山日出图》，以及北侧照壁上的《石榴双喜图》乃其现代佳作。目前临夏的砖雕也发展出了水泥雕等新形式。天津砖雕则由马顺清、赵连壁等人发展为独特的砖刻艺术，马顺清外孙刘凤鸣因其精湛的砖雕艺术而享有“刻砖刘”的盛誉。在甘肃、青海、宁夏等地的伊斯兰教建筑或民用建筑中，这种砖雕创作极为普遍，出现了不少艺术精品。

中国天主教、基督教的艺术可以追溯到唐代景教的东传，也有人认为早在汉代就已出现了基督教艺术，如汪维藩等人认为在徐州博物馆所藏东汉画像砖中可以找出早期基督教的象征图案，但因此论疑问颇多故未被学界所普遍认可。唐以来的景教艺术有着明显的佛教化痕迹，如其石刻中十字架与莲花造型的结合，这在西安保存的《大秦景教流行中国碑》石碑上额由吉祥云朵环绕的十字架下部佛教莲花瓣朵上已清晰表现出来。此外，在吐鲁番、敦煌等地所发现的景教壁画及绢画中，也可以看出佛教的影响。甚至在明末清初耶稣会入华后流行的圣母画像中，亦能体悟其受到佛教观音菩萨画像的启迪，在此可以将圣母怀抱圣婴图与送子观音图加以生动比照。16、17 世纪留存的天主教绘画主要包括《中国的圣母》、利玛窦《程氏墨苑》中的四幅“宝像图”、罗儒望的《诵念珠规程》和艾儒略的《天主降生出像经解》之系列图像作品等。清末天主教绘画主要以传教士画家的绘画作品为主，其中最具代表性的是郎世宁所画《天使与儿童》和《圣米迦勒战胜恶魔》等。而中国天主教神父吴渔山也是著名书画家，留有《墨井书画集》等画作。

基督教传入中国后在“本色化”的过程中，其绘画艺术亦受到影响，开始以中国服饰、中国人的面目来描绘基督教人物形象，如清光绪年间杭州戴氏父子所绘福音故事组画，就基本采用了中国传统绘画风格，将之以民间艺术图画形式表现出来。在20世纪上半叶，这种中国形象的基督教绘画风格得以延续，但其基督教信仰主题仍得以坚持，如基督徒画家徐三春在其画作《三博士来拜》中，就把朝拜基督的三博士分别以儒、佛、道三教人物形象来表达。这一时期的基督徒画家陈路加还以中国传统工笔画技巧来绘制系列基督教作品，包括《救世之母》《基督受难》《耶稣爱儿童》《天神之后》等组画。而其弟子陆鸿年也用中国传统人物形象和中国村落景观画出了《客店无房》《逃亡埃及》《圣母子》《好撒马利亚人》等福音故事，其另一弟子王肃达则因信佛而用禅院布景创作出《天使报信》等基督教题材的杰作。[①] 中国改革开放以来，体现出基督教意趣的画作则包括丁方、何琦等人的作品。

中国宗教艺术的时间表述包括各种宗教音乐、歌曲、赞颂，以及其时空结合的宗教戏剧、歌舞等。中国古代“巫”“舞”相通，由此流传的“巫音”“祭歌”“舞雩”“傩戏”等乃宗教与艺术的共构同辉。这里，宗教艺术既是追求神圣目标的，亦是现实生活所需求的，例如，“舞雩”即源自古代以舞而求雨的宗教仪式，“若国大旱，则帅巫而舞雩”（《周礼·春官·司巫》）。《吕氏春秋·古乐》对音乐有如此描述：“昔葛天氏之乐，三人操牛

① 参见何琦《基督教艺术纵横》，宗教文化出版社2013年版，第308—309、321—323、333—336页。

尾，投足以歌八阕：一曰载民，二曰玄鸟，三曰遂草木，四曰奋五谷，五曰敬天常，六曰建帝功，七曰依地德，八曰总禽兽之极。”在此，“这段配以舞蹈的音乐分为八段：第一段‘载民’是歌颂土地恩德的；第二段‘玄鸟’歌颂葛天氏部落的图腾；第三段‘遂草木’则祈求草木茂盛；第四段‘奋五谷’祝愿五谷丰登；第五段‘敬天常’崇奉上天，对其表示敬意；第六段‘建帝功’则赞扬天帝的功德无量；第七段‘依地德’酬谢土地神祇；第八段‘总禽兽之极’祝愿飞禽走兽大量繁衍生殖。这段音乐表明当时的艺术是与宗教祭祀仪式、生产活动混融一体的”①。中国佛教音乐始于源自印度的“梵呗”（“梵”指清净、寂静、离欲，“呗”为止断、止息、赞叹之意），即以乐曲、歌唱来咏经、诵经。中国僧人改造梵乐，将“梵呗”分为唱诵佛经散文的“转读”和唱诵佛经偈颂的“呗赞”；从此，“咏经则称为转读，歌赞则号为梵呗”（慧皎《高僧传》）。而曹操之子曹植亦“改梵为秦”，以中国音调配唱汉译经文。这样，来自印度的佛乐遂与中国传统音乐特别是民间乐曲有机结合，形成风格独特的中国佛曲，并有了“中国梵乐”之名。对于中国僧人而言，佛教音乐的意义包括“一能知佛德之深远，二体制文之次第，三令舌根清净，四得胸藏开通，五则处众不慌，六乃长命无病”，这种意向逐渐形成了其独特的“和、静、清、远、古、淡”的审美情趣。② 南北朝时，佛教伎乐歌舞兴起，亦出现为佛乐所制定的梵音“转读法”。崇佛的梁武帝也创作佛教乐舞，作有《善哉》《大乐》《大欢》《天道》《仙道》等法曲，并专门设立“法乐童子伎”。与印度佛教有关联的龟兹乐从西域传入，盛行于隋唐之际。据陈旸《乐书》记载，李唐乐府曲调中经常演奏的佛曲有29首，包括《普光佛曲》《弥勒佛曲》《日光明佛曲》《大威德佛曲》《如来藏佛曲》《药师琉璃光佛曲》《无威感德佛曲》《龟兹佛曲》《释迦牟尼佛曲》《宝华步佛曲》《观法会佛曲》《帝释幢佛曲》《妙

---

① 蒋述卓：《宗教艺术论》，文化艺术出版社2005年版，第3页。

② 参见田青主编《中国宗教音乐》，宗教文化出版社1997年版，第4页。

花佛曲》《无光意佛曲》《阿弥陀佛曲》《烧香佛曲》《十地佛曲》《大妙至极曲》《解曲》《摩尼佛曲》《苏密七俱陀佛曲》《日光腾佛曲》《邪勒佛曲》《观音佛曲》《永宁佛曲》《文德佛曲》《婆罗树佛曲》《迁星佛曲》《提梵》等。随着佛教乐舞参加民间演出和唐代寺庙设戏场对外，佛教音乐出现世俗化的趋势，如变文的发展就使佛乐更深入地走向民间。这样，佛教音乐逐渐形成两大类，一为法事音乐或佛寺音乐，二为民间佛乐或佛曲。佛寺音乐分为赞、偈、咒、诵等类，如赞呗《戒定真香》《炉香赞》《宝鼎香赞》《佛赞》等谱都非常流行。佛寺音乐颇为闻名的包括北京智化寺佛教音乐、五台山佛教音乐等。中国佛教音乐中的重要一支即藏传佛教音乐，俗称喇嘛教音乐，其内容包括诵经音乐、羌姆（法舞，俗称跳神）乐舞音乐、寺院器乐音乐等。

道教音乐称“法事音乐”或“道场音乐”，主要用于其祭祀礼仪，源于楚文化的傩祭歌舞形式，形成了“作歌乐鼓舞以乐诸神”的传统，旨在通神、警人，其在道教中成型后亦向民间普及。道教音乐至少可以追溯到北魏寇谦之《云中音诵》即《华夏颂》《步虚声》等记载。其中代表早期道教音乐的乐曲为《步虚》，是道士模仿佛教梵呗而成，以边唱边舞为特色，吸收了宫廷音乐元素，旨在表现道教步览虚空、成仙成神之意。道教音乐在唐代发展迅速，《唐会要》记载有《长寿乐》《九仙道曲》《御制三元道曲》《归真》《大仙都》《步虚》《飞仙》《神仙》《罗仙》《无为》《洞灵章》《紫府洞真》《上云曲》《自然》《真仙曲》《有道曲》《金华洞真》《急金华洞真》等道教乐曲。此后宋代则有辑录道教乐谱的《玉音法事》传世；明朝设有“神乐观”，道士冷谦亦受命制定雅乐；清时道教音乐融入民间，其道场“引商刻羽，合乐笙歌，竟同优戏”（叶梦珠：《阅世编》）；民国时期无锡道士华彦钧（瞎子阿炳）创作的《二泉映月》等乐曲更是传为中国民间音乐的经典之作。从其教派来看，道教音乐分为正一派和全真派，其中正一派道乐以苏州玄妙观和上海白云观道教音乐为代表，全真派道乐则以北京白云观和湖北武当山道教音乐为代表。此外，云南丽江纳西洞经古乐亦与道教音乐有着密切关联及历史渊源。

中国佛教舞蹈是对印度佛寺祭神仪式及歌舞形式的继承和发扬，并在其中国化经历中不断创新，形成独特的中国佛教乐舞形式，这在各地佛教石窟艺术中栩栩如生的飞天及民俗舞等佛舞形象中留下了生动的历史印痕。现代佛舞仍在民间流传，特别是在一些少数民族中非常活跃，如傣族以孔雀舞等为代表的佛教舞蹈，白族流行有《莲花灯舞》《瓶花舞》《八宝花舞》《绕坛舞》《剑舞》这五大佛舞，藏族有寺庙舞“羌姆”，其传入蒙古族则为“跳查玛”，并形成北京雍和宫“跳布扎”的表演传统。

道教舞蹈源自远古傩祭娱神驱邪之仪式，此后形成道教法师手上之“诀”和脚下“禹步”等动作，并在道教法事舞蹈的“步罡踏斗”中得以充分发挥。道教舞蹈兴盛于唐代，白居易的《霓裳羽衣歌》对之有精彩描述。在当代民间庙会中，道教舞蹈亦留下痕迹，如风行的秧歌舞实际上就是道教舞蹈的大众演化而成。

中国伊斯兰教音乐有逊尼派、苏菲派等伊斯兰教音乐传承，在当代维吾尔族、哈萨克族、柯尔克孜族、回族、东乡族、保安族、撒拉族等信奉伊斯兰教的民族歌舞中得到充分体现。伊斯兰教的“宣礼歌”（呼祷调）、诵经调、赞圣词、拉木尚调（劝封斋颂）、巴拉提调（赦之夜调）等充满伊斯兰教音乐的魅力，而反映苏菲派等神秘主义思想的旋转舞等伊斯兰教舞蹈也在中国穆斯林的歌舞中留下了痕迹，有着生动写照。

中国天主教、基督教音乐源自其诵经、唱诗和圣剧等传统，而在其本土化的发展中则与中国传统音乐相结合，发展出中国特色的灵修歌、赞美诗、圣诞曲以及神佑中华歌等音乐作品，如中国基督教音乐家杨荫浏曾于1936年编辑出版《普天颂赞》，其中就收录了72首中国基督教音乐作品。

中国自改革开放以来，宗教音乐得以复兴，而社会上也创作出大量反映宗教题材的音乐作品。除了佛教、道教、伊斯兰教、天主教、基督教自身的宗教音乐创作和演出之外，社会上与宗教主题相关的作品还包括大型歌舞剧《丝路花雨》（1979 年）、原生态舞剧《云南映象》（2003 年）、舞蹈《千手观音》（2004 年）、大型神话舞蹈剧《妈祖》（2004 年）、大型原创民族服饰歌舞剧《唐蕃古道》（2005 年）、大型彝族风情歌舞剧《太阳女》（2005 年）、内蒙古歌舞剧《江格尔》（2006 年）、大型歌舞剧《梵音韵舞·佛光普照》（2007 年）、大型歌舞剧《藏迷》（2007 年）、云南大型民族歌舞剧《舞彩云》（2007 年）、大型民族歌舞剧《碧海云天金银滩》（2008 年）、青藏高原土族大型歌舞剧《彩虹部落》（2008 年）、男子独舞《太阳鸟》（2008 年）、大型原创音乐歌舞剧《云·冈》（2009 年）、大型歌舞剧《天门狐仙·新刘海砍樵》（2009 年）、主题歌舞剧《敦煌佛印》（2010 年）、内蒙古原生态歌舞剧《敖鲁古雅》（2010 年）、贵州苗族大型歌舞剧《仰阿莎》（2010 年）、原创舞剧《女娲》（2011 年）、大型历史歌舞剧《大舜》（2011 年）、大型史诗歌舞剧《格萨尔》（2011 年）、哈萨克族歌舞剧《迁徙之路》（2011 年）、内蒙古大型民族舞台剧《勇敢的鄂伦春》（2011 年）、内蒙古民族歌舞剧《呼伦贝尔大雪原》（2011 年）、贵州大型少数民族歌舞剧《多彩贵州风》（2011 年）、哈萨克族歌舞剧《乌伦古达斯坦（长诗）》（2012 年）、大型多媒体舞台互动歌舞剧《藏舞京典》（2012 年）、内蒙古大型原创民族舞蹈诗画《鄂尔多斯婚礼》（2012 年）、大型民族歌舞剧《文成公主》（2012 年）、回族歌舞剧《花漫天山》（2012 年）、回族歌舞剧《花儿》（2012 年）、大型原创回族歌舞剧《曼苏尔》（2012 年）、维吾尔族大型歌舞剧《吐鲁番的葡萄熟了》（2012 年）、大型西双版纳民族民俗歌舞剧《水、水、水》（2012 年）、丽江大型民族歌舞演艺《彩云飞歌》（2012 年）、昆明大型民族歌舞剧《有一个美丽的地方》（2012 年）、侗族歌舞剧《天蝉地傩》（2012 年）、大型民族史诗歌舞剧《江山美人》（2012 年）、大型原创民族风情歌舞剧《西兰卡普》（2012 年）、大型壮族歌舞剧《白鸟衣》（2012 年）、大型苗族歌舞剧《蚩尤魂》（2012 年）、哈萨克族歌舞剧《雪域人家》（2013 年）、大型苗族史诗歌舞剧《图腾鸟》（2013 年）、大型原创舞剧《孔子》（2013 年）、原创中国舞剧《马可·波罗》（2014 年）等。音乐歌舞剧的展示已经将时、空艺术形式融为一体，有机共构，形成精美的动感画面和悦耳的音乐流畅，达到极佳的视听效果。这些歌舞剧虽然不是纯宗教音乐作品，但其或明或暗所具有的宗教神话元素或其相关创意，却为之提供了重要精神动力。

可以说，中国宗教艺术的神圣性与现实性双维，从古至今保存了下来。在当代艺术创作中，宗教艺术已非常活跃，相关的宗教书画作品展、宗教音乐会等，都给当代艺术市场带来一股既深沉又清新之风。

四　宗教景观建筑

中国宗教景观建筑众多，以佛教和道教尤为突出。中国佛教景观以四大名山最为著名，即山西五台山、浙江普陀山、四川峨眉山、安徽九华山，史有“金五台、银普陀、铜峨眉、铁九华”之称。五台山为中国佛教第一圣地，主要敬奉文殊菩萨，视其为智慧的象征；因周围 500 里由 5 座山峰环绕而成，其峰顶如垒土之台，从而得名五台。历史上其寺庙曾达 300 多座，现存 40 余座，以五大禅寺显通寺、塔院寺、文殊寺、殊像寺、罗睺寺知名度最高，其中显通寺景观包括有黄色的铜殿，此外还有菩萨顶、金阁寺、南禅寺、佛光寺、观音洞、黛螺顶等寺院。普陀山是被尊为大慈大悲、普度众生的观音菩萨之道场，位于舟山群岛中一个南北长 8.6 千米、东西宽 3.5 千米的小岛，占地 13 平方千米，俗称“海天佛国”。其历史上的规模曾达到 3 大寺、88 禅院、128 茅篷，僧尼约 4000 人，现存法雨寺、普济寺等，1997 年建成南海观音露天铜像。峨眉山是象征理德、行德之普贤菩萨的道场，共有寺庙约 30 座，其中以报国寺、伏虎寺、清音阁、仙峰寺、洗象池、金顶华藏寺、万年寺最为出名，山下于 1998 年重建的大佛禅院（大佛寺）是中国目前最大寺庙建筑群，禅院本身占地 478 亩，周边风景区共约 1990 亩，寺院建筑面积达 5.6 万平方米，主体建筑群坐西朝东，有 11 进院落，沿中轴线进山门而有孔雀明王殿、弥勒殿、地藏殿、药师殿、文殊殿、观音殿、普贤殿、大雄宝殿、藏经楼、巨型照壁、光明山等，非常壮观。九华山则是地藏菩萨的道场，旧称陵阳山，因其九峰形似莲花而改称九华山，山区面积约 334 平方千米，共有 99 座山峰，其中天台、十王、莲华、天柱等 9 峰最为著名，有化城寺、祇园寺、甘露寺、天台寺、旃檀禅林、肉身宝殿、百岁宫等名寺；据传大愿地藏王菩萨曾有“地狱未空誓不成佛，众生度尽方证菩提”“我不入地狱，谁入地狱”的著名佛语，他因“安忍不动如大地，静虑深密如密藏”而名“地藏”。

中国佛教著名寺院还包括北京的广济寺、法源寺、广化寺、通教寺、智化寺、万寿寺、法海寺、隆福寺、黄寺、雍和宫、卧佛寺、碧云寺、龙泉寺、潭柘寺、戒台寺、花塔山和平寺、戒坛山常乐寺、上方山兜率寺、房山云居寺、白水寺等，天津的大悲禅院等，上海的玉佛寺、静安寺、龙华寺、龙华塔、慈云禅寺（沉香阁）等，重庆的华岩寺、罗汉寺等，河南少林寺、大法王寺、洛阳白马寺、开封大相国寺、南召圣井寺、辉县白云寺、紫云寺、风穴寺、登封会善寺、温县慈胜寺、大周山圣寿寺等，河北承德外八庙（包括溥仁寺、殊像寺、普陀宗乘寺、须弥福寿寺、普宁寺、安远庙、普佑寺、普乐寺）、赵县柏林寺、正定隆兴寺、临济寺、涞源阁院寺、苍岩山福庆寺、霸州龙泉寺、石家庄上京毗卢寺等，东北辽宁凤凰山云接寺、朝阳佑顺寺、阜新于寺、吉林观音古刹、护国般若寺、永宁寺、哈尔滨极乐寺、齐齐哈尔大乘寺、宁安兴隆寺等，内蒙古贺兰山广宗寺、锡林浩特贝子庙、库伦旗兴源寺、延福寺、大召、席力图召等，山西太原崇善寺、晋城古青莲寺、平遥镇国寺、慈相寺、太子寺、中条山栖岩上寺、永济万固寺、陵川龙岩寺、阳城龙泉寺、霍山兴唐寺、吕梁山兴佛寺、高平崇明寺、长子法兴寺、浑源崇善寺、大同华严寺、玄中寺、悬空寺等，山东大云寺、灵岩寺、兴国禅寺、青岛湛山寺等，湖南麓山寺、开福寺、龙兴寺、张家界普光禅寺、天门山寺、岳阳圣安寺等，湖北武汉归元寺、天门白龙寺、宝通禅寺、黄梅五祖寺、当阳玉泉寺等，江西庐山东林寺、洞山普利禅寺、青原山净居寺、九江能仁寺、永修云居寺、百丈寺等，江苏镇江金山寺、定慧寺、常州天宁寺、苏州寒山寺、西园戒幢寺、灵岩山寺、常熟兴福寺、句容隆昌寺、南京栖霞寺、灵谷寺、扬州大明寺、高旻寺、南通广教寺、无锡祥符禅寺及灵山大佛、梵宫等，浙江杭州灵隐寺、天台山国清寺、高明寺、宁波七塔寺、天童寺、阿育王寺、奉化溪口雪窦寺、新昌大佛寺等，安徽安庆迎江寺、太湖西风禅寺、潜山乾元寺、滁州琅玡寺等，福建厦门南普陀寺、福州地藏寺、西禅寺、涌泉寺、华林寺、莆田广化寺、闽侯雪峰崇圣寺、泉州开元寺、承天寺、晋江龙山寺、漳州南山寺、黄檗山万福寺、仙游三会寺、南安延福寺、宁德陀罗延窟寺等，广东韶关南华寺、广州光孝寺、六榕寺、肇庆鼎湖古寺、潮州开元寺、莲花峰庆云寺、乳源云门寺等，广西天等万福寺，四川白玉寺、彭州市龙兴寺等，贵州黔灵山寺（弘福寺），云南昆明圆通寺、华亭寺、筇竹寺、鸡足山金顶寺、秀山涌金寺、建水指林寺、陆良大觉寺、瑞丽大等喊寺、迪庆松赞林寺等，陕西法门寺、西安慈恩寺、大兴善寺、香积寺、青龙寺、户县草堂寺、韩城弥陀寺法王庙、长武昭仁寺、洋县智果寺等，宁夏银川承天寺、海宝塔寺等，海南三亚南山寺，新疆昭苏圣佑大喇嘛寺、和静巴伦台喇嘛庙、和布克赛尔喇嘛庙等，甘肃夏河拉卜楞寺，青海湟中塔尔寺、乐都瞿昙寺、化隆丹斗寺、夏琼寺、尖扎阿琼南宗寺、互助佑宁寺、同仁隆务寺等，西藏拉萨大昭寺、小昭寺、甘丹寺、哲蚌寺、色拉寺、布达拉宫、楚普寺、桑普寺、热振寺、噶玛拉顶寺、类乌齐寺、昌珠寺、雍布拉岗、桑耶寺、敏珠林寺、札什伦布寺、纳塘寺、夏鲁寺、萨迦寺、托林寺、多吉扎寺等。此外，香港有宝莲禅寺、慈门庵等，澳门有普济禅寺，台湾有鹿港龙山寺、佛光山寺、中台禅寺、艋舺龙山寺、台南开元寺，以及法鼓山、灵鹫山等著名佛教寺院胜地。

中国佛教洞窟也是著名的展现佛教艺术的场地，形成了独特的石窟艺术。这些石窟中影响较大的包括敦煌石窟、云冈石窟、龙门石窟、大足石窟、麦积山石窟、石钟山石窟、炳灵寺石窟、克孜尔石窟、响堂山石窟、广元石窟等。

中国道教著名景观在历史上有“三十六洞天”“七十二福地”之说。“三十六洞天”指神仙所居的名山胜境，包括霍桐山洞、东岳大山洞、南岳衡山洞、西岳华山洞、北岳常山洞、中岳嵩山洞、峨眉山洞、庐山洞、四明山洞、会稽山洞、太白山洞、西山洞、小沩山洞、灊山洞、鬼谷山洞、武夷山洞、玉笥山洞、华盖山洞、盖竹山洞、都峤山洞、白石山洞、岣嵝山洞、九嶷山洞、洞阳山洞、幕阜山洞、大酉山洞、金庭山洞、麻姑山洞、仙都山洞、青田山洞、钟山洞、良常山洞、紫盖山洞、天目山洞、桃源山洞、金华山洞。“七十二福地”则指仙人所居胜地，包括地肺山、盖竹山、仙礚山、东仙源、西仙源、南田山、玉溜山、清屿山、郁木洞、丹霞洞、君山、大若岩、焦源、灵墟、沃洲、天姥岭、若耶溪、金庭山、清远山、安山、马岭山、鹅羊山、洞真墟、青玉坛、光天坛、洞灵源、洞宫山、陶山、三皇井、烂柯山、勒溪、龙虎山、灵山、泉源、金精山、阁皂山、始丰山、逍遥山、东白源、钵池山、论山、毛公坛、鸡笼山、桐柏山、平都山、绿萝山、虎溪山、彰龙山、抱福山、大面山、元晨山、马蹄山、德山、高溪蓝水山、蓝水、玉峰、天柱山、商谷山、张公洞、司马梅山、长在山、中条山、茭湖鱼澄洞、绵竹山、泸水、甘山、瑰山、金城山、云山、北邙山、卢山、东海山。

在历史发展中，道教名山实际上包括泰山、衡山、华山、恒山、嵩山、茅山、句曲山、青城山、天谷山、龙虎山、终南山、罗浮山、阁皂山、武当山、太和山、武夷山、鹤鸣山、窦圌山、崂山等，而著名宫观则有各地的太清宫、上清宫、白云观、永乐宫、纯阳宫、无量观、玄妙观、朝天宫、九霄宫、元符宫、长春观、洞霄宫、天师符、万寿宫、天柱宫、德云观、天乙真庆宫、南岩石殿、紫霄宫、金殿、东岳庙、中岳庙、奉仙观、荆梁观、天师洞、青羊宫、楼观台、古常道观、建福宫、紫云宫、二王庙、重阳宫、八仙宫等。

儒教著名景观则有天坛、地坛、日坛、月坛，各地孔庙、文庙等。

中国著名清真寺包括牛街清真寺，东四清真寺，松江清真寺，小桃园清真寺，天津清真大寺，定州礼拜寺，泊头清真寺，沧州清真北大寺，太原清真古寺，沈阳清真南寺，呼和浩特清真大寺，仙鹤寺，净觉寺，三山街礼拜寺，真教寺，凤凰寺，嘉兴清真寺，寿县清真寺，圣友寺，清净寺，泉州麒麟寺，济南清真南、北大寺，济宁清真东、西大寺，顺河东大寺，开封文化街清真寺，开封清真东大寺，朱仙镇清真北大寺，怀圣寺（光塔寺），狮子寺，桂林西门外清真寺，成都皇城清真寺，阆中巴巴寺，久照寺，保宁寺，云南沙甸大清真寺，昆明南城清真寺，纳家营清真寺，化觉寺，东大寺，大学习巷清真寺，西大寺，兰州西关清真寺，兰州桥门街清真寺，临夏八坊南关大寺，临夏八坊老花寺，徽县东关清真寺，西宁东关清真寺，韦州清真大寺，同心清真大寺，银川南关清真大寺，喀什艾提卡尔礼拜寺，莎车大寺，台北清真大寺，香港回教清真礼拜总堂，九龙清真寺，爱群道清真寺等；著名拱北则有凤凰山拱北、大拱北等；著名麻札（圣徒墓）有新疆喀什阿帕克和卓麻札（香妃墓）、库车额西丁麻札、阿图什苏图克·布格拉汗麻札等，此外泉州灵山圣墓（三贤、四贤墓）也非常著名。

中国基督宗教的著名教堂有北京南堂、北堂、东堂、西堂，崇文门教堂、缸瓦市教堂；上海徐家汇天主堂、佘山圣母大堂、沐恩堂、国际礼拜堂；天津望海楼教堂、老西开教堂；哈尔滨南岗尼古拉教堂、圣母帡幪教堂；南京石鼓山天主教堂；青岛天主教堂；开封天主教堂；广州圣心大教堂（石室）；成都平安桥主教坐堂等。北京利玛窦墓、杭州大方井修士公墓、澳门大三巴牌坊等也是基督宗教著名景观。

五　宗教养生健身

中国宗教对养生健身非常重视，而且有其相应的理论和实践。这种养生在理论上与其宗教教义相结合，将生活之道与超越之维融合在一起，认为“生命”并非孤立现象，而是与“天道”有着密切关联。“生”乃动态而非静止不变，发展变化之“相生”“生生”才是生命现象的本质。“生”是世界之奥妙，同时也反映出“天意”。“万物资生，乃顺承天”（《周易·坤·彖传》），“天地之大德曰生”（《周易·系辞下传》）。所以，在理论认知层面，中国宗教将“生”视为天地之“大德”。这种宗教形而上认知从理论上为“重生”“惜生”“贵生”“养生”的中国宗教观奠定了基础，提供了保障。此外，在中国宗教的养生理论上，亦体现出对命运的抗争、对天地的超越，强调对生命的敬重和礼赞。这种超越立意于“悦生”而“恶死”，旨归在“乐生”而“忘死”，这尤其体现在道教的“神仙”观及其求长生不死的修炼内丹、外丹等实践。

在养生实践的方式上，中国宗教讲究一阴一阳、动静结合，追求一种和谐与平衡。其健身方式主要有动、静两种，兼有二者的结合与互动。其动的健身方法主要为练功，由此产生各种宗教武功及相应的健身练习，较为流行的如佛教的“少林功夫”、道教的“武当功夫”，以及各种“气功”等。而太极拳、太极剑等源自宗教修炼的功夫目前已经在民间流行，成为全民的健身方式。此外，源自印度宗教传统的瑜伽修行，亦在中国得以改造创新、发扬光大。其静的健身方法则有各种禅修、打坐等静思修行。身静心静而外接天地之气，悟透超脱而自有宇宙境界。这种静观冥思在许多宗教中都非常流行，由此养成宗教信仰者与众不同的人生态度和单行独立的处世方法。中国宗教养生的范围颇为广泛，既有宗教团体内的封闭性修炼，也有对外开放式的修炼营、训练班，而且还有集体修炼或单独修炼等选择。这种方式在当今社会已经有了很大的知名度，吸引了众多民众的参与。此外，这种宗教养生还有不同的归类，发展出各种独具匠心的养生之道，如“香道”“茶道”“花道”“酒道”“剑道”，以及“书画之道”“琴棋之道”“山水之道”“自然景观之道”等，以使人心旷神怡、张弛无羁。而在这种健身延寿的疗养中，又衍生出各种“食疗”“药疗”“茶疗”“澡疗”“推拿”“按摩”“养颜”“养目”，以及“音乐疗养”和“心灵疗养”等，使纯宗教的灵修与世俗生活的保健形成各种奇特结合。例如，仅“食疗”而言，就有相关宗教的素食、淡食、药食、禁忌、斋戒、过午不食、辟谷等方式。

在中国的各种宗教中，尤其是道教比较强调养生，而且还形成了一整套修真养生的理论及方法。道教有其形成流派的养生哲学，有作为各派秘籍的养生健身之独门法器，也主张众术合修、博采众长。其养生寻求身心之“大化”，希望人们能意识到“神照玄微，清虚朗朗。登希者妙，守气者生。至心道臻。寂感真成。役神形辱，安精年荣”“长生久视，与天同明”之境。[①] 道教流传有《养生延命录》等养生著作，此书由南朝梁道士陶弘景著，上下两卷分为《教戒》《食戒》《杂戒祈禳》《服气疗病》《导引按摩》《御女损益》六篇，阐述养生理论及方法：“如食戒，言食不宜过饱，食后当步行；杂戒言喜怒哀乐皆不可过极，极则伤人；服气疗病言行气治病之术；引导按摩可以健身防病治病；御女损益言爱精为宝、房中卫生之道。”这类养生秘诀主要“言修道者贵知根本，保气存神，使神气相合，神形不离，乃可长存。其主旨则在爱气保精，以神仙不可速成，当长期修持渐进，

① 参见詹石窗主编《道韵（九）——净明闾山派与养生哲学》，中华大道出版社2001年版，第299—300页。

功到自然有成”[①]。这种方式的养生健身是中国宗教在现实生活及生存中的一大特色。

六　宗教生态文明

宗教生态文明表达了对生命的尊重和对自然的爱护，中国宗教将“生”与“道法自然”紧密关联，将“自然”视为“生”的本源，认为自然孕育万物，而万物也是在自然之中保持其生生不息、生机盎然。这种认知在远古宗教中就有体现，如其将天地视为万物之母、对相关动植物的图腾崇拜等，就上升到了一种神圣的地位。其理论阐述则可追溯到《周易》等古代文献。这种尊重自然规律、维系生态平衡，是与宗教的神圣观念一致的，其中有对自然神圣化以及人对自然的神圣责任这两种维度。在道教观念中，就继承了庄子“天地者，万物之父母也”（《庄子·达生》）的思想，故此才能将对宇宙规律的驾驭概括为“道法自然”的经典表述。同样，在佛教中也把自然万物升华到神圣的理解，有着“青青翠竹，尽是法身，郁郁黄花，无非般若”的意识。

中国宗教在其自然生态观中特别强调“变易”、发展的意义，宣称“生生之谓易”（《周易·系辞上传》）。“生生”只有在“变易”中才能实现其演进、发展，保持其“不息”。自然在变化中实现其“日新”的“大化”、阴阳的互动。“天地絪缊，万物化醇。男女构精，万物化生”（《周易·系辞下传》），生命的意义、生态的平衡就在于“变在其中”“动在其中”。“变易”乃是自然辩证法的经典体现。“在天成象，在地成形，变化见矣”（《周易·系辞上传》），这种变化层层递进，环环相扣，不断发展和推动，“精神

① 任继愈主编：《宗教大辞典》，上海辞书出版社1998年版，第946页。

生于道，形本生于精，而万物以形相生”（《庄子·知北游》），而在自然的周而复始、循环反复、生死相依中，则有其上升和进化。“变而有气，气变而有形，形变而有生。今又变而之死，是相与为春秋冬夏四时行也”（《庄子·至乐》）。

尊重自然则必须有万物平等的观念，虽然人类成为自然的主人，却仍应该尊重自然、呵护自然、维系自然的平等和平衡。“人与鸟兽昆虫，共浮天地之中”，其“同生天地，无所异也”（《无能子》）。所以，人在自然中乃万物的同在者，并无优杰、独特之中，“天地与我并生，而万物与我为一”（《庄子·齐物论》）。因此，人必须顺天而动，尊重自然规律，不要独断专行、为所欲为，而要寻准人在自然界的位置及处境，做到“爱养万物而不为主”，“长之畜之，成之熟之，养之复之，生而不有，为而不恃”①。

此外，基于这种生态观念，中国宗教亦在不断开拓、推进，从对自然生态的关注，如对山水自然及动植物的神圣化而进一步发展，以保持自然生态平衡延伸到对社会生态、文化生态和精神生态的关注。

① 参见闵智亭《道教杂讲随笔》，中国道教学院2002年版，第91页。

第六章

中国人的宗教现状

◇◇ 一　宪法保障宗教自由

中国宗教信仰受到宪法的保护。中华人民共和国成立以来先后共颁布过四部宪法。其中第一部《中华人民共和国宪法》在1954年9月15日至28日召开的第一届全国人民代表大会第一次会议上通过。这部宪法规定：中华人民共和国公民有宗教信仰自由；中华人民共和国年满18岁的公民，不分民族、种族、性别、职业、社会出身、宗教信仰、教育程度、财产状况、居住期限，都有选举权和被选举权。第二部宪法在1975年1月17日召开的第四届全国人民代表大会第一次会议上通过，但其内容颇受当时“文化大革命”的极“左”思潮影响。第三部宪法在1978年3月5日召开的第五届全国人民代表大会第一次会议上通过，其内容包括规定公民有信仰宗教的自由和不信仰宗教、宣传无神论的自由。第四部宪法在1982年12月4日召开的第五届全国人民代表大会第五次会议上通过，这一天（12月4日）由此而在2014年被上升为国家宪法日。此后对这部宪法作了四次修订，即1988年4月12日第七届全国人民代表大会第一次会议通过的《宪法修正案》；1993年3月29日第八届全国人民代表大会第一次会议通过的《宪法修正案》；1999年3月15日第九届全国人民代表大会第二次会议通过的《宪法修正案》；以及2004年3月14日第十届全国人民代表大会第二次会议通过的《宪法修正案》。

第四部宪法即现行宪法，对保护公民的宗教信仰自由有着特别的说明。其中第二章“公民的基本权利和义务”中第三十四条规定：“中华人民共和国年满十八周岁的公民，不分民族、种族、性别、职业、家庭出身、宗教信仰、教育程度、财产状况、居住期限，都有选举权和被选举权；但是依照法律被剥夺政治权利的人除外。”有关宗教信仰的具体法律规定，则载于其第二章的第三十六条：“中华人民共和国公民有宗教信仰自由。”“任何国家机关、社会团体和个人不得强制公民信仰宗教或者不信仰宗教，不得歧视信仰宗教的公民和不信仰宗教的公民。”“国家保护正常的宗教活动。任何人不得利用宗教进行破坏社会秩序、损害公民身体健康、妨碍国家教育制度的活动。”“宗教团体和宗教事务不受外国势力的支配。”宪法对宗教信仰自由的保护，已经成为我们使宗教脱敏、认为宗教反映正常的人类生活之根本依据。保护人民的宗教信仰自由，是对人的生存权、对基本人权的尊重和保护。

此外，涉及保护公民宗教信仰自由的法律条文或规定还有如下一些：

1979 年 7 月 1 日第五届全国人民代表大会第二次会议通过的《中华人民共和国全国人民代表大会和地方各级人民代表大会选举法》第三条规定：“中华人民共和国年满十八周岁的公民，不分民族、种族、性别、职业、家庭出身、宗教信仰、教育程度、财产状况和居住期限，都有选举权和被选举权。”该会议通过的《中华人民共和国人民法院组织法》第五条亦规定：“人民法院审判案件，对于一切公民，不分民族、种族、性别、职业、社会出身、宗教信仰、教育程度、财产状况、居住期限，在适用法律上一律平等，不允许有任何特权。”

1981 年 6 月 10 日第五届全国人民代表大会常务委员会第十九次会议通过的《中国人民解放军选举全国人民代表大会和县级以上地方各级人民代表大会代表的办法》第七条规定：“本办法第五条所列人员，凡年满十八周岁，不分民族、种族、性别、职业、家庭出身、宗教信仰、教育程度、财产状况、居住期限，都具有选民资格，享有选举权和被选举权。”

1984 年 5 月 31 日第六届全国人民代表大会第二次会议通过的《中华人民共和国民族区域自治法》第十一条规定：“民族自治地方的自治机关保障各民族公民有宗教信仰自由。”“任何国家机关、社会团体和个人不得强制公民信仰宗教或者不信仰宗教，不得歧视信仰宗教的公民和不信仰宗教的公民。”“国家保护正常的宗教活动。”“任何人不得利用宗教进行破坏社会秩序、损害公民身体健康、妨碍国家教育制度的活动。”“宗教团体和宗教事务不受外国势力的支配。”第五十三条规定：“教育各民族的干部和群众互相信任，互相学习，互相帮助，互相尊重语言文字、风俗习惯和宗教信仰，共同维护国家的统一和各民族的团结。”

1989 年 10 月 31 日第七届全国人民代表大会常务委员会第十次会议通过的《中华人民共和国集会游行示威法》第二条规定：“在中华人民共和国境内举行集会、游行、示威，均适用本法。”“文娱、体育活动，正常的宗教活动，传统的民间习俗活动，不适用本法。”

1989 年 12 月 26 日第七届全国人民代表大会常务委员会第十一次会议通过的《中华人民共和国城市居民委员会组织法》第八条规定：“年满十八周岁的本居住地区居民，不分民族、种族、性别、职业、家庭出身、宗教信仰、教育程度、财产状况、居住期限，都有选举权和被选举权。”

1998 年 11 月 4 日第九届全国人民代表大会常务委员会第五次会议通过的《中华人民共和国村民委员会组织法》第十二条亦有与之相似的规定：“年满十八周岁的村民，不分民族、种族、性别、职业、家庭出身、宗教信仰、教育程度、财产状况、居住期限，都有选举和被选举权。”

1990 年 4 月 4 日第七届全国人民代表大会第三次会议通过的《中华人民共和国香港特别行政区基本法》第三十二条规定：“香港居民有信仰的自由。”“香港居民有宗教信仰的自由，有公开传教和举行、参加宗教活动的自由。”第一百三十七条规定：“宗教组织所办的学校可继续提供宗教教育，包括开设宗教课程。”第一百四十一条规定：“香港特别行政区政府不限制宗教信仰自由，不干预宗教组织的内部事务，不限制与香港特别行政区法律没有抵触的宗教活动。”“宗教组织依法享有财产的取得、使用、处置、继承以及接受资助的权利。”“宗教组织可按原有办法继续兴办宗教院校、其他学校、医院和福利机构以及提供其他社会服务。”“香港特别行政区的宗教组织和教徒可与其他地方的宗教组织和教徒保持和发展关系。”第一百四十八条规定：“香港特别行政区的教育、科学、技术、文化、艺术、体育、专业、医疗卫生、劳工、社会福利、社会工作等方面的民间团体和宗教组织同内地相应的团体和组织的关系，应以互不隶属、互不干涉和互相尊重的原则为基础。”第一百四十九条规定：“香港特别行政区的教育、科学、技术、文化、艺术、体育、专业、医疗卫生、劳工、社会福利、社会工作等方面的民间团体和宗教组织可同世界各国、各地区及国际的有关团体和组织保持和发展关系，各该团体和组织可根据需要冠用‘中国香港’的名义，参与有关活动。”

1993 年 3 月 31 日第八届全国人民代表大会第一次会议通过的《中华人民共和国澳门特别行政区基本法》第二十五条规定：“澳门居民在法律面前一律平等，不因国籍、血统、种族、性别、语言、宗教、政治或思想信仰、文化程度、经济状况或社会条件而受到歧视。”第三十四条规定：“澳门居民有信仰的自由。”“澳门居民有宗教信仰的自由，有公开传教和举行、参加宗教活动的自由。”第一百二十八条规定：“澳门特别行政区政府根据宗教信仰自由的原则，不干预宗教组织的内部事务，不干预宗教组织和教徒同澳门以外地区的宗教组织和教徒保持及发展关系，不限制与澳门特别行政区法律没有抵触的宗教活动。”“宗教组织可依法开办宗教院校和其他学校、医院和福利机构以及提供其他社会服务。宗教组织开办的学校可以继续提供宗教教育，包括开设宗教课程。”“宗教组织依法享有财产的取得、使用、处置、继承以及接受捐献的权利。宗教组织在财产方面的原有权益依法受到保护。”第一百三十三条规定：“澳门特别行政区的教育、科学、技术、文化、新闻、出版、体育、康乐、专业、医疗卫生、劳工、妇女、青年、归侨、社会福利、社会工作等方面的民间团体和宗教组织同全国其他地区相应的团体和组织的关系，以互不隶属、互不干涉、互相尊重的原则为基础。”第一百三十四条规定：“澳门特别行政区的教育、科学、技术、文化、新闻、出版、体育、康乐、专业、医疗卫生、劳工、妇女、青年、归侨、社会福利、社会工作等方面的民间团体和宗教组织可同世界各国、各地区及国际的有关团体和组织保持和发展关系，各该团体和组织可根据需要冠用‘中国澳门’的名义，参与有关活动。”这些规定都是根据宪法精神、基于宪法依据而在相关的基本法范围内所制定的，因而具有最高的权威性，并由此影响、决定了在民法、行政法、经济法、社会法和刑法等范围内有关宗教信仰自由条文的规定。①

二　政府依法管理宗教

虽然宪法关于宗教问题的规定是我国处理宗教问题的最高法律依据和标准，但宪法条文作为原则规定有其抽象性和不能直接适用性，所以还需要制定关于宗教的专门法律，即以宗教基本法或专门的宗教法来健全我国有关宗教问题的法律体系，从而使政府能够依法管理宗教，体现我们“依法治国，建设社会主义法治国家”的基本精神。而在此之前，中国共产党作为执政党的相关宗教政策、中国政府制定有关宗教的行政法规，就显得十分重要和必要。

---

① 参见卓新平《“全球化”的宗教与当代中国》，社会科学文献出版社2008年版，第161—167页。

中共中央于1982年3月31日印发了《关于我国社会主义时期宗教问题的基本观点和基本政策》（即著名的“19号文件”），代表着中国改革开放新时期关于宗教理论及相关政策制定上的重大突破。该文件第六部分明确指出：“为了保证宗教活动的进一步正常化，国家今后还将按照法律程序，经过同宗教界代表人士充分协商，制定切实可行的宗教法规。”与之相关联，国务院先后颁布了一批相关的行政法规，而且其专门负责宗教事务的部门即国家宗教事务局等亦相继发布了一批较为具体的行政规章；各省级、直辖市人大或政府也陆续公布了一批地方性法规和政府规章。这样，政府依法管理宗教就落在了实处。

1994年1月31日国务院发布了《宗教活动场所管理条例》和《中华人民共和国境内外国人宗教活动管理规定》；此外，国务院又于2004年7月7日公布《宗教事务条例》，并于2005年3月1日生效。《宗教事务条例》迄今仍是我国关于宗教事务管理上比较系统、详尽的第一部综合性行政法规。《条例》具体规定，“县级以上人民政府宗教事务部门依法对涉及国家利益和社会公共利益的宗教事务进行行政管理”（第五条）；“宗教团体的成立、变更和注销，应当依照《社会团体登记管理条例》的规定办理登记”；“宗教团体章程应当符合《社会团体登记管理条例》的有关规定”；“宗教团体按照章程开展活动，受法律保护”（第六条）；“宗教团体按照国家有关规定可以编印宗教内部资料性出版物。出版公开发行的宗教出版物，按照国家出版管理的规定办理”（第七条）；“设立宗教院校，应当由全国性宗教团体向国务院宗教事务部门提出申请，或者由省、自治区、直辖市宗教团体向拟设立的宗教院校所在地的省、自治区、直辖市人民政府宗教事务部门提出申请”（第八条）；“信教公民的集体宗教活动，一般应当在经登记的宗教活动场所（寺院、宫观、清真寺、教堂以及其他固定宗教活动处所）内举行，由宗教活动场所或者宗教团体组织，由宗教教职人员或者符合本宗教规定的其他人员主持，按照教义教规进行”（第十二条）；“筹备设立宗教活动场所，由宗教团体向拟设立的宗教活动场所所在地的县级人民政府宗教事务部门提出申请”，“宗教团体在宗教活动场所的设立申请获批准后，方可办理该宗教活动场所的筹建事项”（第十三条）；“宗教活动场所经批准筹备并建设完工后，应当向所在地的县级人民政府宗教事务部门申请登记”（第十五条）；“宗教教职人员经宗教团体认定，报县级以上人民政府宗教事务部门备案，可以从事宗教教务活动”；“藏传佛教活佛传承继位，在佛教团体的指导下，依照宗教仪轨和历史定制办理，报设区的市级以上人民政府宗教事务部门或者设区的市级以上人民政府批准。天主教的主教由天主教的全国性宗教团体报国务院宗教事务部门备案”（第二十七条）；“宗教团体、宗教活动场所合法使用的土地，合法所有或者使用的房屋、构筑物、设施，以及其他合法财产、收益，受法律保护”（第三十条）；“宗教团体、宗教活动场所可以依法兴办社会公益事业，所获收益以及其他合法收入应当纳入财务、会计管理，用于与该宗教团体或者宗教活动场所宗旨相符的活动以及社会公益事业”（第三十四条）；“宗教团体、宗教活动场所应当向所在地的县级以上人民政府宗教事务部门报告财务收支情况和接受、使用捐赠情况，并以适当方式向信教公民公布”（第三十六条）；“擅自设立宗教活动场所的，宗教活动场所已被撤销登记仍然进行宗教活动的，或者擅自设立宗教院校的，由宗教事务部门予以取缔，没收违法所得；有违法房屋、构筑物的，由建设主管部门依法处理；有违反治安管理行为的，依法给予治安管理处罚”（第四十三条）；“对宗教事务部门的具体行政行为不服的，可以依法申请行政复议；对行政复议决定不服的，可以依法提起行政诉讼”（第四十六条）。这样，各级政府在管理宗教事务上就可以有法可循、有法可依，从而能够有效地保护合法、打击非法。

此外，在全国性《宗教事务条例》制定前后，各省市都根据其地方实际情况制定了相应的省级地方性法规和政府规章来管理宗教事务，从而发挥自上而下管理和属地管理这两大优势。这些地方性关涉宗教管理的法规和规定，包括最早在1988年由广东省颁布的关于宗教活动场所的管理规定，《甘肃省宗教事务管理暂行规定》（1991年11月16日施行）、《福建省宗教活动场所登记管理暂行规定》（1992年9月11日施行）、《青海省宗教活动场所管理规定》和《青海省宗教教职人员管理规定》（1992年10月1日施行）、《天津市宗教活动场所管理办法》（1994年2月21日施行）、《广西壮族自治区宗教事务行政管理暂行规定》（1994年3月22日施行）、《宁夏回族自治区宗教事务管理暂行规定》（1994年6月7日施行）、《新疆维吾尔自治区宗教事务条例》（1994年10月1日施行）、《内蒙古自治区宗教活动场所管理实施办法》（1996年1月23日施行）、《黑龙江省宗教事务管理条例》（1997年7月1日施行）、《天津市宗教教职人员活动管理办法》（1997年10月9日施行）、《海南省宗教事务管理条例》（1997年10月22日施行）、《云南省宗教事务管理规定》（1998年1月1日施行）、《吉林省宗教事务条例》（1998年5月1日施行）、《广东省宗教事务管理条例》（2000年6月30日施行）、《陕西省宗教事务条例》（2000年9月23日施行）、《贵州省宗教事务管理条例》（2000年11月1日施行）、《湖北省宗教事务管理条例》（2001年4月1日施行）、《江苏省宗教事务条例》（2002年6月1日施行）、《河北省宗教事务条例》（2003年9月1日施行）、《山东省宗教事务管理条例》（2004年10月25日施行）、《上海市宗教事务条例》（2005年4月21日修改施行）、《山西省宗教事务条例》（2005年10月1日施行）、《河南省宗教事务条例》（2006年1月1日施行）、《浙江省宗教事务条例》（2006年6月1日修改施行）、《北京市宗教事务条例》（2006年7月28日修改施行）、《四川省宗教事务条例》（2006年11月30日修改施行）、《辽宁省宗教事务条例》（2006年12月1日修改施行）、《重庆市宗教事务条例》（2006年12月1日修改施行）、《湖南省宗教事务条例》（2007年1月1日施行）、《西藏自治区宗教事务条例》（2007年1月1日试行）、《安徽省宗教事务条例》（2007年2月28日第二次修改施行）、《江西省宗教事务条例》（2007 年 7 月 1 日施行）。[1]

制定中央政府和这些地方性行政法规和政府规章的目的，是要基于宪法精神来有效保护公民的宗教信仰自由，使政府有关部门能与宗教团体建立及时沟通、依法行事、共建和谐的政教关系，积极体现我国“民主与法治”的进程。随着这些政府行政法规的不断完善，中国的宗教事务管理工作将更加科学、更加透明、更加公平。

三　引导宗教适应社会

各种宗教在适应中国社会上经历了漫长的历程，有过许多经验教训。中国自改革开放以来，对宗教持有积极引导其适应中国社会主义社会的基本态度。1990 年，《中共中央关于加强统一战线工作的通知》第一次非常明确地提出，“要引导爱国宗教团体和人士把爱教和爱国结合起来，把宗教活动纳入宪法和法律的范围，同社会主义制度相适应”[2]。其关注的主要方面转向宗教对社会主义社会的适应，而不再突出强调宗教与社会的对抗或对社会的消极回避态度。这种引导宗教与社会相适应的意识逐渐成为对宗教社会关切的主要认知。1991 年《中共中央、国务院关于进一步做好宗教工作若干问题的通知》再次要求“动员全党、各级政府和社会各方面进一步重视、关心和做好宗教工作，使宗教同社会主义社会相适应”[3]。

2001 年，全国宗教工作会议召开，对中国宗教发展的基本情况进行了分析研讨，进而在宗教工作方针及宗教政策的制定上迈出了新的步伐。这

① 参见卓新平《“全球化”的宗教与当代中国》，社会科学文献出版社 2008 年版，第 169—173 页。

② 《新时期宗教工作文献选编》，宗教文化出版社 1995 年版，第 178 页。

③ 同上书，第 220 页。

次会议初步设立了中国共产党宗教工作的基本方针，并在2002年中共十六大报告中以“四句话”的方式加以确认：“全面贯彻党的宗教信仰自由政策，依法管理宗教事务，积极引导宗教与社会主义社会相适应，坚持独立自主自办的原则。”从此，“宗教适应观”与“积极引导”有机结合，形成其内在的逻辑关联。宗教对中国当代社会主义社会自觉适应，而党和政府则应对宗教加以积极引导。这种“积极引导”不仅延续以往与宗教“政治上团结合作，信仰上相互尊重”的思路，而且还进一步强调“努力对宗教教义作出符合社会进步要求的阐释”。基于这一理解，中国宗教在当代发展中完全可以适应其时代要求，与我们中国的社会主义社会有机共构。因此，这种对宗教的“积极引导”带来了对当代中国宗教在政治、社会、法律、文化、思想、精神等领域的全面引导。

四 发挥宗教积极作用

积极引导宗教与中国社会主义社会相适应的根本目的，就是通过正确认识及对待宗教而使宗教在我们今天和谐社会的建设中发挥积极作用。中国共产党第十七次全国代表大会对十六大提出的共产党宗教工作的基本方针加以完善，做出了其标准性表述，即正式宣布党的宗教工作的基本方针就是“全面贯彻党的宗教信仰自由政策，依法管理宗教事务，坚持独立自主自办的原则，积极引导宗教与社会主义社会相适应”。而全面贯彻落实党的宗教工作基本方针，就是旨在发挥宗教界人士和信教群众在促进经济社会发展中的积极作用，使之在我们和谐社会的建设中有效参与、做出贡献。宗教积极作用的发挥，能真正使宗教与社会主义社会相和谐，最大限度地发挥宗教的积极社会作用，释放其正能量，实现其正功能。根据宗教的内在特性，宗教在社会上有着整合功能、服务功能、控制功能、对人们的心理调适功能，以及对外文化交往交流功能等。这些功能实际上也是“双刃剑”，处理得当会起到其正功能，而工作失误、导向偏差则可能使之变为负功能。这里，正确的政策和策略至关重要，宗教积极作用的发挥需要我们的积极引导，这就包括客观、正确地认识宗教、评价宗教，坚持科学发展观，坚持统一战线工作的优秀传统，坚持走群众路线、扎实做好群众工作，坚持和谐社会的理念、促进与宗教的和谐、引导宗教与社会的和谐。为此，不仅需要“努力对宗教教义做出符合社会进步要求的阐释”，而且更应该看到在“宗教教义”、宗教道德及价值观念中也有“积极内容”，因此有必要去“积极弘扬宗教教义中扬善抑恶、平等宽容、扶贫济困等与社会主义社会道德要求贴近的积极内容”。不再单纯负面地看待宗教，是发挥宗教积极作用的重要因素。

中国共产党的十八大重申要“全面贯彻党的宗教工作基本方针，发挥宗教界人士和信教群众在促进经济社会发展中的积极作用”，强调促进包括宗教关系在内的“五大”（政党、民族、宗教、阶层、海内外同胞）关系乃是“夺取中国特色社会主义新胜利的重要法宝”。而在社会主义核心价值观的弘扬上，其吸纳中华优秀传统文化之“接地气”的举措上，也理应有对中华优秀宗教文化的肯定和发扬。这种认知和引导，使宗教界更加容易解放思想、放下包袱，更自觉、更积极地与当代中国社会主义社会相适应、相和谐。

五　发展宗教公益慈善

2012 年，国家宗教事务局联合中央统战部、国家发改委、财政部、民政部和国家税务总局六部门印发了《关于鼓励和规范宗教界从事公益慈善活动的意见》，表明了政府对宗教界公益慈善事业的提倡和支持，宣布宗教界依法设立的公益慈善组织、社会福利机构若符合法律法规和政策规定，则可享受相关税收优惠政策和政府资助补贴。

这一《意见》规范了中国宗教界当前从事公益慈善活动的主要范围，主张积极引导宗教界在最能发挥自身优势、体现自身价值的公益慈善领域中开展活动、发挥作用。政府会重点支持宗教界开展非营利活动的领域包括灾害救助、扶助残疾人养老、托幼、扶贫助困、捐资助学、医疗卫生服务、环境保护、社会公共设施建设，以及凡是法律和政策所允许的、适合宗教界人士和信教群众发挥积极作用的其他任何公益慈善活动。

《关于鼓励和规范宗教界从事公益慈善活动的意见》的发布，对于中国宗教界积极参加社会公益慈善活动、以新的姿态投身当代中国社会建设，具有非常重要的意义。在当前社会多元发展及社会转型时期，宗教界参与社会服务和公益事业应该说是水到渠成、恰逢其时。在 2008 年“5・12”四川汶川大地震发生后，宗教界志愿参加社会救援、捐赠和服务的积极活动给社会民众和媒体舆论留下了深刻印象。这一《意见》显然能让宗教界在社会服务、公益慈善事业上更加积极参与、发挥更大的作用，并能有效促进其规范化、制度化、常态化发展。

宗教界在公益慈善活动、社会救助和社会福利工作方面卓有成效、经验丰富，并培养了许多训练有素的从事社会工作的人员。而今天中国在社会服务和公益事业方面缺口仍然很大、人们的需求也很多，政府各级民政部门虽全力以赴也很难“包打天下”。所以，发掘并用好宗教在社会服务和公益慈善事业上的资源及经验，既是宗教积极作用的弘扬，又能在社会工作上为政府减负，这对于政府与宗教界在社会良性发展和促成和谐上都是一种“双赢”。

这种宗教慈善活动的参与也让公众逐渐能够科学、公正地分析宗教在社会中的“问题”及其相关“功能”，从积极引导的角度来发挥宗教在社会主义社会的重要作用，使宗教界对我们的社会及其政治指导产生信任及信心，更加深入、广泛地促成我们社会“公信心”的建立，同时也能让宗教界以社会主人翁的姿态、全力投入社会建设及其特别擅长的公益慈善事业中去。

《关于鼓励和规范宗教界从事公益慈善活动的意见》的发布，为宗教界从事社会公益慈善事业提供了法律保障。也为依法管理作为社会团体存在的“宗教社团”及其作为社会活动事件的宗教慈善活动创造了条件，为今后充分、完整地制定相关法律奠定了基础。在宗教界不以营利为目的的社会服务工作及公益慈善活动中，政府有关部门以发布文件的方式对之提供免税或减税、贷款、用地等方面的方便及优惠条件，这充分表明政府积极支持、热心鼓励宗教慈善事业的态度。在政府的指导、参与和帮助下，尤其通过相关法规的推出和实施，中国宗教界的社会服务和公益慈善事业已经进入一个全新的阶段，正迎来其鼎盛发展。

六　促进宗教文化建设

自 20 世纪 80 年代以来，当代中国社会崛起“宗教作为文化”或“宗教就是文化”的认知思潮。从文化的视角来看待和对待宗教，在中国现代历史发展中是一个重大突破。这种说法看似匪夷所思，却折射出中国当代宗教理解的曲折历程。在 20 世纪之不足百年的历史上，中国社会曾经历了两大文化运动，一是 20 世纪初的“新文化运动”，二是 20 世纪 60 年代的“文化大革命”，虽然这两大运动有着截然不同的性质，但在反对和否定宗教上却是一致的，而且其规模和深度也都“史无前例”。“新文化运动”催生了 20 世纪 20 年代初的“非基督教运动”和“非宗教运动”，认为中国社会历史上就没有宗教，而且中华民族也不需要宗教，宗教与中国文化相悖，这种认知流传既久又广，使许多人一直从负面来看待宗教，认为中国乃是一个“无宗教”的国度，宗教与文化发展乃是背道而驰的，这种看法流传百年之久，使中国社会的宗教理解在很长时期内陷入误区。而20世纪下半叶初始的“文化大革命”则全盘否定宗教，旨在彻底打倒宗教、消灭宗教；这种否定宗教的做法不仅没有拯救中国文化，反而使中国文化出现危机，遭到灾难性的破坏。直到20世纪末21世纪初，当代中国人反思“文化大革命”给中国文化所带来的浩劫，痛定思痛之后才开始重新审视宗教的文化意义及文化存在，认识到中国文化中并没有缺少宗教，而宗教文化建设也是当代中华文化复兴所不可缺少的。

中国作为亚洲第一大国和有着悠久文明历史的古国，理应正视中国宗教的存在与发展，体悟宗教的文化价值和对中国文化的贡献。亚洲是世界各大宗教的发源地，迄今仍然存在而且仍很活跃、具有最大影响的几种宗教都可在亚洲寻根溯源，而中国在亚洲文化及精神生活中的重要地位则更使我们绝不能历史虚无主义地对待中国宗教的存在及影响。所以说，“没有对宗教文化的考量，我们的文化战略会空洞软弱；没有对宗教看法的正常，我们的文化心态则很难正常；没有对宗教的和谐相待，我们的社会和谐也不会真正实现”①。尤其在国际文化软实力的较量中，如果否定我们的宗教文化、放弃宗教文化建设便会在这场竞争中不战自败、自我淘汰。

因此，在我们今天中国社会的文化建设中，在促进中华文化大发展、大繁荣的努力中，一定要加强对宗教文化的重视，促进其积极建设。宗教文化建设在社会主义核心价值观的践行上、在促进社会和谐与进步上、在早日实现“中国梦”的努力上，以及在“丝绸之路经济带”和“海上丝绸之路”的建设上，都非常重要，且必不可少。在这一意义上，促进宗教文化建设，实现中国宗教的革新发展和与时俱进，是对中国社会、中华民族及中国文化的高度负责，也是我们抓住大好时机、顺应时代潮流、迎来中国国际地位华丽转身、使中国形象重放光彩的一个重要机遇期。

---

① 卓新平：《中国宗教与文化战略》，社会科学文献出版社2013年版，第201—202页。

◇◇ 七　推动宗教友好交流

中国宗教有着深刻的文化蕴含，反映出中国人精神生活的核心所在，也最能代表中华文化的悠久历史、深厚传统。我们谈论中华文化，离开了宗教传统，就会显得贫乏、空虚。我们推动文化走出去战略，若没有中国宗教文化的走出去，也会让人感到乏力、浅显。从忠实信守中华文化传统的角度来看，比较典型地代表中国传统优秀文化的应该是儒、佛、道三教。今天中国社会似乎没有儒教之位，孔子的形象迄今仍处于争辩、博弈之中。但在 2014 年有近千位国内外学者进入人民大会堂隆重纪念孔子诞辰 2565 周年，习近平主席也出席纪念大会，并作了重要讲话，则预示着对孔子认知、评价的重要转机。无论是哲学之孔子，还是宗教之孔子，都是中华民族文化精神之魂的经典表述。道教追求中华之道的超然境界，则正是以行道的实践和言道的理论来反映问道、悟道和修道的宗教境界及情趣的。这种精神执着，以丰富的道文化支撑而可实现“道行天下”的“中国梦”。佛教则展示了中华文化的海纳百川和革命创新，使我们看到外来宗教同样可以在中国文化中获得凤凰涅槃般的新生，而这种吸纳、包容同时也极大地丰富了中华文化的蕴藏。

今天存在的中国宗教，大多都有着国际关联，与世界宗教有机共构。在今天通常所指的中国五大宗教中，除了道教之外，其余都是由外传进的。而这些宗教融入中华文化亦丰富了中华文化。正是这些宗教的传入，使世界有了繁忙、热闹的陆上丝绸之路和海上丝绸之路，有了中国“自然宗教”的西传和欧美世界的“中国热”，以及国际汉学的兴盛。回顾历史，可以说中国宗教主要是和平的使者、沟通的桥梁，是使中国与世界得以交往、连接的重要纽带。因此，让中国宗教文化走出去，推动宗教友好交流，有着许多优势和便捷，值得我们精心准备、大胆推行。在国际文化交往中，我们可以清晰地梳理出基督教、天主教与西方文化的关联、传承关系，伊斯兰教对阿拉伯、波斯文化和东南亚文化的联结、共构机制，以及佛教在中国与东方各国，如印度、尼泊尔、缅甸、斯里兰卡、日本等国家之间的合作所能起到的促进及和谐作用。中国道教在漫长的发展中也形成了其独特的国际性，起到了中华弘道、道育世界的积极作用。

儒教在历史上曾经以中国宗教的身份与西方宗教接触、碰撞、冲突和融汇，其思想精神、伦理道德也曾为西方世界所神往。西方传教士东来传教，却带回更多的儒家思想。耶稣会士正因为与儒教的沟通和对儒教的认识，才成就了其中西文化的拓展，奠立了其开创国际汉学的地位。为了回避与中国宗教的矛盾冲突，利玛窦等人以宣称儒教不是宗教的方式来让中国知识精英在保留自己信仰传统的同时又能接受天主教，这一招在当时对持有中国文化开放思想的文人士大夫颇为管用，却被西方传教士内部自身识破而导致“中国礼仪之争”，后以两败俱伤为结局。今天，全世界对儒家思想的景仰，其中亦蕴含对其宗教境界的追忆，代表着这一历史之音的久远回声。道教亦曾以中华之道来启迪世界、吸引世界。18 世纪的法国索隐派开始从《周易》《道德经》中悟道。20 世纪以来，李约瑟、汤川秀树等人曾惊讶“道”所表达的超越性和浪漫潇洒。而海德格尔则将“道”与“在”相对比，与希腊思想的“逻各斯”和他自己提出的“自身的缘构发生”相关联，并以几十年的经历，从“老子的诗化思想”中来体认这“湍急的”和“几微”的畅然之道，从而以其存在主义本体论的方式来“开道”“论道”“行道”。以“道”对世界的影响，实可“道通世界”“道化全球”，让“天下有道”。佛教则以其在印度、中华文化之间的行走、串联而不断创新、不断超越，给世人带来感慨和敬佩。佛教在传入中国得到新生后又回报世界，让世界有禅修、得宁静，使人心远离浮躁和焦虑。同理，由外传入的基督教、天主教、伊斯兰教通过在中华“文化披戴”“文化融入”的

“中国化”而得以转型重构，让世界在其全新面貌前折服。

步入改革开放以来，中国宗教在国际舞台上非常活跃，如中国佛教界组织的世界佛教论坛尝试推动“从心开始”的“和谐世界”之“众缘和合”“同愿同行”。道教组织的道德经论坛和道教论坛则“以道相通”“尊道贵德”。中国民间宗教曾使海峡两岸在“三通”未通之际就通过“妈祖”信仰而得以先行。此外，尼山世界文明论坛、太湖世界文化论坛等，也有着基督宗教、伊斯兰教等活跃、能动的身影，体现出对话的姿态和诚意。中国宗教在国际舞台上的积极参与和相关活动，使“文化中国”“信仰中国”的印象在世界上得以鲜活起来，让世界各国人民真正体会到中华文化的精华及精髓之所在。世界掀起了“中国风”，形成了“中国热”，给不少人留下了中国情结。所以，通过推动宗教文化交流，能有效推进“中华之道”的遍行天下。

结　语

综上所述，中国有着丰富的宗教文化资源，其宗教历史源远流长，宗教生活常态存在，而中国人更多层面的信仰亦缤纷多彩、覆盖广阔。我们对中国人的宗教信仰应该持敬重的态度，对其加以正确对待。这些宗教信仰是中华民族精神生活的宝贵遗产，也是理解中国文化奥秘的重要符号。我们绝不可以不顾历史事实地否定中华民族的宗教存在，对中国人的信仰亦应有着比较宽泛、综合的理解。中华民族是世界民族大家庭的积极成员，有着人类共有的精神追求、灵性思索，由此而使中华民族在世界民族之林中有着共识、得以共存。如果把中国人的精神生活从全人类的精神生活中剥离出来而强调自己没有宗教、没有信仰，则是自我堵塞之道，是自毁中华文化长城之举，我们对之应该有效防范、坚决抵制。

当然，人们可以对宗教有不同的理解、不一样的界说。没有举世公认的宗教定义或信仰理解，但宗教信仰的一些基本特征、共相还是可以把握和言说的，中国有与众不同的宗教信仰，其特点及本真值得研究。对中国宗教性的体悟和解释，涉及对中华文化传统的认知和评价，尤其是对中国人的信仰更应该多层面、多角度来看。在正确认识宗教的基础上，我们应该善待中国的宗教，尊重中国人的信仰，积极引导广大信教群众参与我们社会主义中国的建设与发展。信仰中国与文化中国的发展密切关联，中国人当然需要信仰；在此不应该把“信仰中国”等同于“宗教中国”，但对中国有宗教存在则必须客观对待、正确评价。把宗教信仰视为中国社会的正常现象和中国民众的正当需求，代表着我们当代发展中的文化启蒙和社会进步。

宗教要与中国社会主义社会相适应，这种适应包括宗教界的爱国守法、拥护中国共产党的领导和社会主义制度、服从政府依法管理、使宗教活动在法规范围之内来进行，在社会上多做慈善工作、化解矛盾工作和促进和谐工作，在教义上加强宗教理论建设，使之朝着有利于国家统一、民族团结、社会稳定、世界和谐的方向来发展，让宗教思想道德、文化精神积极参与社会主义核心价值观的普及，有利于中华文化的繁荣昌盛、“中国梦”的早日实现，以及树立中国意识、体现中国特色、走“中国化”道路等。当然，宗教界的这种“相适应”还必须依靠中国共产党和人民政府的“积极引导”，需要对宗教及宗教界的正确、客观和积极评价，以实现良性的双向互动、共同努力。李克强总理在2015年3月十二届全国人大三次会议的政府工作报告中明确指出：“我们要全面贯彻党的宗教工作基本方针，促进宗教关系和谐，维护宗教界合法权益，发挥宗教界人士和信教群众在促进经济社会发展中的积极作用。”这一重要表态说明了中国人民政府对宗教的肯定、对信教群众的关心、对发挥宗教积极作用的引导，指明了今后宗教工作的方向，筑起了宗教与中国社会和谐的康庄大道。

习近平主席在2015年2月底会见第四届全国文明城市、文明村镇、文明单位等有关人士时提出了“人民有信仰，民族有希望，国家有力量”这一振奋人心的口号，对我们正确认识信仰、评价信仰、弘扬信仰具有重大指导意义。信仰是民族发展的潜在精神力量，是国家富强、可持续发展的内在动力。所以，我们必须正确对待中国自己的宗教信仰，使之为我们的社会发展、民族振兴、人民和谐做出积极贡献。

参考文献

1. 阿·克·穆尔：《一五五〇年前的中国基督教史》，郝镇华译，中华书局 1984 年版。
2. 陈景熙、张禹东主编：《学者观德教》，社会科学文献出版社 2011 年版。
3. 陈垣：《陈垣学术论文集》，中华书局 1980 年版。
4. 陈铮编：《黄遵宪卷》，中国人民大学出版社 2014 年版。
5. 多桑：《多桑蒙古史》，冯承钧译，中华书局 1962 年版。
6. 高文、范小平编著：《中国孔庙》，成都出版社 1994 年版。
7. 龚方震、晏可佳：《祆教史》，上海社会科学院出版社 1998 年版。
8. 顾裕禄：《中国天主教的过去和现在》，上海社会科学院出版社 1989 年版。
9. 国家宗教事务局编：《新时期宗教工作文献选编》，宗教文化出版社 1995 年版。
10. 海斯·穆恩·韦兰：《世界史》，三联书店 1975 年版。
11. 贺麟：《文化与人生》，商务印书馆 1999 年版。
12. 何琦：《基督教艺术纵横》，宗教文化出版社 2013 年版。
13. 蒋述卓：《宗教艺术论》，文化艺术出版社 2005 年版。

14. 江文汉：《中国古代基督教及开封犹太人》，知识出版社 1982 年版。
15. 李安宅：《藏族宗教史之实地研究》，上海世纪出版集团 2005 年版。
16. 李进新：《新疆宗教演变史》，新疆人民出版社 2003 年版。
17. 李申：《中国儒教史》，上海人民出版社 1999 年版。
18. 李泽厚：《中国古代思想史论》，人民出版社 1986 年版。
19. 林悟殊：《摩尼教及其东渐》，中华书局 1987 年版。
20. 林悟殊：《唐代景教再研究》，中国社会科学出版社 2003 年版。
21. 马可·波罗：《马可·波罗行纪》，A. J. H. Charignon 注释本，冯承钧译，党宝海新注，河北人民出版社 1999 年版。
22. 马西沙：《中国民间宗教简史》，上海人民出版社 2005 年版。
23. 米寿江、尤佳：《中国伊斯兰教简史》，宗教文化出版社 2000 年版。
24. 闵智亭：《道教杂讲随笔》，中国道教学院 2002 年版。
25. 牟钟鉴：《中国宗教与文化》，巴蜀书社 1989 年版。
26. 牟钟鉴、张践：《中国宗教通史》，社会科学文献出版社 2000 年版。
27. 欧阳康主编：《民族精神——精神家园的内核》，黑龙江教育出版社 2010 年版。
28. 潘光旦：《中国境内犹太人的若干历史问题》，北京大学出版社 1983 年版。
29. 恰白·次旦平措等：《西藏通史》，西藏古籍出版社 2004 年版。
30. 秦惠彬：《中国伊斯兰教与传统文化》，中国社会科学出版社 1995 年版。
31. 任继愈：《汉唐佛教思想论集》，人民出版社 1981 年版。
32. 任继愈：《任继愈宗教论集》，中国社会科学出版社 2010 年版。
33. 任继愈主编：《儒教问题争论集》，宗教文化出版社 2000 年版。
34. 任继愈主编：《宗教大辞典》，上海辞书出版社 1998 年版。
35. 沈济时：《丝绸之路》，中华书局，上海古籍出版社 2010 年版。

36. 田青主编：《中国宗教音乐》，宗教文化出版社 1997 年版。
37. 王大有：《龙凤文化源流》，北京工艺美术出版社 1988 年版。
38. 王升：《领袖与国家》，黎明文化事业公司，1976 年版。
39. 王治心：《中国基督教史纲》，青年协会书局，1940 年版。
40. 王治心：《中国宗教思想史大纲》，上海三联书店 1988 年版。
41. 王作安主编：《大辞海·宗教卷》，上海辞书出版社 2013 年版。
42. 翁绍军注释：《汉语景教文典诠释》，汉语基督教文化研究所，卓越书楼，1995 年。
43. 吴泽主编：《陈垣史学论著选》，上海人民出版社 1981 年版。
44. 詹石窗主编：《道韵（九）——净明间山派与养生哲学》，中华大道出版社 2001 年版。
45. 张岱年：《中国文化概论》，北京师范大学出版社 1994 年版。
46. 张继禹主编：《中华道藏》，华夏出版社 2004 年版。
47. 张钦士：《国内近十年来之宗教思潮》，燕京华文学校华北公理会出版社 1927 年版。
48. 张星烺：《中西交通史料汇编》，辅仁大学，1930 年。
49. 张育英：《中国佛道艺术》，宗教文化出版社 2000 年版。
50. 赵国华：《生殖崇拜文化论》，中国社会科学出版社 1990 年版。
51. 郑筱筠：《中国南传佛教研究》，中国社会科学出版社 2012 年版。
52. 中国社会科学院世界宗教研究所等主编：《中国五大宗教知识读本》，社会科学文献出版社 2007 年版。
53. 朱谦之：《中国景教》，人民出版社 1993 年版。
54. 朱天顺：《中国古代宗教初探》，上海人民出版社 1982 年版。
55. 卓新平：《基督教犹太教志》，上海人民出版社 1998 年版。
56. 卓新平：《“全球化”的宗教与当代中国》，社会科学文献出版社 2008 年版。

57. 卓新平：《中国宗教与文化战略》，社会科学文献出版社 2013 年版。

58. 卓新平：《宗教与文化》，人民出版社 1988 年版。

59. 卓新平：《宗教理解》，社会科学文献出版社 1999 年版。

人名索引

一画

二画

三画

四画

五画

六画

七画

八画

九画

十画

十一画

十二画

十三画

十四画

十五画

十六画

十七画

二十画

名词索引

一画

二画

三画

四画

五画

六画

七画

八画

九画

十画

十一画

十二画

十三画

十四画

十五画

十六画

十七画

二十画